나를 모르는 나에게

하유진 지음

나를
모르는
나에게

고민하는
청춘을 위한
심리학 수업

책세상

수업을 시작하며

"넌 도대체 커서 뭐가 되려고 그러니?"
어릴 때 듣곤 했던 질문이다.

나이가 들면 스스로 묻는다.
"나는 어떻게 될까?"
"도대체 뭐가 되려고 이렇게 살고 있지?"
걱정이기도 하고, 고민이기도 하다.

한 청춘이 말했다.
"올해로 서른 살이 되었습니다. 될 수 있다고 생각하지 않았고, 되고 싶다고도 생각하지 않았던 서른입니다."
스스로 학비를 벌어가며 공부하느라 졸업이 늦어지고 있는 청춘이었다. 시간이 너무 빨리 흘러 어리둥절하기도 하고, 누리지도 못해본 청춘이 다 지난 듯해 서글프고 걱정도 되는 것 같았다.
《상실의 시대》 서문에서 무라카미 하루키는 말한다.

"그로부터 어언 이십여 년이 지나 저는 마흔 살이 되었습니다. 제 나이 스무 살 무렵엔 잘 이해되지 않았던 일입니다. 스무 살 청년이 이십 년이 지나면 마흔 살이 된다는 것 말입니다."

세상에는 우리가 이해하고 동의하지 않았는데도 그냥 진행되는 일들이 많다. 시간의 흐름도 그중 하나다. 우리가 받아들이고 준비할 만한 시간을 기다려주지 않는다. 각자 사정이 있건만 시간은 언제나 제 속도로 흐른다.

필자인 나도 스무 살인 때가 있었다. 스무 살 적의 나는 어렸고, 서른이 되려면 한참 남았다고 생각했다. 9년 후, 7년 후, 5년 후에는 나도 서른 살이 된다는 걸 생각하지 않았다. 어느 날 보니 서른이 되어 있었다. 조금 낯설었다. 서른에는 다시 마흔이 먼일 같았다. 오십은 너무 멀어 감도 오지 않았다. 오십이 넘은 나이는 아주 오래 산 사람들이 모여 있는 다른 세상인 것 같았다.

신기한 점은 '감'이 오기도 전에 매번 그 나이가 되어버리는 것이었다. '내가 서른 살이 돼가는구나' '마흔 살이 돼가는구나' 하고 준비하고 적응하기도 전에 서른이 되고 마흔이 되어 있다는 것. 남 얘기인 것만 같았던 50대도 코앞이다. 시간이 참 빠르다. 스무살, 서른 살의 내가 그리 오래 전 일이 아닌 것처럼 느껴진다.

그래서일까? 수업과 상담을 통해 만나는 청춘들은 나와 동떨어진 존재가 아니었다. 얼마 전의 내 모습을 보는 듯했다. 갑자기 어른이 되어야 하는 상황에서 허둥대는 나를 보는 것 같았고, 새롭게 주어진 환경에서 이리저리 부딪히며 상처받는 나를 보는 것 같았다. 왜 나는 잘 안 되는지 궁금하고, 왜 나만 이렇게 힘든지에 대한 답을 찾지 못해 고민하던 나를 보는 듯했다. 청춘의 고민에 깊게 공감이 되었다.

어느 날, 길을 걷다 바닥에 그려진 글자와 그림을 보았다. 입구를 뜻하는 영어 'Entrance'와 방향을 알리는 화살표 하나가 그려져 있었다. 바로 아래에 있는 두 개의 동그라미 안에는 자전거와 오토바이 그림이 그려져 있었고, 그 그림 위에 왼쪽에서 오른쪽 방향으로 사선이 쭉 그어져 있었다. 화살표 방향으로 가면 입구가 있는데 자전거와 오토바이를 탄 사람은 들어오지 못한다는 뜻이었다.

'나는 걸어왔으니 계속 가도 되나보다' 생각하며 걸어가다 문득 궁금해졌다. '그러면 자전거와 오토바이로 여기까지 온 사람은 어떻게 해야 하지? 다른 안내가 있나?' 주위를 둘러봤지만 자전거와 오토바이를 탄 사람은 다른 어디로 들어가면 되는지를 알려주는 안내는 전혀 없었다. 무뚝뚝한 거절뿐이었다.

'이 길로 조금만 더 들어가면 안으로 들어갈 수 있습니다. 그런

데 잠깐, 당신은 우리가 생각하는 조건과 다르군요. 그럼 더 이상
들어오면 안 됩니다.'

'못 들어오는 당신은 어떻게 하면 좋으냐고요? 다른 길을 알려
달라고요? 그건 알아서 해야지요. 다른 문을 찾든 우리가 원하는
조건을 갖추든.'

야박하고 냉정하다.

요즘 청춘들이 겪고 있는 상황이 혹 이런 건 아닐까 싶다. 나는
내 속도로 천천히 걷고 싶은데 어른들이 자전거를 타야 한다고,
어른 말 들으면 된다고 해서 타고 싶지도 않고 잘 타지도 못하는

자전거 페달을 열심히 밟았다. 빨리 가려면 오토바이가 최고라고 해서 무서워도 꾹 참고 몇 년을 달렸다. 그런데 이제 와서 아니라고 한다. 대체 어디로 가야 할까?

사회에 나가 일하고 돈도 벌고 싶고, 취업해서 내 사진이 담긴 직원 카드도 받아보고 싶고, 직원 카드를 목에 걸고서 회사 정문을 통과하고 동료들과 점심 먹으러 몰려가는 느낌이 얼마나 좋을지 상상하면서 놀고 싶은 것도 참고 여기까지 왔는데, 이제 와서 막상 듣게 된 대답은 거절이다. "넌 안 돼." "안 되겠는데요." "당신을 위한 자리는 없습니다."

답답한 마음에 여기까지 이렇게, 이 길로 오라고 한 어른에게 어찌 해야 할지 묻지만 대답은 황당하다. "너도 이제 어른이니 스스로 책임지도록 하렴. 다른 사람들은 저렇게 잘하잖니?"

이 상황, 어떻게 받아들여야 좋을까?

자신을 향한 거절과 부정은 아프다. '나에게 문제가 있는 걸까?' '노력이 부족했나?' '뭘 더 해야 하는 거지?' 아무리 고민해도 모르겠다. 막막하다.

마음이 단단하고 강한 사람도 누군가 자신을 계속 거절하고 거부하면 견디기가 쉽지 않다. 게다가 청춘의 심장은 아직 여리다. 거절은 여린 가슴에 상처가 되어 곪기 시작한다. 원망과 비난은 자신을 향한다. 자신을 향해 총과 화살을 쏜다. '나는 한심해.' '나는 멍청해.' '나는 무능해.' '도대체 어떻게 되려고 이러나?'

필자인 나는 심리학자로서 대학 강단에서 학생들에게 심리학을 가르치고, 인사컨설턴트로서 직장인들을 대상으로 역량 평가와 코칭을 하면서 수많은 청춘을 만났다. 서울을 비롯 국내 여러 대학 강의실, 기업 회의실과 교육장 등 청춘과 함께한 장소는 다양했다. 이제 막 입학한 신입생, 취업을 고민하는 졸업 준비생, 장학생, 휴학생, 학사 경고를 받은 학생, 낮에는 일하고 밤에는 졸음과 싸우며 공부하는 야간대학생, 막 입사한 새내기 직장인, 입사 3년 만에 구조 조정 대상이 되어 절망에 빠진 직장인 등 많은 청춘들을 만났다.

장소도 다르고 상황도 달랐지만 청춘에게는 한 가지 공통점이 있었다. 자신이 더 이상 어린아이가 아니며, 이제 스스로 선택하고 책임지는 어른으로 살아야 하는 현실에 대한 걱정과 불안이 크다는 것. 한 청춘은 자신의 심정을 이렇게 정리했다.

나는 절망에 빠졌다. 두렵다. 엄마와 선생님이 하라는 대로, 시키는 대로 열심히 앞만 보며 달려왔는데 문득 정신을 차려보니 어른이 되어 있다. 나는 아직 아닌데 사람들은 나를 어른이라고 한다. 내 앞에 놓인 책임감이 버겁다. 무엇을 해야 할지 어디로 가야 할지 모르겠다. 조금씩 계속 세상 밖으로 밀려나는 기분이 든다. 길을 잃고 헤매는 어린아이가 된 것만 같다.

자신의 삶을 진지하게 생각할수록 고민도 많다. 부담감 속에서 힘이 든다. 하지만 내가 만난 청춘들은 앞날을 두려워하면서도 자신만의 길을 찾으려 노력했다. 넘어지고 깨져 눈물을 뚝뚝 흘리면서도 다시 일어나려 했고, 잘하고 싶어 했다.

저란 사람 참 보잘 것 없습니다. 솔직히 그렇습니다. 하지만 잘하고 싶습니다. 진짜 잘하고 싶습니다.

새로운 시작을 다짐하던 창우가 한 말이다. 청춘에게는 이런 마음이 중요하다. 나만의 인생을 살아보고 싶다는 마음. 단 한 번뿐인 인생, 제대로 살아보고 싶다는 마음. 청춘은 이런 마음을 안고 머리가 깨지도록 고민하면서 성장해야 하는 시기다.

이 책에는 어떻게 하면 나를 알고 나만의 삶을 제대로 살아갈 수 있을 것인가를 고민하는 청춘들이 살펴야 할 내용을 담았다. 섣부른 위로나 조언, 막연한 긍정과 희망을 전하고 싶지는 않았다. 삶은 실전이다. 청춘 앞에는 오래 계속될 실전이 기다리고 있다. 청춘과 나누는 이야기는 현실을 바탕에 두고, 현실에 적용할 수 있는 이야기여야 한다고 생각하며 준비했다. 실전을 먼저 치르고 있는 인생 선배로서, 선생으로서, 상담가로서 청춘들에게 전하고 싶은 이야기를 정리했다.

책을 준비하며 청춘들과 함께한 시간을 꼼꼼히 들여다보았다. 심리학 수업 시간에 실제로 사용한 자료는 물론, 청춘들이 자신을 들여다보며 작성한 보고서, 그들과 주고받은 편지와 메일, 상담 기록을 모두 꺼내 다시 읽었다. 수천 장에 적힌 글, 고민과 의지가 담긴 이야기 속에서 청춘들은 성장하고 있었다. 자신의 인생을 잘되도록 만들어가고 있었다. 이 책을 딛고 당신 또한 성장할 수 있기를, 당신만의 인생을 잘되게 만들어갈 수 있기를 바란다.

이 책은 다음과 같이 구성되었다. 1부에서는 자신을 이해하는 것이 무엇인지, 자신을 이해하는 것이 왜 중요한지를 알아본다. 내면에 있는 무엇을 어떻게 들여다봐야 하는지도 살피며, 이에 대한 청춘의 생각과 경험을 다양하게 나눈다. 2부에서는 자기 자신을 위해주는 이야기를 담았다. 스스로를 위해주며 울고 웃으며 도전을 결심한 청춘의 이야기가 담겨 있다. 당신도 자신을 위해주며 도전할 수 있기를 바란다. 마지막 3부에서는 각자 중심을 잡고 세상에 나아가는 데 필요한 요소를 살폈다. 무조건 열심히 뛰는 것은 소모적이다. 금세 지치고 낙심한다. 꼭 필요한 몇 가지는 갖추고 뛰자.

각 부는 다섯 시간의 수업으로 구성돼 있다. 각 수업에 담긴 내용은 적게는 몇 시간, 많게는 몇 주 동안 청춘들과 함께한 수업 및 상담을 바탕으로 한 것으로 꽤 많은 이야기가 압축되어 있다. 우리가 학교에서 공부할 때 한 시간 수업이 끝나면 쉬는 시간을 갖듯이, 당신도 책을 읽으며 한 시간 내용을 끝낼 때마다 정리하고, 들여다보고, 쉬었다 가면 좋겠다. 처음부터 끝까지 천천히 읽으면서 내용 하나하나를 당신의 것으로 만들어가면 좋겠다.

이제 본격적으로 시작해보자.

나를 알아가자.

1교시 수업 시작이다.

1부

나를 이해하는 시간

고민하는 청춘들이 자신을 바라보며 작성한 보고서, 그들과 주고받은 편지와 상담 기록 등을 모아놓은 수천 장의 자료들. 이 책에는 1000명이 넘는 청춘들의 진솔한 이야기와 눈물, 희망과 다짐이 담겨 있다. 사생활 보호를 위해 이름은 가명을 사용했고, 내용과 그림은 모두 편집, 재구성했다.

1교시
나는 나를 얼마나 알고 있나

〈응답하라 1994〉. 서울의 대학가 하숙집을 중심으로 당시 사회 모습, 청춘들의 사랑과 우정, 고민과 방황을 감동적으로 보여주며 방영 당시 꽤 많은 인기를 끈 드라마다.

고향도 전공도 다른 하숙생들 중에 의대생이 두 명 있었다. 극 중 이름은 빙그레와 쓰레기. 충청도가 고향인 빙그레는 아들이 의사가 되기를 원하는 엄한 아버지의 기대에 부응해 의대생이 되었다. 쓰레기는 빙그레의 의대 선배다. 성적도 좋고 하숙집 맏형답게 속이 깊다.

빙그레는 아버지와 떨어져 살면서 자신을 돌아보았다. 공부만 잘할 뿐, 스스로에 대해 아는 것이 너무 없다. 빙그레는 고민 끝에 휴학을 한다. 이를 알게 된 선배 쓰레기는 빙그레에게 묻는다.

쓰레기 : 니 뭐 딴 거 하고 싶은 거 있나? 어이 답답이, 뭐 딴 거 하고 싶은 거 있냐고.

빙그레 : 모르겠어유, 지는 지가 뭐 하고 싶은지 모르겠어유.

쓰레기 : 니만 그런 거 아니다. 해태도 삼천포도 윤진이도 나정이도 그냥 성적 맞춰서 들어온 거지 뭐 다른 거 하고 싶어서 들어온 거 아니다. 니 나이 이제 스무 살이다. 모르는 거 당연하다.

빙그레 : 지는 지가 뭘 하고 싶은지 그것만 모르면 휴학 안 했어유. 지는 뭘 좋아하는지도 모르겠어유. 뭘 좋아하는지, 뭘 싫어하는지를 몰라유. 기호라는 게 없어유, 나이 스물이나 돼갖고 한심하지유. 그동안 헛살았어유.

쓰레기 : 다 늦어서 반항이가. 그래도 휴학할 용기는 있었는갑네.

빙그레 : 지금 완전 쫄았어유. 지가 겁이 얼마나 많은디유. 어떻게 용기 내서 휴학까지는 했는디. 지금은 막막해유.

자기 자신에 대해 잘 모르는 청춘이 어디 빙그레뿐일까. 내가 만난 청춘들도 자신을 잘 몰랐다. 세진이도 그중 하나다.

교수님께서 내주신 자기소개 과제를 하려고 책상에 앉았다. 거짓 없이 써야 했기에 부담이 컸다. 아무리 고민을 해도 답이 떠오르지 않았다. "나는 정말 뭘 좋아하지?" "무얼 잘하지?" "남들과 어떤 점이, 어떻게 다른 존재지?" 물음표가 늘어가면서 머릿속이 하얗게 변했다. 몇 시간이나 썼다, 지웠다를 반복하며 겨우 쓴 답은 이랬다.

• 취미 : 음악 듣기, 독서

• 좋아하는 것 : 여행, 노래 부르기

• 잘하는 것 : 사람들 이야기 들어주기, 약속 잘 지키기

• 요즘 고민 : 성적

내용이 정말 형편없다. 내가 봐도 초등학생 수준밖에 안 된다. 세상에서 가장 잘 알고 있어야 하는 나 자신을, 나는 전혀 모르고 있다. '나 자신에게 관심이 너무 없구나' 하는 생각을 태어나 처음으로 해보았다. 나는 결국 '나는 어떤 사람인가?'라는 질문에 답하지 못하는 사람이다.

다시 빙그레와 쓰레기 얘기로 돌아가보자.

쓰레기 선배는 빙그레가 음악을 좋아한다는 것을 알고 대학가요제에 도전해볼 것을 권한다. 포스터까지 구해다 보여주지만 빙그레는 이런저런 핑계를 대며 고개를 젓는다. 쓰레기 선배가 답답한 마음에 한마디 한다.

쓰레기 : 이 새끼는 언뜻 보면 참 순하게 생겼는데 가만히 보면 남 애기 참 안 들어. (…) 좀 들어라. 천천히 좀 들어보고 쳐다보고 헤아려봐야 내가 무슨 생각으로 이런 말을 하는지, 무슨 마음으로 이러는지 알 거 아이가. 니 소갈머리에서 하는 소리도 좀 들어보고 헤아려봐야 니가 진짜 하고 싶은 것이 뭔지 그것도 알 거고.

"니 소갈머리에서 하는 소리도 좀 들어보고 헤아려봐라." 자신이 누구인지 알고 싶다면 자신의 가슴에서 울리는 목소리에 귀를 기울여보라는 뜻이다. 내면을 들여다보고 가슴에서 뭐라고 하는지 들어보라는 뜻이다. 훌륭한 조언이다. 당신이 원하는 답은 그렇게 해야 찾을 수 있다.

인생의 열쇠를 쥐고 주인으로 살고 싶다면 밖이 아닌 내면을 들여다보자. 바깥이 아닌 안쪽에서 시작하자.

종이컵으로 할 수 있는 것들

무엇이든 직접 해볼 때 많이 배우고 기억에도 오래 남기에 학생들에게 다양한 활동을 권하곤 했다. 수업 시간에는 네 명 정도의 소그룹으로 나누어 조원끼리 의견을 나누고, 정리하고 발표하는 시간을 종종 가졌다. 200명이 모인 수업에서 네 명씩 짝을 지으면 50개 조가 생긴다. 각 조에서 토론을 거쳐 나온 의견은 매번 다양하고 흥미롭다.

어느 날에는 '종이컵으로 할 수 있는 것 가능한 한 많이 적어보기'라는 주제를 다뤘다. 네 명이 한 조를 이뤄서 종이컵 하나로 할 수 있는 것을 가능한 한 많이 적어보는 작업이다. 제한 시간 내에 최대한 많이 정리해야 한다. 비슷한 기능을 표현만 바꿔 적는 건 안 된다. '물 담기, 주스 담기, 맥주 담기……'처럼 비슷한 내용은 하나로 합쳐야 한다. '음료수 담기'로.

그 외에는 일반적 방법이든 창의적 방법이든 다 좋다. 그룹별로 의논하는 시간이 지나면 각 조의 조장이 일어나 하나씩 발표한다. 만일 자신의 조에서 적은 내용을 다른 조가 먼저 발표하면 본인이 들고 있는 목록에서 지운다.

발표한 조에서 생각한 방법을 다른 조가 궁금해하거나 납득하지 못하면 해당 조장과 조원들은 이를 설명하고 합리적 근거를 들어 설득해야 한다. 설명을 들은 다른 조들이 인정하면 성공이지만 그렇지 않은 경우는 해당 내용을 지우고 다른 내용을 발표한다.

각 조의 번호를 정해 1조부터 20조까지 순서대로 발표한다. 순서가 한 차례 다 돌아가면 20조에서 시작해 1조로 돌아온다. 다 돌아오면 1조에서 20조로 다시 가고, 이렇게 갔다가 돌아오는 과정을 반복한다. 이 과정에서 더 이상 발표할 내용이 없는 조장은 자리에 앉는다. 종이컵을 가지고 할 수 있는 창의적이고 합리적인 방법을 가장 많이 찾은 조가 끝까지 남아 일등이 된다.

제한 시간은 10분. 앞에 선 내가 "자, 지금부터 시작하세요!"라고 말하는 동시에 각 조는 토론에 진지하게 몰입한다. 혹 크게 말하면 가까이 앉은 다른 조에서 들을까봐 최대한 가깝게 모여 앉아 경계심 가득한 낮은 목소리로 속닥거린다. 조원 중 한 명이 제시한 재미있는 의견에 박수치며 엄지손가락을 세워주고 박장대소하기도 한다. 세상에서 가장 중요한 사안을 검토하는 듯 신중한 눈빛으로 목록을 분석하는 모습은 엄숙하기까지 하다. 끝까지 하나라도 더 고민해서 내용을 추가해보려는 조가 있는가 하면, 제한 시간이 끝나기도 전에 이미 손을 놓아버리는 조도 있다. 삶의 문제를 대하는 우리들의 모습이기도 하다. 끝까지 하거나, 중간에 놓아버리거나.

종이컵 하나를 가지고 무엇을 할 수 있을까? 종이컵을 기발하게 사용할 수 있는 방법은 무엇일까? 다른 청춘들이 답한 내용을 보기 전에 독자 여러분도 한번 해보면 좋겠다. 함께 의논할 동료

없이 혼자 하는 것이니 시간은 10분을 그대로 해도 좋고, 5분 정도로 줄여서 해도 좋다.

시간을 정했다면 준비하시고 지금부터 시작!

❖ 종이컵 하나로 할 수 있는 것들을 적어보세요.

제한 시간 10분이 지나면 각 조의 조장이 일어나 발표를 시작한다. 초반 목록은 평범하다. '재떨이', '화분', '국자', '저금통' 등 누구나 쉽게 떠올릴 만한 내용이다. 발표가 계속되면 점점 독특한 방법이 나온다. '시력 검사할 때 한쪽 눈 가리는 도구', '팽이', '메모지나 편지지(접착된 부분을 뜯어 넓게 펼쳐서)', '장식품(예쁜 그림을 그려서)', '화장실에 갔는데 휴지가 똑 떨어져 없을 때 휴지 대용', '마스크(코랑 입만이라도)', '귀마개(한쪽이라도)', '컴퍼스 (큰 원 하나, 작은 원 하나)' 등.

학생들은 다른 조의 발표에 귀 기울인다. 기발한 의견이 나오면 "아, 그럴 수도 있겠다. 좋은 생각이다!"라며 감탄하기도 하고, "왜 우리는 그 생각을 못했지?" 하며 아쉬워하기도 한다. 다른 조의 의견을 열심히 메모하는 학생도 있다.

각 조당 보통 10개에서 50개 정도의 의견을 모은다. 전체적으로 보면 총 70~80개 정도의 방법이 모아진다. 학생들은 재밌어한다. 종이컵 하나를 가지고 할 수 있는 게 이렇게 많을 줄 몰랐다며 신기해한다.

여기에 이 활동의 목적이 있다. 종이컵으로 정말 많은 걸 할 수 있다는 사실을 깨닫는 것. '종이컵 하나를 가지고 80가지를 할 수 있구나! 백 원도 안 되는 물건의 용도가 이렇게나 다양할 수 있구나!' 하며 놀란다.

보통 때는 몰랐던 쓰임새를 청춘들은 어떻게 알게 되었을까? 다른 건 없다. 종이컵 하나를 놓고 오래도록 보았을 뿐이다. '이리 보고' '저리 보며' '깊게' 생각했기 때문이다. 자세히 보면서 다양하고 차별화된 방법을 떠올리고 검토했기 때문이다. 이미 알고 있는 것 말고 '다른' 방법도 '있다'는 넓은 마음으로 다가갔기에 많이 볼 수 있었다. 관심을 가지고 보았고, 다양한 가능성이 있다는 것을 믿으며 그 가능성을 보려 했기 때문에 많이 보았다. 학생들은 물과 커피를 마시는 데 사용하는 종이컵이 이렇게 활용 가치가 높다는 걸 깨닫고 많이 놀라워했다.

이는 우리 자신에게도 똑같이 적용된다. 많은 청춘들이 자신의 가능성을 낮고 단순하게 평가한다. 제대로 알지도 못하면서 자신은 특별한 점이 없는 사람이라고, 할 수 있는 것이 별로 없는 사람이라고 결론지어버린다. 그저 여러 사람 중 하나에 불과하다고, 가진 조건이 나쁘니 할 수 있는 일이 별로 없다고 생각해버린다. 자신의 개성과 가능성을 무시한다.

종이컵 활동을 마치고 나면 나는 학생들에게 질문을 던진다.

"여러분은 자기 자신을 얼마나 자세히 봅니까?"

"여러분은 자신을 이리 보고 저리 보면서 알아보려고 노력하나요? 남들이 알지 못하는 자신만의 가능성이 무엇인지 고민하나요?"

학생들은 대답하지 못한다. 멍한 얼굴, 당황한 표정으로 고개를 젓는다. 입을 다물고 있든, 무거운 눈으로 고개를 젓든 대답은 모두 '아니오'다. '나 자신을 놓고 넓고 깊게 생각한 적이 없습니다'라는 뜻이다. 청춘들이 답하는 '아니오. 나는 나 자신을 잘 봐준 적이 없습니다'라는 대답에 내가 꼭 해주고 싶은 말은 하나다. '반드시 봐야 한다. 자기 자신을 들여다보고 알아주는 건 무엇보다 중요하다.'

자신을 모르는 것이 청춘의 잘못은 아니다. 우리 교육은 초등학교부터 고등학교까지 이어진 과정에서 자기 성찰의 시간을 주지 않는다. 목표는 오로지 대학이다. 대학을 위한 시험과 경쟁의 소용돌이 안에서 '나는 나를 좀 돌아봐야겠다'고 혼자만 숨을 고르며 남들과 다르게 가기는 어렵다. 이해한다. 하지만 청춘이 된 이제는 달라져야 한다. 넓고 거친 세상에 뛰어들어 잘할 수 있도록, 무엇보다 나 자신으로 나답게 살기 위해서는 스스로를 알아줘야 한다.

세상에 흔하게 널린 종이컵으로 할 수 있는 것은 80가지가 넘는다. 종이컵은 그저 공장에서 똑같은 모양으로 찍어져 나온 물건이다. 크기만 다를 뿐 모양은 다 똑같다. 혼자서는 아무것도 하지 못한다. 하지만 사람인 우리는 그렇지 않다. 세상을 또렷하게 볼 수 있는 눈, 세상 밖으로 뚜벅뚜벅 걸어나갈 수 있는 다리, 원하는 것을 해낼 수 있는 팔과 손, 하루 스물네 시간 펄떡이는 심장을 가졌다. 생각하고 반성할 수 있는 머리, 기쁨과 슬픔을 느낄 수 있는 마음도 있다. 그런데도 할 수 있는 것이 별로 없다고, 나는 특별하지 않다고 스스로를 폄하하다니, 그건 안 될 일이다.

우리에게는 남과 비슷한 평범함도 있고 자신만의 특별함과 독특함도 있다. 나에게'도' 있고, 나에게'만' 있는 모습을 파악해보자. 공들여 들여다보지 않으면 알 수 없다. 알지 못하면 활용하지 못한다. 사용하지 않는 기능과 특성은 쇠퇴하여 소멸한다. 남과 같아지려 하지 말자. 내 안에 있는, 나만의 가치를 알아주고 세상 밖으로 꺼내 크게 키워주자.

다중지능검사의 핵심 : 자기이해지능

한 방송국에서 성인을 대상으로 물었다.*

"당신의 직업과 적성은 서로 잘 맞습니까?"

응답자 약 2700명 가운데 '그렇지 않다'고 답한 사람 중 불만도가 비교적 높은 여덟 명을 방송국으로 초대했다. 현재 하고 있는 일이나 공부가 자신과 맞지 않아 다른 길을 가야 하는 건 아닌지

---

* EBS 다큐프라임, 〈아이의 사생활〉 4부, '다중지능' 참조.

심각하게 고민하는 사람들이었다.

이들이 자신의 일에 불만을 가지고 있는 이유는 무엇이었을까? 너무 힘들고 거친 일이어서? 월급이 적어서? 남들이 인정해주지 않아서?

다 아니다. 일의 종류나 돈, 타인의 인정은 핵심 요인이 아니었다. 불만이 많다고 답한 이들의 직업은 영어 교사, 도 정책 연구원, 의과대학생, 인터넷 쇼핑몰 운영자, 전력기관 연구원, 금융회사 사무원, 인터넷 마케터, IT 회사 사무원 등이었다. 모두 좋은 직업 아닌가? "이런 일이 싫어서 다른 일을 하려 한다고? 정말?" 하는 질문이 나올 법하다. '그만두려면 그 자리 나한테 주지. 나는 진짜 열심히 할 수 있는데!' 하는 생각이 들 만큼 많은 이들이 소망하는 직업이다. 그래서 더 궁금하다. 그들은 자신과 맞지 않아서 그만하고 싶다고 말하는 일을 처음에는 왜 선택했을까? 어떻게 시작해서 여기까지 온 걸까?

잠깐 시선을 돌려보자. 방송국에서는 자신의 일에 만족하고 스스로 성공했다고 여기는 사람들도 만났다. 이들에게 자신의 일에 대해 어떻게 생각하는지를 묻고 '다중지능검사Multiple Intelligence Test'*를 실시했다.

분석 결과 주목할 만한 부분이 나타났다. 이들은 모두 '자신을 위한' 길을 걷고 있었다. 검사에서 본인의 강점으로 분석돼 나온 영역을 이미 인지하고 있었고, 강점 영역과 관계된 일을 선택해 직업으로 삼고 있었다. 여기에 더해 약점으로 분석된 영역 또한 또렷하게 알고 있었다. "저는 사람을 잘 기억하지 못합니다(대인관계지능)", "수학이 정말 싫어요(논리수학지능)", "방향 감각이 없어서 길 찾기에 어려움이 많습니다(공간지능)" 등을 구체적으로 말하며, 싫어하거나 잘하지 못하는 영역의 활동을 자신의 일에서 크게 중요하지 않은 위치에 두고 있었다. 사람을 잘 기억하지 못해도, 수학을 못해도, 방향 감각이 없어도 괜찮은 일을 하고 있었다는 뜻이다. 자신의 장점과 단점을 모두 고려한 지혜로운 삶을 살고 있었다.

'자기이해지능Intrapersonal Intelligence'은 자기 자신을 얼마나 잘 알아주고 있는지와 관련한 지능이다. 자신의 일에 만족하며 높은 성과를 올리고 있는 사람들에게서 공통적으로 높게 나타난 영역이다. 이들은 자기 내면을 들여다보며 무엇을 좋아하고 싫어하는지,

---

* 인간의 지능은 학업 성취와 관련된 하나의 지적 능력 검사만으로 판단할 수 없으며 여러 하위 요인을 다차원적으로 검토해야 한다는 주장을 바탕으로 하버드대 교육심리학 교수인 하워드 가드너Howard Gardner가 만든 검사. 언어, 음악, 논리수학, 공간, 신체 운동, 인간 친화, 자기 이해, 자연 친화, 종교적 실존 지능 등으로 구성된다.

자신의 감정이 어떤지, 무엇을 하고 싶은지, 무엇을 겁내고 두려워하는지, 왜 그런지를 잘 이해하고 있었다.

다시 앞으로 돌아가서, 일에 불만이 있는 사람들이 자신과 맞지 않아 힘들어하는 일을 왜 시작했는지에 대한 궁금증을 풀어보자. 이들에게도 공통점이 하나 있었다. 직업을 선택할 때 모두 부모님이나 주변 사람들의 기대와 권유가 있었다는 점이다. 이들은 타인의 조언과 결정을 그대로 따랐고 그들의 기대를 충족시키려 무진 애를 썼다. 자신의 내면에서 올라오는 욕구와 목표, 꿈과 희망은 뒤로 보냈다. 그리고 얼마 지나지 않아 고민이 시작됐다. "열심히 하는데 왜 잘 안 되지?" "왜 이렇게 삶이 재미가 없지?" "나는 이제 다른 일을 하고 싶은 것 같아" 등의 생각으로 혼란스러웠다. "그토록 좋은 직업을 그만두려고 하다니, 배부른 소리 하고 있네!"라는 주변의 따가운 시선은 이들을 더 힘들게 했다.

직업에 불만이 많은 이들에게도 다중지능검사를 실시했다. 분석 결과, 이들 모두 자신의 강점과 거리가 '먼' 일을 하고 있었다. 신기하게도 앞으로 갖기를 원하는 직업은 자신의 강점이라고 분석된 영역과 일치했다. 이들의 삶은 마치 좋아하지도 않고 마음이 가지도 않는 이와 억지로 살면서 사랑하는 사람을 그리워하는 결혼 생활과 비슷했다. 방송에서는 이들의 상황을 '불행한 짝짓기'라고 불렀다. 이미 짝을 맺어 살고 있는데 누구를 원망할 수도 없고, 원망해도 소용없는 불행한 짝짓기. 자신의 특성과 장점을 꼭꼭 묻어두고 헛되게 에너지를 소비하며 사는 삶. 중심 없이 겉도는 삶. 그래서 슬픈 삶.

안타깝지만 매우 흔한 일이다. 사람들의 뒤늦은 후회와 고민을 많이 접해본 나로서는 이제 막 꽃피는 청춘들이 삶과 일에서 꼭 '행복한 짝짓기'를 할 수 있기를 바란다. 어긋난 시작을 하면 시간이 지날수록 바로잡기 어렵다. 그러니 부디 자신에게 이로운 선택을 할 수 있도록 준비하자.

나를 제일 잘 아는 사람은 누구인가

상담센터에서 직업적성검사를 받은 민혁이가 물었다. 영어영문학을 전공하는 학생이었다.

민혁 : 적성검사를 받아보았는데 저에게 가장 잘 맞는 직업이 '양봉養蜂'이라고 나왔습니다.

필자 : 양봉? 왜 그런 결과가 나온 것 같아요?

민혁 : 잘 모르겠습니다. 저는 제 전공이 좋고 앞으로도 영어를 사용하는 일을 하고 싶습니다. 아무래도 적성검사에서 권하는 일을 하는 게 좋겠죠? 그럼 벌을 영어로 키워볼까요?

필자 : 정말 좋은 생각이군요! 이왕이면 꽃도 나무도 나비도 영어로 키워보면 어떨까요?

민혁 : ……??

사업을 하겠다는 재욱은 이렇게 말했다.

재욱 : 적성검사를 해보니 저는 사업이 맞는다고 합니다. 음……저도 사업이 잘 맞을 것 같아요. 사업을 해야겠어요.

필자 : 왜 사업을 하라는 결과가 나온 것 같아요? 본인의 어떤 점이 사업에 도움이 될 것 같은가요?

재욱 : 그건 잘 모르겠어요.

필자 : 그런데 사업을 하겠다고요?

재욱 : 검사 결과가 그렇게 나왔으니까요. 해도 될까요? 무슨 사업을 할까요?

필자 : ……??

민혁과 재욱이 모두 자신을 제대로 들여다보지 않은 채 검사 결과를 그대로 따르려고 했다. 심리검사나 적성검사를 받아보는 것은 물론 좋다. 도움이 되는 내용을 많이 파악할 수 있다. 다만 결과는 참고 자료로만 사용하자. '양봉'을 추천받았다고 해서 자신에 대한 탐색도 없이 당장 산속으로 들어가 벌을 키워도 좋을까? 사업도 마찬가지다. 자신의 어떤 특성 때문에 그런 결과가 나왔는지, 어떤 사업이 맞을지를 파악하는 일이 먼저다. 학생들이 서두르며 급하게 내린 결론에 대한 내 반응은 언제나 질문이다.

"왜죠?"

"그렇게 생각하는 이유는 무엇인가요?"

"본인의 어떤 점을 고려해서 그런 결론을 이끌어냈나요?"

"당신은 어떤 사람인가요?"

이런 질문에 구체적인 답을 가지는 것이 제대로 된 시작이다.

종이컵을 가지고 할 수 있는 것을 생각해보는 활동 중 한 조가 억지스럽거나 이해되지 않는 내용을 말하면 다른 조에 속한 학생들은 질문을 한다.

"왜 굳이 종이컵을 사용해서 해야 하지요?" 또는 "그 방법이 가능한가요? 잘 생각하고 한 말인가요?"

이 질문에 대해 해당 조가 대답하는 태도는 다르다. 발표하려는 내용을 얼마나 신중히 검토했느냐에 따라 달라진다. '에라 모르겠다, 그냥 한번 얘기해보자'라는 식으로 근거도 확신도 없던 조는 다른 조의 질문에 당황하고 기가 죽는다. 대답은 허술하고 어눌하다. 중간에 쉽게 포기한다. 반면에 신중히 검토한 의견을 내놓은 경우는 다르다. '왜'라는 질문과 '그건 아닌 것 같다'라는 비난에도 당황하거나 기죽지 않는다. 자신들이 제시한 방법을 논리적으로 설명하고 설득도 가능하다. 사람들은 고개를 끄덕인다.

답을 말하기 전에 얼마나 깊게 생각했는가, 그 답을 스스로 얼마나 믿고 있느냐가 중요하다. 승패는 이 부분에서 갈린다. 우리 인생도 그렇다. 자신에 대해 깊게 알고 스스로를 믿으며 세상에 뛰어드는 사람과 그렇지 않은 사람의 인생은 달라질 수밖에 없다. 당신은 어느 쪽을 택하겠는가?

나를 한 단어로 표현한다면?

나는 학기 초에 수업을 시작할 때면 언제나 자기소개서를 쓰도록 했다. 과제 얘기만 나와도 학생들은 긴장한다. "첫 번째 과제는 자기소개입니다. 석 장 내외로 작성해서 다음 주까지 제출하세요." 학생들은 얼굴을 찡그리며 투덜댄다. '아, 또 자기소개서야. 왜 어른들은 맨날 자기소개를 하래. 쓸 말도 없구먼. 제대로 읽지도 않을 거면서. 진짜 싫다……'

나는 학생들의 불만과 원성을 모르는 척하며 설명을 이어간다.

"한 사람이 세 장씩 작성한다고 하면 우리 교실에 200명이 있으니 200명 곱하기 세 장은 600장입니다. 한 학기 과제가 세 개 이상이니 여러분이 제출하는 보고서는 최소 1800장입니다. 꽤 많죠. 하지만 저는 양이 많아도! 제출 여부만 확인하고 읽지 않는다거나, 읽더라도 대충 읽거나 하지 않습니다. 처음부터 끝까지 꼼꼼하게 다 읽습니다. 고민하며 제대로 썼는지, 대강 분량만 채웠는지, 길게 늘린 다섯 장 속에 내용이 충실한지 아닌지 다 알게 되지요. 그러니 '열심히 쓴다고 알아주기나 하겠어. 괜히 헛고생하는 거 아니야?' 하는 걱정이나 의심은 하지 말고 마음 편히 먹고 솔직하게 쓰세요."

내 말을 들은 학생들은 고민한다. '이게 나한테 유리한 상황인가? 아니 불리한 건가?' '다 읽어줄 테니 편하게 쓰라는 말이 좋은 건가, 아닌가? 집중해서 제대로 쓰라는 말을 돌려서 표현한 건가?' 고개를 갸웃거린다. 말처럼 보고서를 정말 다 읽는지 확인하려는 학생도 있다. 보고서 중간에 뜬금없이 암호 같은 문장을 적어놓는다. '이렇게 많은 보고서를 정말 다 읽으신다고요? 진짜라면 저를 기억하고 말씀해주세요. 저는 이번 주 주말에 술을 왕창 마실 겁니다!'

재미있는 제안이다. 이름을 기억했다가 수업 중 쉬는 시간에 다가가 슬쩍 말해준다. "지난 주말 술자리는 즐거웠나요? 속은 괜찮고?" 학생은 눈이 왕방울만 해진다. "와, 진짜 다 읽나보다. 대~박!" 옆에서 친구들은 궁금해 죽는다. "왜? 왜! 무슨 일인데!" 주인공은 설명한다. "내가 말이야……보고서를 쓰면서 말이야……." 또 놀란다. "헐, 진짜~?"

청춘들에게 자기소개 과제를 내주며 무엇보다 진솔하게 써보도록 권하는 이유는 분명하다. 자기 자신을 바라보는 시간을 갖자는 것. 자신의 가슴 안에서, 살아온 시간 속에서 무엇이 보이는지 적어보자는 것. 점수 몇 점 더 받기 위한 가짜 보고서가 아닌 스스로를 위한 성찰 노트를 만들어보자는 것. 그래서 자신을 제대로 이해해보자는 것이다.

나를 성찰하는 시간이 필요한 이유

우리는 신체, 인지, 심리, 사회 등 다양한 영역에 걸쳐 각 단계에 주어진 과제를 행하며 성장한다. 신체적으로는 갓난아기 때 천장을 보며 누워 있다가 조금 지나면 낑낑대며 뒤집는다. 배를 깔고 기어 다니다가, 두 발로 서고, 걷다가 뛴다. 많이 걸어야 뛸 수 있다. 뛰려면 먼저 잘 걸어야 하고 많이 넘어져봐야 한다.

말을 배우는 데도 과정이 있다. 옹알이를 시작하고 시간이 지나면 '음마'가 '엄마'가 된다. 아는 단어가 늘어가고, 단어는 문장이 된다. 생각의 힘이 커지며 문장이 조금씩 길어진다. 타인과 소통하며 더 길고 복잡한 문장을 배우고 나눈다. 어릴 때는 자기만 위해달라고 하다가, 사람과 어울리는 법을 배우고, 양보와 배려를 실천하며 관계를 맺고 우정을 쌓아간다. 어느 것이든 각 단계의 과제를 충분히 거쳐야 다음 과정을 잘할 수 있다.

이런 맥락에서 '청춘'을 정의해보자. 청소년기를 막 넘겼거나 넘긴 지 조금 지난 나이. 20대 혹은 30대 초반. 10대에 경험해야 할 과제를 마치고 새로운 도약을 하는 시기가 바로 청춘이다.

10대 청소년기에 충분히 경험해야 할 과제 중 하나는 자기 성찰이다. 질풍노도의 시기인 10대에는 가슴속에 태풍이 몰아치는 방황을 하며 질문하고 답을 찾는 시간이 필요하다. '나는 누구인가?' '나에게 중요한 가치는 무엇인가?' '이 세상을 어떻게 살아나갈 것인가?' '어떤 일이 내 일인가?' 등을 생각하며 자신을 이해하고 정체성Identity을 확립해야 한다. '그래, 나는 이런 사람이야'라고 말할 수 있는 정리가 필요하다.

그런데 우리나라 청소년들은 공부하는 데에만 엄청난 시간을 보낸다. 초등학교 때부터 시작한 공부는 중학교, 고등학교로 이어진다. 성적과 대학 진학이 인생 전부가 된다. 알지도 못하고 좋아하지도 않는 내용을 머리에 집어넣느라 힘겹다. 스무 살이 되고 대학에 입학하면 새로운 세상이 펼쳐지리라는 기대감을 부여잡고 참는다. '대학에 들어가면 스트레스성 여드름이 싹 다 없어지 겠지.' '다이어트도 저절로 될 거야.' '캠퍼스 낭만은 또 얼마나 멋 지겠어.' '내 반드시! 이성 친구와 한강 고수부지에 앉아 치킨과 맥 주를 즐겨보리라!' 이를 악물고 버틴다. 어른들이 그랬다. 대학에 만 들어가면 마음껏 자유를 누릴 수 있으니 지금은 '쓸데없는' 생 각 말고 공부만 하라고. 그 말을 믿었다. 그리고 자신을 들여다보 는 쓸데없는 시간 따위는 갖지 않고 성적과 대학만 생각하며 살 았다.

그런데 이게 웬걸, 대학은 기대하던 곳과 다르다. 캠퍼스를 걷 다 멋진 이성과 부딪혀 책을 떨어뜨리고, 책을 줍다가 눈빛이 마 주치면서 '그래, 이 사람이야' 하며 온몸이 찌르르 전율을 느끼는 경험은 언제쯤 할 수 있을지 궁금하다. 없는 게 낭만뿐이라면 그 나마 괜찮다. 돈도 없고 시간도 없다. 당장 학점과 취업, 학자 대 출금이 어깨를 누른다. 전공도 따분한데 과제와 시험이 계속된다. 방학 기간에도 쉴 수 없다. '차라리 고등학교 때가 더 좋았다'는 말이 나올 정도다.

상황이 이러하니 10대에 하지 못한 성찰은 계속 미뤄진다. 자 신이 어떤 사람인지, 무엇을 사랑하는지, 앞으로 어떤 삶을 살고 싶은지도 모르는 채 계속 바쁘다. 마음이 급하니 성찰은 생략하고 결론으로 들어간다. 상황이나 타인이 내려준 결정에 끼워 맞추는 것이다. 억지로 끼워 맞춘 틀이 잘 맞지 않으면 자신의 능력과 사회성을 탓한다. '나는 부족한 게 많아. 남들은 다 잘하고 있는데 나만 못해.' '이런 나를 누가 좋아하겠어. 나도 내가 싫은데 말이야.' '아, 괴롭다.'

자신에게 집중하기

어느 날 재민이가 상담을 신청했다. 재민이는 수업 시간에 발표도 열심히 하고 그룹 활동에서는 자연스럽게 리더가 되는 등 모든 면에 적극적인 학생이었다. 그런데 이야기를 시작하고 얼마 지나지 않아 뜻밖의 말을 했다.

"저는 제가 참 한심합니다. 사람들도 저를 싫어하는 것 같아요. 매 순간이 불안합니다. 앞으로 어떻게 살아야 할지 모르겠습니다."

재민이는 고민이 깊었다.

며칠 후 승훈이와 이야기를 나눌 때였다. 학교 생활도, 미래도 자신 없다는 승훈이는 물었다.

"지난 번 수업 시간에 발표한 선배요, 정말 대단해 보였습니다. 부러워요. 어떻게 하면 그렇게 당당할 수 있을까요? 그런 사람은 고민도 없겠죠? 저도 언젠가 그렇게 될 수 있을까요?"

며칠 전 나에게 자신이 한심하다고, 매 순간 불안하다고 속마음을 털어놓은 재민이를 가리키는 말이었다. 승훈이는 겉으로 보이는 모습만 보고 재민이를 부러워하고 있었다. 나는 말해주었다.

"승훈아, 겉으로 보이는 모습이 전부가 아니야. 그 선배라고 좋기만 하겠니. 고민도 있고 힘도 들지만 노력하는 중일 거야. 네 또래는 다 비슷하단다. 그러니 다른 사람과 비교하면서 기죽지 말고 너에게 집중해. 지금은 그래야 할 때야. 당당해지고 싶다고 했지? 너 자신을 찾고 이해하는 게 그 시작이야."

청춘은 자기 자신에게 집중해야 하는 시기다. 자신을 모르고 타인을 부러워할수록 불안감은 커진다. 다른 사람은 다 잘살고 있는데 자신만 엉망인 것 같다는 자괴감 속에서 허덕인다. 청춘은 단단한 사람으로 성장하기 위해 준비하는 시기다. 강한 어른이 되기 위한 준비 중 핵심은 자신을 제대로 아는 것이다. 자신이 무엇을 할 때 가장 신이 나는지, 언제 미소를 짓게 되는지, 지금까지 어떤 삶을 살아왔는지, 마음에 어떤 상처가 있는지, 앞으로 어떻게 살고 싶은지 보는 것이다.

나는 OO이다

자기소개 과제는 몇 가지 질문을 제시하고 답하는 형식으로 진
행된다. 청춘들이 어렵지만 재미도 있다고 꼽은 질문이 하나 있
다. '나는 이런 사람이다'라고 자신을 응축해 표현할 수 있는 단어
를 하나 떠올리고 그 이유를 정리해보는 것이다. 과제를 하며 청춘
은 깨닫는다. '내가 나를 너무 모르는구나.' 정현이의 소감을 보자.

내가 어떤 사람인지 짧게 정의하기는 어렵다. 나 자신에 대해 심오하
게 생각해본 적이 없다. 깊이 생각해볼 기회가 없기도 했지만, 있어도
그냥 지나쳐버렸다. 부끄럽다. 이번 기회에 '나'의 가장 두드러진 특
징을 표현하는 말을 생각해보았다. 하나 찾았다!

청춘들이 고민 후에 '이게 나야'라고 선택한 단어는 종류도 이
유도 다양하다. 혜수와 종민이와 은혜는 단점이 떠올랐다. 단점
때문에 힘들어하는 자신을 보게 되었다.

혜수 : 나는 느린 사람이다. 말도 행동도 느리다. 결정 하나 하는데도 남들보다 몇 배의 시간이 필요하다. 사람들은 나를 답답해한다. 나도 내가 답답하다. 누구에게나 똑같은 24시간을 효율적으로 쓰지 못하는 것 같다. 한심하다.

은혜 : 친구들에게 물어보았다. "나를 한 단어로 표현해줘." "나를 보면 어떤 말이 생각나?" 친구들은 '걱정'과 '완벽주의'를 꼽았다. 사람들에게 나는 걱정이 많은 완벽주의자로 보이나보다. 내가 생각하는 나는 한마디로 '콤플렉스'다. 사실, 걱정과 완벽주의도 콤플렉스 때문이다. '노력한 만큼 학점이 안 나오면 어떡하지? 난 머리가 나쁘잖아?' '얼굴에 뭐가 나면 어쩌지? 안 그래도 못난 얼굴인데…….' '물건을 잃어버리면 어떡하지? 사람들이 칠칠치 못하다고 욕하지 않을까?' 늘 전전긍긍한다. 친구들과 있어도 맘 편히 즐기지 못한다. 난 왜 자신감을 가지고 살지 못할까, 왜 열등감과 걱정에 눌려 사는 걸까……. 마음이 무겁다.

종민 : 나는 '중간'이다. '가만히 있으면 중간이라도 간다'는 말이 있다. 나는 그 중간이라도 되고 싶어 가만히 있곤 한다. 싫다고 말하는 경우도 거의 없다. 성격이 좋다는 얘기도 듣고 친구 관계도 원만하지만 사

실 스트레스가 심하다. 내가 싫다고 말하지 않는 건 그 의견이 정말 좋아서가 아니라 누군가와 갈등을 겪는 게 두렵기 때문이다.

선아와 성민이에게도 혜수, 은혜, 종민처럼 단점이 있지만 이들은 조금 다르게 접근했다. 부족한 점을 극복하려는 노력과 가능성을 보았다.

선아 : 나는 도화지다. 글과 그림이 조금씩 늘어나고 있는 흰 도화지. 어린 시절 나는 아무것도 없는 백지였다. 꿈도 없고 되고 싶은 것도 없었다. 초등학교 때 장래 희망을 쓰라고 하면 친구가 쓴 걸 보고 따라 쓰기 바빴다. 반갑게도 최근 변화가 생겼다. 모임에서 우연히 어떤 일을 맡게 되었는데, 그 일을 잘 해보고 싶다는 희망이 나에게 힘을 준다. 내 안에서 분명 무언가 크고 있다. '나'라는 도화지가 앞으로 어떻게 채워질지 기대된다.

성민 : 얼마 전 친구가 나를 '거북이'라고 불렀다. 나는 좋게 보면 성실하고 꾸준하지만 사실 생각, 말, 행동 모두 남보다 느리다. 요령도 피울 줄 모른다. 고등학교 때까지 모범생이었고 부모님이나 선생님이 바라는 것을 해내기 위해 최선을 다했다. 내 꿈이나 욕구는 아예 생각

하지 않았다. 지금 생각해보니 나는 겁이 났던 것 같다. 어른 말을 안 들으면 큰일 날 것 같고 혼자서는 아무것도 할 수 없을 것 같아서 두려웠다.

이제는 사람들이 나에게 거는 기대에서 벗어나고 싶다. 새로운 일에 도전도 해보고, 제대로 싸우며 깨져보고도 싶다. 내가 살고 있는 안전한 모래사장 밖 세상이 알고 싶다. 거북이의 성실하고 꾸준한 장점을 살려 조금씩 나가봐야겠다.

자신을 생각하면 어려운 상황을 극복한 도전과 의지가 떠오르는 청춘도 있다. 민재와 홍민이는 고단한 삶 속에서 투지를 발휘하며 살아온 스스로가 기특하다.

민재 : 고등학교 졸업 후 치킨 배달과 택배 일을 했다. 하루하루 생각 없이 살았다. 어느 날, 또래 청춘들이 더 나은 미래를 위해 공부하는 모습을 보면서 나를 돌아봤다. 이대로 살아도 괜찮을까 하는 생각이 들었다. 도전을 결심하고 공부를 시작, 대입에 성공했다. 적응은 쉽지 않았다. 수업 시간에 배우는 내용이 이해가 되지 않았다. 휴학하고 2년 동안 고등학교 수학과 과학부터 시작해 전공과목까지 파고 또 팠다. 포기하고 싶어도 내 선택에 대한 믿음으로 이겨냈다. 지난

학기에 복학했고, 성적은 상위권으로 올랐다. 남들보다 늦었지만 많은 것을 배웠기에 후회하지 않는다. 내 도전과 경험은 앞으로 만날 역경을 이겨내는 원동력이 되어줄 것이다. 나는 오뚝이다.

홍민 : 나는 불굴의 사나이다. 내 유년 시절은 가난 그 자체였다. 매일 빛도 잘 들어오지 않는 반지하 단칸방에 혼자 앉아 일 나가신 부모님을 기다렸다. 아침, 점심, 저녁 세 끼 모두 혼자 먹었다. 반찬도 김치뿐이었다. 성공하고 돈도 많이 벌겠다는 의지를 다지며 밤낮으로 책을 읽었다. 초등학교 입학 전에 곱셈과 나눗셈을 독학으로 익혔다. 고등학교 때는 물려받은 헌 교복을 입고 학교 불이 꺼지는 밤 늦게까지 남아 공부했다. 새벽에 신문 배달을 하며 학원비도 직접 마련했다. 지금도 부모님께 돈을 전혀 받지 않는다. 공부도 열심히 한다. 어려운 환경 속에서도 꿈을 향한 의지를 가지고 살아가는 나는 멋진 불굴의 사나이다.

윤진이는 화려하고 예쁘지는 않지만 청바지처럼 편한 사람이다. 시간이 지날수록, 볼수록 더 좋은 사람인 자신이 참 좋다.

나는 '청바지'다. 예쁜 큐빅이 박힌 블라우스도 아니고 반짝이는 하이

50

힐도 아니다. 화려한 블라우스와 구두는 단번에 사람들 이목을 끈다. 특별한 날을 더 특별하게 만들어준다. 하지만 불편하다. 흙이 묻을까, 음식이 묻을까, 구김이 갈까 조심해야 한다. 나는 첫눈에 남을 사로잡을 만큼 예쁘지도 않고 화려한 언변도 없지만 함께 있으면 편안하고, 볼수록 더 좋은 사람이다. 친구, 연인, 가족과 편의점 앞 의자에 앉아 육포와 캔 맥주 하나를 놓고 몇 시간이고 얘기를 나눌 수 있다. 한밤중이든 주말이든 힘들 때 의지하고 싶고 얘기를 나누고 싶은 사람, 함께 있으면 편안한 사람. 나는 청바지 같은 사람이다.

대학원에서 상담을 공부하던 시기에 집단 상담에 참여한 적이 있었다. 상담 전문가인 슈퍼바이저의 지도 아래 스무 명 정도가 모여 3박4일 동안 마음을 나누는 프로그램이었다. 숙소에 도착하면 자신의 별명을 하나 생각해 명찰에 적고, 이름 대신 서로 별명으로 부른다. 이에 대해 슈퍼바이저가 설명해준 내용이 인상적이었다.

"명찰에 적은 별명을 보면 그 사람의 70퍼센트 이상을 알 수 있습니다. 그 사람의 중심에 무엇이 있는지, 무엇이 그 사람을 크게 덮고 있는지 알 수 있지요. 상담을 진행하다 보면 결국 자신이 지은 별명과 관련한 내용이 나오게 됩니다. 해결해야 할 문제일 수도 있고, 자신을 끌고 가는 힘인 경우도 있습니다. 누구든, 무엇이든 그 단어를 선택한 이유가 분명히 있고, 그것을 아는 게 중요합니다. 알아야 보듬어줄 수도 있고, 해결해줄 수도 있으니까요."

참여자 중에 자신의 별명을 '화산'이라고 한 이는 3박4일 기간 동안 마음속에 쌓아온 폭발 직전의 화를 얘기하고 공감받으며 마음속 분노를 풀었다. '사랑'이라고 한 이는 사람들에게 사랑받고 싶지만 그렇지 못해 외롭고 슬픈 마음을 털어놓고 사람들에게 위로를 받았다.

우리도 한번 생각해보자. 나를 가장 잘 표현하는 단어는 무엇인지, 그 단어를 선택한 이유는 무엇인지 적어보자. 선택한 단어를 놓고 자신에게 물어보자. '왜 이거야?' '그래서 넌 어떠니? 어떻게 하면 좋을 것 같니?' 내면에서 나오는 답도 들어보자.

✤ 나는 (   )다. 이유는……

뚜벅이 엄마와 사차원 소녀

필자인 나를 한 단어로 표현하면 '뚜벅이'다. 성큼성큼 뛰지 못하고 한 발자국씩 조심히 내딛는 뚜벅이. '차근차근' '꾸준히'가 삶의 모토다. 조금 느려도 꼼꼼히 진행하는 게 좋다. 낯가림이 심해 사람과 친해지는 데도 시간이 걸린다. 일도 인간관계도 한 걸음씩이다. 나는 이런 사람이라는 걸 알고 있으니 서두르지 않으려 한다. 마음이 급해질 때면 나에게 말해준다. '너와 맞지 않아. 네가 잘하는 방식대로 해야지.' 뚜벅이의 속도가 어떤 이에게는 답답하게 보일 수도 있다. 그렇다고 타인의 요구에 맞추면 안 된다. 허둥대다 넘어진다.

사람마다 자신의 속도가 있다. 나는 내 속도를 따른다. 내 속도대로 가면서 남에게 피해 주지 않고 맡은 역할을 잘 해내면 된다고 믿는다.

뚜벅이 딸이 초등학교 5학년 때였다. 뚜벅이가 청소를 하다가 시험지 한 장을 발견했다. 수학 시험지였다. 틀림 표시가 크게 되어 있는 한 곳으로 눈이 갔다.

문제 : 철수 엄마는 첫 번째 가게에서 가진 돈 3분의 1을 쓰고, 두 번째 가게에서 남은 돈 2분의 1을 썼다. 세 번째 가게에서 남은 돈 중에 2분의 1을 더 썼더니 500원이 남았다. 철수 엄마가 처음에 가지고 있던 돈은 얼마인가?

딸아이가 쓴 답이 궁금한 뚜벅이는 문제 아래 쪽 답란으로 시선을 내렸다. 답은 이렇게 적혀 있었다.

"글쎄요."

세상에! 수학 문제의 답이 '글쎄요'라니! 놀란 뚜벅이는 딸에게 물었다.

"이거 네가 쓴 답 맞아?"

"그거요? 네, 제가 썼어요." 딸은 담담했다.

"무슨 수학 답을 이렇게 썼어?"

"잘 모르겠어서요."

"그렇다고 시험지에 답을 '글쎄요'라고 써?"

"엄마가 주관식 답은 비워서 내는 거 아니라고, 뭐라도 생각나는 내용을 쓰라고 하셨잖아요. 문제가 길고 복잡해서 읽고 나니까 글쎄…… 하는 생각이 들더라고요. 그래서 썼어요. 엄마에게 배운 대로. 잘했지요?"

당황한 뚜벅이는 대답을 하지 못했다.

딸아이의 행동을 이해하기 어려운 뚜벅이가 어느 날 딸에게 물었다.

"너를 한 단어로 표현한다면 무엇일 것 같니?"

"사차원이요! 저는 다른 사람들과 좀 다른 것 같아요. 친구들도 저를 그렇게 부르더라고요."

뚜벅이는 생각했다. '이 녀석은 나와 많이 다르구나.' '나와 많이 다르게 살겠구나.'

사차원 소녀가 고등학교 1학년이던 어느 날, 뚜벅이에게 다가왔다.

"엄마, 저는 학교 공부와 맞지 않는 것 같아요. 도무지 재미가 없어요. 고민 많이 하고 말씀드리는 거예요. 앞으로 저에게 공부 얘기는 안 하시면 좋겠어요."

사차원 소녀가 이 말을 할 때까지 공부를 전혀 하지 않은 건 아니다. 학원에도 다녔고 성적이 꽤 잘 나온 적도 있었다. 하지만 소녀에게는 재미가 없었다. '이런 공부가 나와 맞나? 억지로 계속해야 하나? 다른 건 없을까? 나는 무얼 좋아하지?'를 고민한 듯했다. 암기와 시험의 반복인 학교 공부가 자신과 맞지 않다고 판단한 사차원 소녀는 뚜벅이에게 폭탄 선언을 하고 고등학교를 졸업할 때까지 성적표에 놀라운(?) 점수를 기록하곤 했다. 본인은 아무렇지도 않은데 엄마 뚜벅이만 매번 가슴이 철렁했다.

뚜벅이는 사차원 소녀를 이해하기 어렵다. 어디로 튈지 모르는 말이나 생각, 행동이 이해되지 않는다. 하지만 사차원 소녀가 성향이 완전히 다른 뚜벅이 엄마에게 이해와 칭찬을 받아야만 잘 살 수 있는 건 아니다.

사람은 모두 다르다. 사차원 소녀에게 뚜벅이의 삶을 강요하면 활짝 꽃피지 못하고 시들어버릴 것이 분명하다. 자신만의 독특한 사고방식을 자기 자신과 세상에 이롭게 활용하며 살면 된다.

이제 20대 청춘을 살고 있는 딸에게 뚜벅이 엄마는 강조한다.

"사차원 소녀야, 다른 사람 따라가지 말고 너만의 개성과 장점을 발휘하며 힘차게 살아라. 엄마는 너를 믿고 늘 응원해줄게." (다만, 너무 많이 놀라게 하지는 않았으면 좋겠구나…….)

당신은 자신을 대표하는 단어로 어떤 것을 골랐는가. 당신이 선택한 단어는 긍정적일 수도 있고 부정적일 수도 있다. 선택하는 데서 끝내지 말고, 왜 그 단어를 골랐는지, 자신이 그 단어로 어떻게 설명되는지도 생각해보자.

현재 자신을 나타내는 단어가 긍정적이라면 당신 안에 있는 여러 특성 중 그 특성을 제일 좋아하는 것일 수 있다. 가장 자랑스럽고 기특한 면일 수도 있겠다. 자꾸 떠올리면서 쓰다듬어주고 키워주자. 부정적인 단어가 떠올랐다면 이제부터 좋은 변화를 만들어가면 된다. 스스로 가장 마음 쓰이고 변하고 싶은 부분이니 그 단어가 떠올랐을 것이다. 앞으로 나아지고 싶다는 내면의 바람이 밖으로 나온 것이다. '아, 내가 이 점을 걱정하고 있구나'를 알아주며 더 나은 사람이 될 수 있도록 노력하면 된다.

긍정도 부정도 아닌 단어를 선택했을 수도 있다. '뚜벅이'나 '사차원 소녀'도 긍정이나 부정의 성격이 없는 단어지만 나와 내 딸이 살아가는 방식을 또렷하게 대표한다. 무엇이든 자신을 대표하는 단어를 아는 것, 그에 대해 스스로 어떤 생각이 드는지 아는 것, 앞으로 어떻게 하고 싶은지, 어떻게 해야 할지를 생각해보는 것이 중요하다.

자신에게 가끔 물어봐주자.

"나는 요즘 뭐지? 왜지? 나를 위해 어떻게 하는 게 좋을까?"

떠오르는 대답은 당신의 내면 세계에 대해 꽤 많은 설명을 해줄 것이다.

직접 해보기!

아래는 자기소개서 질문 항목입니다. 각자 답해봅시다. 본인을 이해하는 데 도움이 될 것입니다.

---

1. 장점 또는 잘하는 것이 무엇인가요?

2. 단점 또는 못하는 것이 무엇인가요?

3. 지금까지 살면서 자발적으로 가장 열심히 한 것은 무엇인가요? 이유는?
   · 가장 열심히 한 것 :

   · 이유 :

4. 지금까지 살면서 결과를 떠나 해보기 잘했다고 생각하는 것과 그 이유는 무엇인가요?
   · 시도해보기 잘했다고 생각하는 것 :

   · 이유 :

5. 지난 1년을 돌아볼 때 꼭 해야 했는데 하지 않은 것은 무엇이고, 만일
   실행했다면 지금과 무엇이 달라졌을까요?
   · 하지 않은 것 :

   · 열심히 했다면 달라졌을 부분 :

6. 요즘 가장 큰 관심 또는 고민은 무엇인가요?
   · 관심 :

   · 고민 :

7. 내가 가진 조건이나 현재 상황에 관계없이 무조건 가능하다면 해보고
   싶은 일과 이유는 무엇인가요?
   · 해보고 싶은 일 :

   · 이유 :

MBTI로 알아보는 성격

"쟤는 성격이 이상해."

"저 사람은 성격이 참 좋아."

"나는 왜 사람들과 잘 어울리지 못할까. 성격에 문제가 있는 걸까."

성격Personality. 심리학에서는 성격을 '개인이 환경과 상호작용하면서 나타내는 독특하고, 일관적이며, 안정된 인지적·정서적 행동 양식'으로 설명한다. 짧고 쉽게는 '개인이 가지는 고유한 성질이나 품성'이라고도 한다. 사람은 타인과 구분되는 자신만의 내적 특성이 있고, 살아가면서 그 특성을 계속 가지고 간다는 뜻이다. 내면에 있는 특성이지만 말과 행동을 통해 밖으로 드러나므로

예측이 가능하다. '철수는 이 문제에 대해 이렇게 행동할 거야.' '영희는 오늘도 늦게 올 거야.' 이런 방식으로 말이다.

정신분석학자 지그문트 프로이트Sigmund Freud는 인간의 성격 구조에 원초아Id, 자아Ego, 초자아Superego가 있다고 주장했다. 이들 셋은 각기 다른 특성을 가지고 있다. 원초아는 쾌락을 추구하며 지금 당장 즐거움을 누리려 한다. 초자아는 이상과 양심의 소리에 초점을 맞춘다. 원초아와 초자아 사이에서 자아는 중재 역할을 한다. 현실을 고려해 원초아와 초자아를 화해시키고 균형을 맞춰준다.

예를 들어보자. 오늘은 토요일이고, 월요일에 시험이 있다. 열심히 공부하는데 친구가 공짜 표가 생겼다며 영화를 보러 가자고 한다. 꼭 보고 싶었던 영화다. 영화를 본 후에는 밥도 사겠다고 한다. '아, 갈등된다. 어떡하지!' 이때 셋은 내면에서 다른 목소리를 낸다. 원초아는 좋아서 흥분한다. "그래, 가자! 즐길 수 있을 때 즐기는 거야! 시험은 또 있어. 다음에 잘 보면 되는 거야!" 초자아는 반대한다. "무슨 말도 안 되는 소리! 절대 안 돼. 열심히 공부해서 좋은 성적 받아야지!" 자신에게 엄격하다. 자아는 양쪽 의견을 고려하며 상황을 검토한다. "시험 범위가 이만큼이고, 지금 여기까지 공부했으니 두 시간만 더 공부하고 나갔다 오자. 기분 전환도 되고 좋을 거야. 갔다 와서 또 열심히 하는 거야." 원초아와 자아, 초자아는 내면에서 끊임없이 충돌하며 상호작용하고, 이 과정을 거치며 우리는 선택하고 행동한다.

프로이트의 제자이기도 한 카를 융Carl G. Jung은 심리유형Psychological Types 이론을 주장했다. 인간은 환경과 상호작용하면서 다양한 경험을 하고 이 과정에서 모은 정보를 바탕으로 생각하고 결정을 내리는데, 사람마다 선호하는 방식에 차이가 있다는 이론이다. 어떤 방식을 더 좋아하는지에 따라 개인의 고유한 성격유형이 만들어지고, 사람은 자신의 성격유형에 따라 질서정연하고 일관되게 행동한다.

성격유형을 나누는 네 가지 지표

캐서린 브릭스Katharine C. Briggs와 이사벨 마이어스Isabel B. Myers는 융의 심리유형 이론을 바탕으로 인간의 성격유형을 알아보는 도구를 만들었다. 개인이 선호하는 심리경향Psychological Preference을 찾고 그에 따라 행동이 어떻게 달라지는지 파악하는 것을 목적으로 했다. 둘은 모녀 관계인데, 엄마인 브릭스가 연구를 시작했고 딸인 마이어스가 뒤를 이어 마무리했다. 검사 도구 이름은 MBTI(Myers-Brigss Type Indicator)다. 태도와 인식, 판단 기능에서 선호 방식의 차이를 나타내는 네 가지 지표로 구성되어 있다. 하나씩 살펴보자.

정신적 에너지와 주의를 기울이는 방향에 따라 달라지는 외향과 내향

첫 번째는 외향Extraversion/내향Introversion 지표다. 정신적 에너지 혹은 주의를 기울이는 방향을 나타내며, 내면과 외면 중 어느 곳에서 에너지를 얻는가 하는 문제와도 관계된다. 외향형(E)은 '밖으로 혹은 밖에서'를 지향하며 외부로 활동을 넓히려 하는 반면에, 내향형(I)은 '안으로 혹은 안에서'를 지향하며 내면 세계에 관심을 가진다.

외향형(E)은 사교성이 좋아 새로운 사람 만나는 것을 즐긴다. 적극적이고 활동적이어서 외출과 모임을 즐기며 집단의 분위기를 주도한다. 주변에 빨리 알려지고 대인관계 폭이 넓다. 외부 활동을 통해 에너지가 회복되는 성격이어서, 집에 있으면 답답하고 기분이 가라앉기도 한다. 말과 행동이 빨라 저지르고 후회하는 경우가 종종 있다.

내향형(I)은 반대다. 조용하고 신중하며 생각이 많다. 새로운 사람과 낯선 환경에 적응하는 데 오래 걸린다. 한번 마음을 열면 깊은 관계를 유지하며 친한 소수의 사람과 의미 있는 대화를 즐긴다. 여러 사람과 함께하면 쉽게 피곤해진다. 자기만의 공간에 혼자 있으려 하고, 외출해도 혼자이거나 매우 친한 사람과 같이 간다. 때로 신중함이 지나쳐서 할까 말까 생각만 하다 끝나는 경우가 종종 있다.

외향형과 내향형의 큰 차이는 관심이 가는 방향과 에너지를 회복하는 방향이다. 외향은 외부 세계와 나 아닌 다른 사람들에게 관심이 많다. 외향은 자꾸 밖으로 나가려고 하고 밖에서 에너지를 채우는 반면에, 내향은 내면에 관심이 있고 조용히 혼자 있는 곳에서 회복한다. 사람들과 함께한 외부 활동 후에는 혼자만의 시간이 필요하다. 자신이 외향인지 내향인지 알면 고갈된 에너지를 채우고 회복하는 데 도움이 된다.

✣ 위 설명을 참고해 생각해봅시다.
당신은 내향과 외향형 중 어느 쪽인 것 같은가요?

(내향 / 외향)

인식 방식에 따라 나뉘는 감각과 직관

두 번째 영역인 감각Sensing/직관Intuition 지표는 정보를 인식하고 수집하는 방식에 따라 달라진다. 감각형(S)은 오감, 실제 경험, 지금, 현재에 초점을 맞춘다. 모든 정보를 자신이 보고, 듣고, 만진 것을 정리하여 구체적으로 받아들인다. 직접 경험해서 아는 것이 중요하고, 직접 확인해서 모은 정보를 바탕으로 생각한다. 현실적인 반면에 상상력은 좀 부족할 수 있다.

직관형(N)은 말 그대로 직관, 영감, 통찰을 바탕으로 생각한다. 현재보다 미래를 지향하며, 아이디어가 많다. 숨겨진 의미와 가능성을 보려고 하며 상상력이 풍부하다. 추상적인 사고를 하고 미래를 지향한다.

두 유형이 어떤 차이를 보이는지 직접 살펴보자.

학생들에게 감각과 직관에 대해 설명해주고 자신이 감각형인지 직관형인지 생각해보게 했다. 두 유형의 차이가 분명해서 설명을 들으면 대개 자신의 유형을 알 수 있다. 감각형이라고 생각하는 사람을 모두 일어나게 한 뒤 질문을 하나 던졌다.

"사과를 생각하면 어떤 말이 떠오르나요? 한 사람씩 말해봅시다."

앞에 있는 사람부터 시작한다.

"빨간색이요." "딱딱하다." "맛있다." "달콤하다." "새콤하다."

"아삭아삭."

이 정도 답이 나오면 뒤에서 말할 순서를 기다리는 감각형 학생들은 긴장하며 얼굴이 굳는다. 왜일까? 사과를 떠올릴 때 드는 생각을 편하게 말하면 될 텐데 무엇이 걱정되는 것일까?

인식하는 방식 때문이다. 감각형이 아는 사과는 자신들이 '직접' 경험한 사과다. 우리가 직접 경험하는 사과는 빨갛고(때로 청사과도 있지만), 딱딱하고, 새콤달콤하고, 아삭한 게 거의 전부다. 그래서 이 중에 하나를 얘기해야겠다고 생각하고 있는데, 앞에 있던 감각형이 먼저 얘기해버린 것이다. 순서는 다가오고, 새롭게 떠오르는 단어도 없다. 심장이 마구 뛴다. '사과, 사과. 딱딱하고 빨갛고……새콤하고……또 뭐 있지? 뭐가 있지……? 생각하자, 생각하자…….'

긴장하고 있는 감각형을 위해 이쯤에서 내가 한마디 해줘야 한다.

"앞 사람이 한 말을 또 해도 됩니다. 괜찮아요."

'오, 다행이다!' 감각형은 미소를 되찾고 말한다.

"빨갛다." "딱딱하다." "맛있다." "달콤하다." "새콤하다." "아삭아삭."

다음은 직관형 차례다. 직관형들은 사과와 관련해 재미있는 단어를 떠올리고는 벌써 웃고 있다. 젊음, 우리 엄마 꿈, 지구 멸망, 윌리엄 텔, 스티브 잡스, 백설공주, 거짓말, 비리, 뇌물……, 계속 새로운 표현이 나온다. 앉아서 듣고 있는 감각형 학생은 이해할 수 없다. 옆에 앉은 친구에게 묻는다. "저건 무슨 말이야?" "사과 랑 거짓말이 왜?" "사과를 말하는데 왜 엄마 꿈이 나와?" 똑같이 이해하지 못한 감각형은 어깨를 으쓱하며 표정으로 답한다. '나도 몰라.' '뭔 소리래.' '좀 이상하지?'

직관형의 설명을 들어보자. '우리 엄마 꿈'은 엄마가 예쁜 사과 꿈을 꾸고 자신을 낳았기 때문이다. 엄마가 말씀해주셨다. "엄마 가 꿈을 잘 꿔서 네가 그렇게 예쁜 거란다." 어릴 때부터 사과를 보면 엄마 꿈이 생각났다. 어떤 청춘에게 사과는 미안하다는 '사 과sorry, apology'이기도 하고 '거짓말'이기도 하다. 그룹 빅뱅의 노 래가 떠올라서 그렇다. 'I'm sorry but I love you, 다 거짓말이야.' '비리와 뇌물'은 부당한 특혜와 이권을 챙기려는 뇌물 사건과 연결 된다. 뇌물은 상자를 꽉 채운 현금이다. 뉴스를 보니 사과 상자 안 에 돈다발이 들어 있었다. 사과를 생각하면 뇌물과 비리가 떠오른 다(그 외 '젊음', '지구 멸망', '윌리엄 텔', '백설공주', '스티브 잡스' 는 무난한 편이니 설명을 생략한다).

두 유형의 차이는 더 있다. 감각형(S)은 구체적 사실에 집중하지만 직관형(N)은 숨겨진 의미와 연결된 의미에 주목하며 상상력을 발휘한다. 감각형은 숲을 볼 때 나무 한 그루, 꽃 한 송이를 꼼꼼히 본다면, 직관형은 숲 전체 모양과 색깔, 이미지에 주목한다. 이처럼 둘은 서로 생각하는 방식이 다르지만 각기 장단점이 있을 뿐, 둘 중 하나가 다른 하나보다 뛰어난 것은 아니다. 자신이 주의를 기울이는 곳과 생각의 방법이 어떤지 아는 것이 중요하다.

그런데 감각형 청춘들이 공통적으로 걱정하는 것이 있다. 창의력과 반짝이는 아이디어다. 이 말만 나오면 감각형은 기가 죽는다. 아무리 생각해도 새로운 무언가가 떠오르지 않는다고 고민하곤 한다. 사과는 딱딱하고, 빨갛고, 새콤달콤한 게 전부인데 세상은 창의력을 요구한다. 어떻게 사과를 비리, 거짓말, 엄마 꿈과 연결하며 새로운 것을 만들어낼 수 있단 말인가. 여기서 잠깐 고민하는 감각형도 창의력을 갖추는 데 도움이 되는 방법이 있다. 이에 대해서는 2부 10교시에서 다시 얘기하자.

✢ 위 설명을 참고해 생각해봅시다.
당신은 감각과 직관형 중 어느 쪽인 것 같은가요?

(감각 / 직관)

판단 기능을 나타내는 사고와 감정

세 번째는 모은 정보를 놓고 판단을 내리는 기능인 사고Think-ing/감정Feeling 지표다. 결정을 내릴 때 생각과 감정 중 무게를 더 두는 부분에 따라 달라진다.

사고형(T)은 객관적인 사실을 바탕으로 정보를 비교 분석한다. 원칙과 규범, 공정성이 중요하다. 공과 사는 엄격히 구분하려 한다. 이성적 논리에 따라 '맞다/틀리다', '옳다/그르다'를 판단한다. 다소 비판적이며 평가가 박한 편이어서 냉정하다는 말을 듣곤 한다. 사고형은 억울하다. 공정할 뿐인데, 있는 그대로 말할 뿐인데 말이다. 하지만 신경 쓰지 않는다. 사사로이 감정을 내세우면서 무엇을 제대로 할 수 있겠는가. 조금 냉정할 수는 있지만, 할 말은 앞에서 솔직하게 하고 털어버리는 괜찮은 성격이라고 스스로 생각한다.

감정형(F)은 사람과 감정을 중요하게 여긴다. 상대방의 입장을 배려하며 조화로운 인간관계를 위해 노력한다. 판단 기준과 결과는 '좋다/나쁘다'이다. 논리와 이성, 원칙보다 상대방의 감정과 상황을 고려한 판단이 더 '좋다'고 생각한다. 감정과 형편을 무시한 결정은 인간적으로 '나쁘다'고 믿는다. 자신의 말과 행동이 어떤 영향을 미칠지, 상대방이 어떻게 생각하고 느낄지가 중요하다.

친절하고 따뜻하지만 상황을 감정적으로 해석하는 경향이 있어서 누군가 화를 내면 '나를 싫어하나보다'고 받아들이기도 한다. 감각형이 볼 때 사고형 사람들은 피도 눈물도 없는 것 같다. 화낼 것 다 내고 자신은 '뒤끝이 없다' '어제 일은 다 잊자'고 말한다. 상대방 마음을 이렇게 아프게 해놓고, 정말 너무한다.

사고형과 감정형의 차이를 이해할 수 있도록 예를 들어보자. 사고형과 감정형이 백화점 보석 코너에 들렀다. 반지도 보고 귀걸이, 목걸이도 구경. 그중 몇 개는 점원에게 부탁해 직접 착용해보지만 마음에 드는 게 없다. 매장을 떠나 식사를 하며 얘기를 나눈다.

감정형 : 생각해보니 구경하면서 전시장 유리에 손자국을 너무 많이 낸 것 같아. 점원이 깨끗하게 닦느라 애썼을 텐데 미안하네.

사고형 : 매장을 관리하는 게 그 사람 일이야. 유리장은 너보다 훨씬 잘 닦아. 별걸 다 걱정한다.

감정형 : 이거 저거 꺼내달라고 하면서 귀찮게 한 것도 같고……. 하나 살 걸 그랬나? 미안하네.

사고형 : 뭐가 그렇게 미안하냐. 그럼 구경하면 다 사야 되는 거야? 너

는 참 피곤하게도 산다.

감정형 : 그래도……그런데 혹시, 나한테 화났어?

두 유형의 차이는 분명하다. 하지만 사고형, 감정형 중 하나가 좋거나 나쁜 것은 아니다. 판단의 기준이 다를 뿐이다. 차이를 이해하면 된다. 한 사람은 객관적으로 점원의 업무를 생각하고, 다른 한 사람은 점원의 마음을 생각했다.

❖ 위 설명을 참고해 생각해봅시다.
당신은 사고와 감정형 중 어느 쪽인 것 같은가요?

(사고 / 감정)

상황에 대처하는 방식에 따라 나뉘는 판단과 인식

마지막은 판단Judging/인식Perceiving 지표다. 일상생활에서 상황에 대처할 때 판단과 인식 중 무엇을 더 좋아하는지를 나타낸다. 선호하는 방식에 따라 태도와 행동이 달라진다.

판단형(J)에게는 계획, 체계, 정리가 중요하다. 무엇을 하든 계획이 먼저다. 여행을 가도, 시험 공부를 해도, 친구와 놀아도 시작은 계획이다. 시간과 날짜 계산을 철저히 하느라 힘들 때도 있지만, 계획을 세워야 뭐든 제대로 할 수 있다. 무엇을 언제까지 해내겠다는 목표가 뚜렷하고 '해야 할 일 목록To Do List'이 명확하다. 제한 시간 전에 다 마치고 두 번 정도 검토해야 마음이 편하다. 약속을 잘 지키며, 남들도 자신과의 약속을 잘 지켜주길 바란다.

인식형(P)은 상황에 따라 융통성을 발휘하는 것을 좋아한다. 계획을 세워도 세세하지 않다. 언제든 수정할 수 있으니 너무 공들일 필요는 없다. 낯선 환경에도 잘 적응한다. 새로움과 변화를 추구하며 자유롭게 살기를 원한다. 관심 분야도 많고 하고 싶은 것도 많아서 동시에 여러 일을 벌이지만 마무리가 약하다. 책 한 권을 다 읽기도 전에 다른 책에는 뭐가 있나 궁금해서 새 책을 펼친다. 제한 시간이 얼마 남지 않았을 때 시작하는 '임박 착수형'으로, 신기하게도 시간에 쫓기면 능률이 더 오르기도 한다.

판단형과 인식형이 부산으로 2박3일 여행을 가기로 했다. 판단형은 여행을 결정하자마자 계획을 짜느라 바쁘다. 모처럼 가는 여행이니 시간을 알차게 사용해야 한다. 떠날 때부터 돌아올 때까지 한 시간 단위로 쪼개어 언제, 무엇을, 어떻게 할지 치밀하게 계획한다. 교통편, 맛집, 관광지를 고려해 최적의 동선을 짠다. 할인

쿠폰도 챙긴다. 만일을 대비해 가져가는 게 많다. 날씨가 어떨지 모르니 옷도 넉넉하게 챙기고 우산도 추가. 2박3일 여행 짐이 한 달도 버틸 수 있을 만큼 많다. 뭐 빠진 것 없나, 다시 한 번 확인한다. 알람을 오 분 단위로 다섯 차례 설정하고 세 번 이상 확인한 후 잠자리에 든다.

인식형이 세운 계획은 간단하다. 첫날 서울 출발, 부산 도착, 둘째 날 부산에서 재미있게 놀기, 셋째 날 부산 출발, 서울 도착. 옷은 입고 가는 거 하나, 갈아입을 거 하나면 되고, 칫솔, 치약, 비누만 챙기면 끝. 참, 치약하고 비누는 친구가 가져올 테니 빼도 되겠다. 더 필요한 게 있으면 가서 사도 된다. 밥은 다니다가 마음 가는 식당에서 먹자. 준비 끝. 와, 이번 여행, 정말 재밌겠다!

❖ 위 설명을 참고해 생각해봅시다.
당신은 판단과 인식형 중 어느 쪽인 것 같은가요?

(판단 / 인식)

지금까지 MBTI를 기준으로 한 성격유형을 살펴보았다. 설명과 사례는 각 유형이 보이는 대표적 특징이다. MBTI 검사 진행

후 분석되어 나오는 결과지에는 여덟 가지 유형 모두에 대한 점수가 제시된다. 각 영역에 있는 두 가지 중 높은 점수가 본인 유형이다. 예를 들어 사고(T)와 감정(F) 유형에서 사고(T) 점수가 더 높았다면 그 사람은 사고형(T)이다. 판단할 때 감정보다 사고 기능을 더 편하게 많이 사용한다는 것을 의미한다. 이런 식으로 나머지 세 가지 영역에 대한 여섯 가지 유형의 점수를 확인한다. 점수에 따라 각 유형의 특징을 얼마나 강하게 가지고 있는지가 달라진다.

요즘은 MBTI 검사를 무료로 또는 부담되지 않은 비용으로 해주는 곳이 많으니 검사를 한 번 받아보는 것도 좋겠다. 지금까지 설명한 내용을 보며 먼저 자신의 유형을 짐작해보고, 검사 결과와 비교해도 흥미로울 것이다.

다시 말하지만, MBTI 여덟 가지 유형에는 좋거나 나쁜 유형이 있는 것은 아니다. 각기 '다른' 특성일 뿐이다. 자신이 평소에 어떻게 말하고 행동하는지, 어떤 상황이 편한지, 어떻게 회복하는지 이해하면 된다. 자신의 성격유형을 알면 자신이 공부하고 일하는 방식, 사람을 대하는 방식 등 스스로를 이해하는 데 큰 도움이 된다.

MBTI 외에도 성격을 알아보는 대표적인 검사로 빅 파이브Big 5

성격유형검사가 있다. 빅 파이브 검사는 사람의 성격을 다섯 가지(신경증, 외향, 개방, 성실, 우호)로 분류하고 각 유형의 점수를 분석하여 알려준다. 이 외에도 다양한 성격 검사 도구가 있으니 몇 가지 검사를 진행해보면서 여러 측면에서 자신을 알아나가는 것도 좋겠다.

내향형 청춘이 살기 힘든 세상

앞에서 설명한 여덟 가지 성격유형 중 내향(I)과 외향(E)을 떠올려보자. 여기서 질문 하나. 당신은 내향과 외향 중 더 좋은 성격이 있다고 생각하는가? 둘 중 하나는 문제가 있는 성격일까?

질문 둘. 당신은 자신의 성격이 마음에 드는가? 아니면 성격에 문제가 있어서 바꿔야 한다고 생각하는가? 지금 성격으로는 사회생활을 하는 데 문제가 있다고 생각하는가?

지금까지 질문에 '그렇다'는 생각이 든다면, 당신은 혹시 '내향'인가?

앞에서 살펴본 네 가지 지표 여덟 가지 유형 중 유독 '내향형' 중에 자신의 성격을 싫어하며 문제가 있다고 고민하는 청춘들이 많다. 내향형이 안고 있는 고민을 조금 살펴보자.

동한 : 나는 밥도 혼자 먹고, 수업도 혼자 듣고, 영화도 혼자 본다. 혼자가 편하다. 다른 사람들은 혼자는 재미없다며 여럿이 함께하기를 좋아한다. 궁금하다. '뭐든 같이 하는 게 자연스럽고 바람직한 건가? 나도 밥 먹고 영화 볼 때 다른 사람과 같이 가야 하는 건가?' 고민도 된다. '다른 사람 신경 쓰지 말자. 내 마음만 편하면 된 거야' 하다가도 사람들이 안 좋게 볼까봐 걱정된다. 혼자 다니는 나를 이상하게 여기지 않을까, 성격에 문제가 있어서 친구가 없는 거라고 생각하지 않을까 싶다.

소현 : 내 성격은 고민이자 스트레스다. 어릴 때부터 사람들 앞에 서면 긴장이 되어 땀을 뻘뻘 흘렸다. 수업 시간에 손들고 발표해본 적이 거의 없다. 성격을 고치려고 혼자 거울 앞에서 발표 연습도 해보고 소리를 크게 내보기도 했다. 부모님께 도움을 청해보기도 했지만 바뀌지 않는다. 외향인 친구들을 보면 부럽다. 사람들 앞에서 어떻게 그렇게 떨지도 않고 당당하게 말할 수 있을까.

우진 : 나는 낯가림이 심하다. 호감이 가는 사람이 있어도 잘 다가가

지 못한다. 낯선 이와 있으면 불편하다. 누군가 나타나 어색한 분위기를 깨주기를 바란다. 나이가 들수록 친구 사귀기가 더 어렵다. 중고등학교 때는 한 교실에서 공부하며 조금씩 친해질 수 있었지만 대학은 각자 움직인다. 외향인 사람들은 친구를 금방 만드는데 나는 아직 혼자다.

창민 : 외향적이지 못한 성격에 열등감을 느낀다. 고쳐보겠다는 결심을 수없이 해왔다. '성공하려면 외향적이어야 해!' '발표를 잘해야 인정받을 수 있어!' '혼자 예민하게 굴지 마. 대범해져야지!' 속으로 백만 번쯤 말한 것 같다. 안 되는 일에 매달려 나 자신을 괴롭히는 것 같지만 그래도 나는 바뀌어야 한다. 내향은 좋지 않으니까 말이다.

내향형 중에는 자신의 내향적인 성격이 싫어서 외향인 척 행동하는 경우가 꽤 있다. 사람들이 자신을 외향으로 바라봐주길 바라며 성격을 바꾸려고 애를 쓴다. 이 노력이 자발적 바람 때문일까, 상황에 휩쓸린 압박 때문일까?

청춘은 대인 관계와 취업을 고민하는 시기다. 사람을 잘 사귀고 면접에서 눈에 띄기 위해 필요한 사교성, 당당한 발표 태도, 빠른 행동, 강력한 리더십은 내향인 청춘에게 특히 어렵다. 피할 수 있다면 피하고 싶다. 오죽하면 내향성이 강한 학생이 이렇게 말했 겠는가. "무인도에 한 사람을 보낸다면 누구를 보내겠냐는 질문 을 받았을 때 나는 나를 보내고 싶다고 답했다. 진심이다. 내향인 나는 요즘 세상을 사는 게 정말 힘들다."

내향들에게 사람들은 말한다. 더 적극적으로 하라고, 더 빨리 움직여 도전하라고, 앞으로 나서라고, 그래야 기회를 잡을 수 있 다고, 너처럼 그렇게 조용하고 소심하고 느려서 치열한 경쟁에서 어떻게 이기겠느냐고, 목소리 좀 크게 내라고, 크고 또렷하게 얘 기해야 똑똑해 보인다고 강조한다. 인맥도 능력이니 사교성도 갖 추라고 한다. 아무래도 맞는 말인 것 같다. 내향은 고민에 고민을 더하다가 외향인 '척하는' 방법을 택한다. "나는 적극적이고 활발 한 사람입니다. 성격 시원시원하고 사교성 좋은 외향이라고요. 어 때요, 그렇게 보이죠?(그래야 하는데 아니면 어쩌지……?)" 억지 로 다른 사람으로 살지만 마음은 무겁다. 외향이 '되고 싶다'는 바 람이 외향이 '되어야 한다'는 부담감으로 커지기도 한다. 나연이와 태우도 그랬다.

나연 : 사회생활을 잘하려면 외향의 특징이 필요하다. 나는 사람들 과 어울리기 위해 밝은 척, 재미있게 잘 노는 척한다. 일부러 말도 많

이 하고 크게 웃는다. 친구들은 내가 활발한 아이라고 생각한다. 이런 척, 저런 척이 성공했나보다. 다행이기는 하지만 나 자신을 숨기고 다른 성격으로 행동하려니 점점 지친다.

태우 : 내향인 나는 면접이 힘들다. 필기시험까지는 괜찮다. 문제를 읽고 답을 적으면 되니까. 면접이 큰 고비다. 나는 편한 자리에서도 낯선 사람과 얘기하기 어려운데, 면접은 취업을 위한 시간이고, 상대는 무려 회사 임원이다. 시작 전부터 얼굴이 벌게지고 등에서 땀이 줄줄 흐른다. 면접에서는 질문을 받으면 바로 또박또박 답해야 하는데 나는 그게 정말 어렵다. 다른 지원자가 당당하게 말하는 걸 보면 목소리가 더 작아진다. 집에 오면 '아, 그때 이렇게 말했어야 했는데…….' '더 잘할 수 있었는데…….' 생각하며 책상에 머리를 찧는다. 면접을 수십 번 봤지만 지금까지 다 떨어졌다. 취업한다고 해도 끝이 아니다. 직장 생활을 잘하려면 여러 사람 앞에서 의견을 분명히 말하고 프레젠테이션도 잘해야 한다. 막막하다. 나는 지금 많이 힘들다.

어떤가. 당신도 이런 고민을 하고 있는가? 고민은 이해하지만 성격을 탓하며 자신을 몰아세우지 않기를 바란다. 내향인 성격을 바꾸려고 자연스럽지도 않은 행동을 억지로 하는 건 좋지 않다.

사실, 성공하기도 힘들다. 안 그래도 살기 어려운데 자신에게 이롭게 제대로 힘쓰자. 내향은 '틀리거나 잘못된' 성격이 아니다. 그저 외향과 '다를' 뿐이다. 'wrong'이 아닌 'different'다.

나는 수업 시간에 학생들에게 질문을 많이 한다. 수업에서 배운 내용에 대해 어떻게 생각하는지, 내용과 관련해 나누고 싶은 경험은 없는지 물어본다. 이때 자발적으로 대답하는 학생은 누굴까? 대부분 외향이다. 외향은 사람들 사이에서 자신의 의견을 말하는 경험 자체를 즐긴다. 답이 맞는지 틀린지에 대해서는 크게 신경 쓰지 않는 경향도 있어서 재미있고 독특한 답도 많이 한다. 덕분에 수업이 활발하고 풍성해진다.

그럼 내향은 어떨까? 이들의 반응은 대개 비슷하다. 내가 설명을 마치고 질문을 던지면 시선이 아래로 향한다. 분명 조금 전까지 나를 똑바로 바라보며 수업을 듣고 있었는데 갑자기 필기할 내용이 많아진 듯 공책에 무언가 열심히 적는다. 내 시선을 피하려고 애쓰는 것이다. 나는 그중 한 사람의 이름을 부른다. "김영철, 말해볼까요? 이 부분에 대해 어떻게 생각하나요?" 영철이는 자신의 이름을 듣고 화들짝 놀란다. "저요? 저 말입니까?" 손으로 자신을 가리키며 확인한다. '이 많은 사람 중에 왜 하필 나를 부른 거지?' 하는 원망과 '왜 내가 눈에 띈 거지?' 하는 의문이 함께 들어 있다. '당신의 이름을 부른 게 맞아요'는 의미로 끄덕여주면 어쩔 수 없이 받아들인다. '나 맞구나. 정말 나였어.' 대부분의 내향은 이 과정을 거친다.

여기까지 오면 잠깐 기다려줘야 한다. 1초, 2초, 3초……. 잠시 후, "제 생각에는……"으로 시작하는 내향의 대답은 기다린 만큼 훌륭한 경우가 많다. 구체적이기도 하다. 생각하고 정리한 답을 내놓는 것이어서 그렇다. 내향이 자발적으로 대답하지 않는 건 몰라서가 아니다. 시간이 좀 걸릴 뿐, 시간을 조금만 확보하면 잘한다. 내향은 머릿속에서 정리하는 시간이 필요한 성격이다.

수업 시간에 여러 학생을 대상으로 질문하면 내향은 답을 속으로 생각한다. 자기 생각이 맞는지 또 생각하고, 그 정도 내용이면 말해도 괜찮을지 또 생각한다. 그 사이 자발적으로 몇 사람이 대답한다. 대부분 외향이다. 내향은 생각한다. '나한테 물어보면 이렇게 답할 텐데…….' '내 생각은 이런데…….' 그러는 사이 다음 질문으로 넘어간다. 내향은 자신의 생각을 노트 구석에 조용히 적는다. 같은 상황에서 외향은 소리 내어 말을 하고, 내향은 생각하고 적는 것이다.

외향이 침착한 내향이 되겠다며 외출도 하지 않고 있으면 답답해서 병난다. 반대로 내향이 외향인 척 행동해도 병난다. 말하고 싶지 않은데 말하고, 웃고 싶지 않은데 웃으면서 이 모임 저 모임 참석하면 곧 지친다. 자신이 감당하고 배려할 수 있는 범위가 얼마인지 알고 행동해야 지치지 않는다. 유정이의 얘기를 들어보자.

나는 내가 외향인 줄 알았다. 여러 모임에 나가고, 많이 웃고, 앞에 나가 발표도 한다. 그런데 성격에 대해 배우면서 내가 내향 기질이 강한 사람이라는 걸 알게 되었다. 사람들과 사이좋게 지내고 맡은 역할을 잘해내려고 억지로 행동했던 것 같다. 사실, 매번 불편했다. 외향은 사람이 많은 장소와 모임을 좋아한다고 하지만 나는 힘들고 어색하다. 조용한 음악을 들으며 생각에 잠기고 책을 읽을 때 마음이 편하다. 글을 쓰며 내 생각, 내 느낌에 집중하면서 지친 마음을 회복한다. 나는 혼자 있는 시간이 필요한 내향이다. 내가 어떤 사람이고 어떤 시간을 즐기는지 알고 나니 마음이 편하다.

사람은 자신을 이해하고 자신의 모습으로 살아야 편하다. 재범이는 MBTI 검사를 받으며 자신이 다른 사람이 되고자 애쓰고 있다는 걸 깨달았다. 자신이 가진 내향 그대로 자연스럽게 살아보려는 변화를 시도하며 안도감을 느낄 수 있었다.

어릴 때부터 나 자신을 있는 그대로 사랑하지 못했다. 사람과 어울리기보다 조용히 책 읽기를 좋아하는 나, 대담하지 못한 내가 못마땅하고 답답해서 그 반대가 되려고 노력했다. 활발한 척, 쿨한 척, 안 떨리는 척. 온갖 '척'을 하며 살았다.

얼마 전 MBTI 검사를 받았다. 뜻밖에도 외향 점수가 높게 나왔다. '배운 대로라면 나는 내향인데 왜 이런 결과가 나왔지? 검사가 이상한 거 아니야?' 싶었다. 문제는 나였다. MBTI 검사는 '이렇게 되면 좋겠다'고 바라는 답이 아니라 자신이 편하고 자연스럽게 느끼는 것을 택해야 한다. 그런데 나는, 솔직하지 못했다. 아무도 보지 않는 상황에서 답할 때조차 나 자신을 속였던 거다. 외향성이 내향성보다 좋은 성격이라는 생각이 그만큼 내 안에 깊게 자리 잡고 있었다. 외향이 바람직한 성격이라는 사회적 기대와 기준이 내향인 나를 억압하고 있었다.

내향이 가진 특징과 장점을 제대로 이해한 지금, 숨기고 눌렀던 내향성이 밖으로 나올 수 있게 해주고 있다. 내가 나를 못마땅하게 여기고 외향이 되려고 노력하는 건 나만의 잠재력과 가치, 개성을 부정하고 왜곡하는 행동이다. 이제 외향인 척하지 않으려 한다. 내향인 내 모습 그대로 잘해보고 싶다. 나는 내향일 뿐, 문제 있는 사람은 아니다.

청춘들의 이야기에 더해 필자인 내 이야기도 전해본다. 나도 심한 내향이다. MBTI 검사에서 내향 점수가 만점이 나왔다. 만점의 점수는 처음 본다며 주변 사람들이 놀라기도 했다. 그만큼 내향적인 특성이 강한 사람이다. 나 역시 낯가림이 심하고 소극적인 성격이 답답해 변화를 꾀한 적이 있었다. 매번 실패했다. 잘 맞지도 않는 옷을 억지로 입고 다니는 것 같아 힘들기만 했다. 다른 성격이 되려고 노력하는 것이 나에게 좋지 않다는 것을 깨달은 뒤로는 사람들을 만나고 일을 할 때, 나에게 잘 맞는 방식으로 잘할 수 있는 방법을 찾으려 노력하고 있다.

내향이 강한 사람들이 가진 고민 중 하나는 사람들 앞에서 하는 발표다. 나도 참 힘들었다. 학창 시절에 발표할 때는 하도 떨어서 교수님이 괜찮으냐고, 잠깐 멈추고 숨을 크게 쉬어보라고 걱정하실 정도였다. 컨설턴트로 맡은 첫 직장인 교육 때에는 시작 전부터 부들부들 떨다가 사람들이 강의장으로 다가오는 발자국 소리를 듣고 테이블 밑으로 숨기도 했다. 숨어서 기도까지 했다. "아무도 오지 마라, 전철이 갑자기 서든, 버스가 길에서 서든, 회사에 갑자기 일이 생기든, 무슨 사정이 생겨서라도 아무도 오지 마라. 제발, 제발." 긴장해서 땀이 줄줄 흘렀다. 다행히 발자국 소리는 다른 곳으로 가던 사람들의 것이었고, 나는 정신을 차리고 테이블 밑에서 나왔다. 내 모습을 보며 이게 뭔가 싶었다. '강의를 하지 않든, 잘할 수 있는 방법을 찾든 둘 중 하나를 택해야겠구나' 하는 생각이 들었다.

내 선택은 후자였다. 잘해보자고 결심하고 잘할 수 있는 방법을 부단히 찾았다. 나는 여전히 강한 내향이다. 지금도 강의를 할 때면 많이 떨린다. 하지만 내 성격을 탓하지 않는다. 외향인 척, 발표가 즐거운 척, 떨리지 않는 척하지도 않는다. 내가 편하게 할 수 있는 방식, 내 안에 있는 장점을 발휘할 수 있는 방법을 찾으며 연습하고 또 연습한다.

외향과 내향 모두 장단점이 있다. 가지고 있는 장점을 최대한 잘 살리는 것이 중요하다. 리더십 발휘도 그렇다. 강한 리더십과 카리스마는 외향에서만 나오지 않는다. 외향은 자신의 의견을 제시하며 강하고 빠르게 추진하지만, 내향은 동료 의견에 귀를 기울이고 조율하며 진행한다. 회사와 조직은 이런 사람 저런 사람 모두 필요하다. 장점은 충분히 살리고 단점은 조금씩 보완해나가면 된다.

성격은 기질이다. 기질은 잘 바뀌지 않는다. 사람은 자신이 편한 방식으로 살아갈 때 안정감을 느낀다. 일에서 성과도 더 좋다. 다른 사람, 다른 성격이 되려고 하지 말자. 자신의 성격을 이해하고 인정하자. 그 안에도 장점이 많을 것이다. 고유의 성격으로 세상과 조화롭게 지내는 게 좋은 삶이다.

인생 곡선

일본의 노벨 문학상 수상 작가인 오에 겐자부로는 《나의 나무 아래서》에서 어린 시절 산골에서 함께 살았던 할머니에 관한 일화를 소개하고 있다. 할머니는 어린 오에에게 이런 이야기를 들려주었다고 한다.

"마을 사람에게는 저마다 숲속 높은 곳에 자신의 나무가 있는데, 자기 나무 아래에서 우연히 나이 먹은 자신을 만나는 수가 있단다."

오에 겐자부로는 숲에 들어가 멋지고 큰 나무 아래 서서 기다렸다. 나이를 먹은 자기 자신이 찾아오지 않을까 싶었다. 그 사람을 만나면 물어보려 했다.

"당신은 어떻게 살아왔습니까?"

60년이 지나 어린 오에 겐자부로가 할아버지가 되었다. 할아버지 오에 겐자부로는 이제 반대로 생각한다. 고향 숲의 멋지고 큰 나무 아래에서 어린 자신이 기다리고 있다가 나이 먹은 자신에게 이렇게 물어볼지 모른다고 말이다.

"당신은 어떻게 살아왔습니까?"

우리도 상상해보자.

내 앞에 어린 시절의 내가 나타나서 묻는다. "지금까지 어떻게 살아왔나요? 성장하면서 어떤 시간을 보냈나요? 나는 잘 컸나요?"

이런 질문을 받으면 당신은 무어라 답할 것 같은가? 어떻게 살아왔는지 답을 하기에는 아직 어리다는 생각이 드는가? 인생을 돌아보기에 청춘은 좀 이른 것 같은가?

그렇지 않다. 당신은 사실, 제법 살았다. 앞으로 살아갈 날이 훨씬 많지만 태어나 지금까지 보낸 시간도 꽤 된다. 당신이 스무 살이라면 1년 열두 달을 스무 번 산 셈이다. 하루로 계산하면 7300일이다. 스물다섯 살이면 9125일, 서른 살이면 1만 950일이다. 결코 적은 날이 아니다. 당신이 태어나 지금까지 살아온 날을 계산해보면 내 안에 이렇게 많은 날들이 있었구나, 인생을 돌아보기 충분할 만큼 많은 날들을 살아왔구나 하는 생각이 들 것이다.

바둑 용어에 복기復棋라는 것이 있다. 이미 승패가 결정된 바둑을 처음부터 다시 두는 것을 뜻한다. 이겨서 좋아도 다시 두고, 져서 기분이 나빠도 다시 둔다. 복기를 하면서 무얼 잘했는지, 어디서 잘못했는지, 상대방의 전략과 수는 어땠는지, 무엇을 더 신경써야 할지 찬찬히 본다. 다음에 더 멋진 승부를 펼치기 위한 복습이다.

나는 복기를 업무에도 적용한다. 강의와 PT도 그중 하나다. 매번 발표가 끝나고 나면 빠른 시간 내에 처음부터 다시 본다. 복기가 주는 도움은 크다. 잘못된 부분을 고치고 실수를 반복하지 않게 해준다. '이건 괜찮고, 이건 바꿔보는 게 좋겠다.' 이렇게 정리가 된다. 어려운 상황에서 위기를 잘 넘긴 적도 있고, 실수를 저질러 부끄럽고 속상할 때도 있다. 모두 다 내가 채운 시간이다. 내 책임으로 인정하고 끌어안고 볼 때 구석구석 제대로 볼 수 있고, 그래야 나아질 수 있다.

인생에도 복기가 필요하다

인생에도 복기가 필요하다. 가끔 멈춰 서서 태어나 지금까지 살아온 시간을 되돌아볼 필요가 있다. 과거에 어떤 일이 있었는지, 그때 마음은 어땠는지, 어떤 일이 나를 성장시켰는지 차분히 들여다보자. 가로 세로 몇 뼘 밖에 안 되는 바둑판 위에서 몇 시간 동안 진행한 바둑 한 판 승부에도 돌아볼 부분이 많은데, 20년 이상 살아온 인생 안에는 돌아볼 일이 얼마나 많겠는가. 좋은 일도 있고 나쁜 일도 있는 인생, 태어나서 지금 순간까지 모두 다 내 것이다. 이번 기회에 한번 찬찬히 들여다보자.

종이 한 장 준비하고 그려보자. 왼쪽에서 시작해 오른쪽으로 진행한다. 맨 왼쪽이 태어난 날이고 맨 오른쪽이 오늘이다(옆 그래프 참조).

가운데 선 '0'을 기준으로 좋은 일이나 사건은 위(+)에, 아프고 힘들었던 일은 아래(−)에 점으로 표시한다. 각 사건에 점수도 매긴다. 최대 100점, 최소 100점이다. 많이 좋았던 일은 위로 높은 곳에, 힘들고 괴로웠던 일은 아래쪽에 찍는다. 예를 들어, 고등학교 1학년 때 첫사랑을 했다. 처음으로 이성에게 호감이 갔다. 멀리서 그(녀)를 보기만 해도 가슴이 콩닥콩닥 뛰었다. 아름다운 추

억이다. 고 1 위쪽 플러스 위치에 점 하나 콕 찍는다. 얼마만큼 좋았는지에 따라 70이 될 수도 있고 80, 90이 될 수도 있다. 그런데 1년 후 상대가 이별을 통보했다. 마음이 산산이 부서졌다. 고등학교 2학년 아래 부분에 점 하나 추가다. 마음이 부서진 정도에 따라 아래로 깊이 내려간다.

지금까지 살아온 시간 속에서 겪었던 좋은 일, 괴로운 일, 기쁜 사건, 슬픈 경험을 모두 표시해보자. 그래프에 점을 찍은 그날 기분은 어땠는지, 곁에 누가 있었는지, 그 일이 왜 중요하게 기억되는지 생각하고 적어보자.

비슷한 사건도 사람마다 해석이 다르다. 이 세상에 태어난 것 자체가 좋다고 느끼는 사람은 플러스에서 시작하지만, 태어난 것을 인생의 출발 그대로 바라보면 시작점이 0이다. 한 청춘은 이렇게 말했다. "19○○년 ○월 ○○일. 태어났다. 내가 세상에 나왔다. 너무 기뻐 눈물이 났다." 이 청춘의 시작점은 +20이었다.

인생에는 플러스 사건도 있고 마이너스 사건도 있다. 요즘 행복하고 기운이 넘칠 수도 있고, 추락하다 못해 땅속을 파고 들어가는 것처럼 괴로울 수도 있다. 느끼는 그대로 써보자. 다음은 청춘들이 시기별로 나누어 정리한 몇 가지 예다.

- 4~5세. 사진을 찾아봤다. 나는 장래가 기대되는 아이였다. 사진 속 아이는 날 보며 웃고 있다. 마음이 찌릿하다. 어린 나에게……미안하다.

- 고등학교 2학년 때. 제일 친한 친구가 나에게 등을 돌렸다. 다른 친구들과 몰려다니며 나를 욕하고 흉봤다. 지금도 이유를 모른다. 아직도 마음이 아프다.

- 내 인생 최고의 순간은 모니터에서 '합격' 두 글자를 본 그때다. 좋아서 숨이 멎는 줄 알았다. 삼수 끝에 원하는 대학에 합격했다. 아빠는 만세를 부르셨고 엄마는 옆에서 우셨다. 새벽까지 잠이 안 와 혼

자 동네를 한참 걸었다. 추운 날이었는데 춥지 않았다.

- 요즘은 기분이 계속 처진다. 학교 다니기도 힘들다. 성적도 안 좋고 되는 일도 하나 없다. 군 입대, 진로, 대인 관계 모두 고민이다. 내 인생은 고등학교 때가 전성기였다. 그때 최고였던 인생 곡선이 대학 들어와서 뚝 떨어졌고 지금은 바닥이다. 슬럼프에 빠져 헤어나질 못하고 있다. 누군가 나를 좀 일으켜 세워주면 좋겠다.

청춘들은 인생에서 겪은 사건을 떠올리며 자신이 생각보다 많은 일을 겪어왔다고 신기해하곤 했다. 들여다보니 잊고 있었던 일들이 보인 것이다.

청춘들의 인생 곡선

중요한 시점을 표시하고 생각해보았다면 이제는 점들을 곡선으로 이어보자. 플러스가 플러스로 이어지기도 하고, 플러스에서 마이너스로 뚝 떨어지기도 한다. 굴곡을 이겨내며 점점 위로 올라가기도 하고, 힘든 일이 반복되면서 조금씩 내려가기도 한다. 곡선을 다 잇고 나면 지나간 20년, 30년 세월이 한눈에 보인다. 살아온 시간이 다르니, 곡선의 모양도 사람마다 다르다. 몇 가지 예를 살펴보자.

큰 일을 많이 겪은 인생은 위아래로 폭이 큰 곡선이 이어진다.

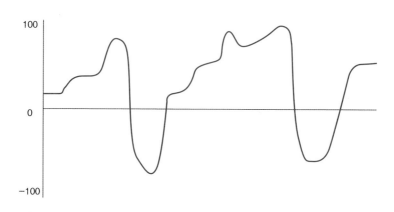

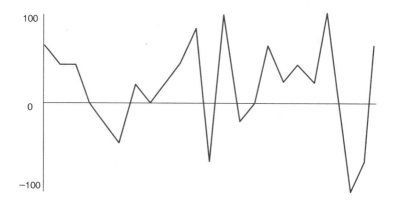

좋은 일도, 안 좋은 일도 잔잔한 인생은 둥글둥글 원만한 곡선으로 완성된다.

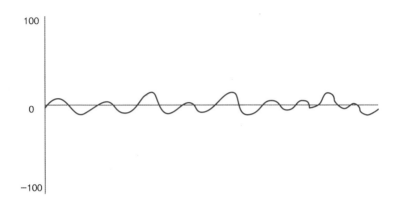

나이가 들면서 좋은 일보다 나쁜 일이 많이 생기면 곡선이 자꾸 아래로 내려간다. 인생이 늘 버거웠는데 요즘은 특히 더 힘들다.

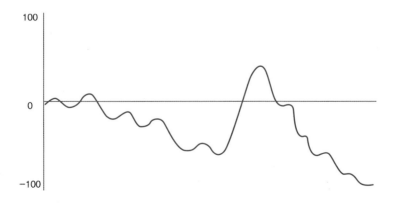

전체적으로 좋은 일이 많으면 조금씩 위로 올라간다. 인생에서 지금이 가장 좋다.

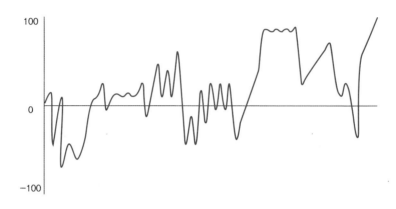

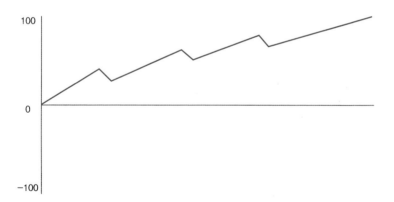

전체 흐름을 보면 시간을 끊어서 따로 볼 때와는 또 다른 것이 보인다. '내가 지금까지 이렇게 살아왔구나, 이만큼 변했구나'를 알아가게 된다. 과거와 현재를 연결하며 지금의 나를 더 깊고 솔직하게 이해하기도 한다. 준영, 승준, 은혜도 그랬다.

준영 : 짧은 인생에 많은 일이 있었다. 나는 지금까지 과거에 갇혀 있다고 생각했다. 지금 불행한 이유가 모두 다 지난 시간과 지난 일 때문이라고 여겼다. 벗어날 수 없다고 생각하며 가슴이 늘 부글부글했다. 돌아보며 깨달았다. 나는 과거에 갇힌 게 아니었다. 내가 나를 과거의 사람과 사건에 억지로 끼워 넣고 있었다. 지난 시간을 핑계 대며 나 스스로를 가두고 화를 내고 있었다. 책상에 앉아 엉엉 울었다. 슬퍼서이기도 했고, 기뻐서이기도 했다.

승준 : 사춘기 방황이 심했다. 나쁜 짓도 많이 했다. 게임에 빠졌고, 가출도 여러 번 했다. 학교에서 모르는 사람이 없는 문제아였다. 그 당시 나는 겉으로만 센 척했을 뿐 속으로는 자신감을 잃고 있었다. 잘하는 게 하나 없는 나 같은 인간은 살 필요가 없다고 느꼈다. 너무 괴로워서 해서는 안 되는 생각까지 한 나를 부모님께서 도와주셨다. 더 내려갈 수 없었다. 부모님을 생각하며 마음을 잡았다. 이를 악물고 살다

보니 바닥을 향해 내려갔던 것보다 더 많이 올라와 있다. 인생 곡선을 그리며 마음이 울컥했다. 지난 시간이 많이 힘들긴 했나보다.

은혜 : 내 인생에서 요즘이 제일 힘든 줄 알았는데 돌아보니 더 어려운 고비가 많았다. '과거에 비하면 지금은 별거 아닌데 왜 이렇게 약해졌지?' 하는 생각이 든다. 초등학교, 중학교, 고등학교까지 예선전에서 죽어라 뛰다가 많이 지친 것 같다. 지금까지는 그냥 막 달리기만 했다면 이제부터 시작하는 본선은 생각도 하면서 제대로 뛰고 싶다. 힘들 때는 쉬고, 눈물이 나면 울고, 놀러 가서 맛있는 것도 먹으면서 긴장을 늦출 수 있는 방법도 찾아야겠다. 인생 곡선을 그리며 깨달았다. 나는 원래 밝게 웃고 매사에 긍정적인 아이었다. 변한 내 모습을 보며 반성도 했지만 어릴 적 나를 만나 반가운 마음이 더 크다.

살아온 시간을 돌아보면 아쉬움도 있고, 뿌듯함도 있다. 내 것으로 인정하고 충분히 이해하고 나면 더 나은 미래를 떠올려볼 수도 있다. 선아와 영주의 이야기를 들어보자.

선아 : 나는 겁쟁이다. 지금까지 살면서 하고 싶은 걸 드러낸 적도 없고 끝까지 해낸 적도 없다. 도전이 무서워 눈치를 본다. 드러나기 싫

어서 안전한 곳으로 피해 웅크려 있다. 내 인생 곡선을 보니 변화가 없는 삶이 허무하고 지루하다. 겉으로는 약간 플러스(+)로 보이지만 실제로는 심한 마이너스(-)다. 청춘을 계속 이렇게 살고 싶지 않다. 다르게 살아봐야겠다.

영주 : 지금 스물네 살! 마음이 아파 애써 묻어둔 기억들이 떠올랐다. 지나고 보니 별거 아니구나 싶은 일도 있고, 지금까지도 억울하고 속상한 사건도 있다. 힘든 시간을 잘 버틴 내가 대견하다. 나는 생각보다 강하고 현명하고 괜찮은 사람인 것 같다! 앞으로 내 인생에 어떤 일이 생길지는 모르겠다. 언제 멋진 기회가 찾아올지, 언제 위기가 닥칠지 알 수 없지만 나를 믿으며 열심히 살아야겠다. 그래프가 계속 위로 올라가면 좋겠다. 내 인생 정점이 언제가 될지 궁금하다.

살다 보면 좋은 일, 아픈 일, 기쁜 일이 생긴다. 좋기만 한 인생도, 나쁘기만 한 인생도 없다. 오르막이 있으면 내리막이 있고, 편한 내리막이 끝나면 힘든 오르막이 또 나온다.

최근 겪고 있는 일이 힘겹고 버겁다며 상담을 받던 준형이가 물었다.

"지금 이 문제만 잘 넘기면 앞으로는 인생이 좀 쉬워지겠죠?"

나는 답했다.

"그렇지 않을걸. 내가 살아보니 그렇지 않던데. 인생은 만만치 않아."

준형은 서운해했다.

"위로를 기대했는데 너무합니다!"

"살아봐, 정말 그래. 인생은 여러 사건의 연속이야. 네 말대로 큰 문제 하나 잘 넘기고 나서 좀 쉬워지는 게 인생이라면, 인생 초반에 어려움을 많이 겪은 사람은 나이를 먹으면서 평탄하게 살아야 하는 거잖아. 그런데 그렇지 않거든. 문제는 계속 생기지. 내 인생도 그랬어. 어려운 일 하나 해결하면 다른 게 생기고, 해결하면 또 생기고 그러더라. 다행히도 인생은 한 방향으로만 가지 않아서 나쁜 일이 있으면 좋은 일도 있고, 슬픈 날이 있으면 기쁜 날도 오더구나. 그래서 인간은 고통 속에서 희망을 품을 수 있고, 기쁨 속에서는 겸손함을 가져야 하는 것 같아. 어느 인생이나 굴곡이 있고, 그 굴곡의 시간이 모여 한 사람의 인생이 된단다."

배우 유해진 씨는 자신이 출연하는 작품을 파도타기에 비유했다. 고난이 심한 작품을 하고 나면 보다 수월한 작품을 만나기도 한다는 것이다. 인생도 파도타기다. 우리는 살아가며 큰 파도도 만나고 잔잔한 파도도 만난다. 기분 좋게 나를 둥실 올려 앞으로 밀어주는 고마운 파도도 있지만, 힘들게 헤엄쳐 왔는데 다시 뒤로 훅 밀어버리는 모진 파도도 있다. 삶의 여정에서 좋은 파도만 만날 수도 없고, 나쁜 파도라고 해서 피할 수도 없다. 힘든 일에 맞서고 다음에도 이겨낼 수 있도록 준비하고 단련하는 게 인생이다. 이런저런 파도를 겪어내며 우리는 다치고, 아물고, 성장한다.

당신은 어떻게 살아왔나요

당신도 한번 그려보자. 지금까지 어떻게 살아왔는지, 중요한 사건은 무엇인지, 그때 어땠는지 생각하면서 아래 공간에 적어보자. 책에 직접 쓰는 것이 불편하다면 종이를 따로 준비해 그려봐도 좋다.

시작은 당신이 태어난 날이고 끝은 오늘, 지금이다. 우선 중요한 시기와 사건을 점으로 표시한 뒤에 곡선으로 이어보자.

다 그렸으면 찬찬히 들여다보고 생각해보자.

지금까지 살아온 시간을 돌아보니 어떤가?

잘 살아온 자신이 대견한가? 힘든 일을 많이 겪어 측은한가?

'조금 다르게 살아볼걸' 하는 후회가 되는가?

누군가에게 미움과 원망을 느끼는가? 화가 많이 나는가?

'내 인생에 좋은 일, 좋은 사람이 많이 있었구나' 싶어 감사한가?

인생의 흐름 속에서 겪은 경험들과 연결해 바라보고 이해해주자.

살아오면서 어떤 일이 가장 기뻤는지, 실망스러웠는지, 어떤 만남이 감사한지, 인생의 터닝 포인트는 무엇인지도 생각해보자. 오랜 꿈과 의지가 있다면 그 꿈을 가지게 된 계기는 무엇인지 떠올려보자. 대통령, 과학자, 소설가, 우주인이 되겠다는 어릴 적 당찬 꿈이 사라져버렸다면 무엇 때문인지, 왜 지금은 마음이 텅 빈 것 같은지 생각해보자.

내 인생을 솔직하고 깊게, 있는 그대로 오롯이 볼 수 있는 건 나 자신뿐이다. 나 자신마저도 외면하는 삶과 그 삶의 주인에게는 타인도 관심을 보이지 않는다. 여러 일이 있었던 나만의 인생을 이해하고 안아주자.

우리는 앞에서 어린 내가 나타나 묻는다면 어떨지 상상해보았다.

"당신은 어떻게 살아왔나요? 어떤 시간을 지내왔나요?"

이제 잘 정리해서 답해주자.

"나는 지금까지 이렇게 살아왔단다. 좋은 일도 있고 나쁜 일도 있었지. 행복한 순간도 있었고 불행한 시간도 있었어. 그 모든 시간을 살아내고 지금의 내가 있는 거란다."

기대를 담아 한마디 덧붙이자.

"나는 앞으로 조금씩 더 좋아질 거야. 5년 후, 10년 후에 우리 좋은 모습으로 다시 만나자."

...

5교시

지금의 나, 미래의 나

우리는 앞에서 인생 곡선을 그리며 살아온 시간을 돌아보았다. 지금까지 어떤 사건이 있었고 어떤 경험을 했는지 떠올리며 나만의 인생 흐름을 이해했다.

과거에서 현재까지 왔으니, 이제 현재에서 미래로 가보자. 자신의 현재 모습과 미래에 희망하는 모습을 연결해 생각해보는 것이다. 이번에는 그래프가 아닌 그림이다.

방법은 이렇다. 먼저 A4 흰 종이를 세로로 한 번 접는다(뒤쪽 그림 ①). 그리고 가로 면이 3분의 1씩 나뉠 수 있도록 가로로 두 번 더 접는다(②~③). 그러면 칸이 여섯 개가 만들어진다. 왼쪽에 세 개, 오른쪽에 세 개.

여섯 개의 빈 칸에 채울 것은 그림이다. 자신의 현재와 미래를

①

②

③

106

나타내는 그림을 그린다.

먼저 왼쪽에 그릴 그림은 '현재' 모습이다. 요즘 또는 지금 자신이 크게 느끼는 상태나 상황을 표현하는 그림 세 개를 왼쪽에 그려본다. 오른쪽에는 왼쪽 그림과 관련해서 앞으로 바뀌거나 나아지기를 바라는 모습 세 개를 그린다. 앞으로 어떻게 변하면 좋을지, 어떻게 변할 것 같은지를 그림으로 표현해보는 것이다. 여섯 칸을 다 채우면 현재와 미래를 연결해 설명을 적는다.

필자인 나는 30대 중반에 이 작업을 처음으로 해봤다. 대학원 시절 받은 과제였다. 교수님께서 과제에 대한 설명을 하시는데 얼굴이 찌푸려졌다. "내 모습을 그리라고? 내 상태를 그림으로 표현해보라고? 고등학교 때까지 미술 시간을 제일 싫어했는데, 이 나이에 나보고 그림을 그리라니! 서른이 넘어서 이런 걸 해야 해?" 거부감이 컸다. 며칠 동안 시작도 못하고 입에 불평을 달고 다녔다. "정말 싫어, 이런 과제 진짜 싫어, 이 나이에 그림이 웬 말이냐고." 점수가 달려 있는 과제이니 안 할 수도 없고 끙끙대며 마음고생을 했다.

시간이 지나면서 투덜거림은 조금씩 고민으로 바뀌었다. '내 모습이라, 내 모습을 그려보란 말이지……앞으로 되었으면 좋겠다고 바라는 모습까지 생각해보라는 거지……그래, 한번 해볼까……나는 지금 어떤 모습으로 살고 있는 걸까……미래에는 어떻게 되기를 바라고 있을까…….'

쉽지 않았다. 생각을 아주 많이 해야 했다. 며칠 후 과제 마감일에 임박해 완성한 내 현재와 미래는 다음과 같다.

과제를 하면서 깨달았다. '아, 이건 그림 그리기 과제가 아니구나!' 화려하고 멋지게 그리는 건 중요하지 않았다. 그림 여섯 개가 무엇을 나타내는지, 그림 안에서 내 마음은 어떻게 표현되고 있는지를 이해하는 것이 중요했다. 내가 그린 그림은 소박했지만, 하나하나에 담긴 의미는 꽤 컸다. 단순한 그림에 큰 의미가 담겨 있었다.

현재를 나타내는 왼쪽 그림 세 개를 먼저 보자.

나는 제일 먼저 여러 갈래로 갈라진 길을 그렸다. 내 앞에 놓여 있던 많은 길을 의미한다. 그 당시 나는 혼란스러웠다. 결정해야 할 문제가 계속해서 나타났고, 문제마다 선택지는 많고 복잡했다. 그중 하나를 고르는 건 어려웠다. 어느 길이 맞는지, 어디로 가면 좋을지 알 수 없는 상황에서 선택을 강요받는 느낌이었다. 결정도 책임도 모두 내 몫이었다. 나는 주저하고 있었다.

두 번째는 물음표다. 그때 내 삶은 물음표로 가득 차 있었다.

필자의 그림.

궁금한 것투성이었다.

"왜 힘든 일이 계속 생기지? 인생이 원래 이렇게 힘든 건가?"

"내가 잘하고 있나? 아닌가? 제자리걸음만 하고 있나?"

"이건 누구에게 물어봐야 하지? 저 사람은 믿어도 되는 걸까?"

"왜 자꾸 눈물이 나지? 나는 세상이 좀 무서운데…… . 나만 그런가?"

"내 인생은 앞으로 어떻게 될까? 열심히 노력하면 좋아질까?"

여기저기 온통 물음표였다. 답은 없었다. 아무도 답을 주지 않았다. 궁금하고 답답했다.

그런 내 삶에 열매는 없었다. 세상에 열매를 내놓을 만큼 내 안에 무엇이 쌓여 있는 것 같지도 않았다. 나이는 먹어가는데 마음에 흡족하도록 완성해놓은 건 하나도 없었다. '나'라는 나무는 줄기도 가지도 모두 가늘고 약했다. 키도 작고, 초록 잎도 거의 없었기에 시원한 그늘도 만들지 못했다. 세월 따라 나이만 먹었지 속은 여리고 부실했다.

왼쪽에 그림 세 개를 그리고 생각했다. '이게 나구나. 내가 지금 이렇구나.' 나에게 물었다. "그래, 지금 내 모습은 이런 거야. 마음에 안 들지만 어쩔 수 없어. 받아들이자. 중요한 건 이제부터야.

하유진, 앞으로 너는 어떻게 되면 좋겠니? 이렇게 흔들리고 부실한 상태가 계속되기를 바라는 건 아니지?"

고민하는 시간 속에서 조금씩 답이 보였다. 첫 번째로 내가 바라는 모습은 한 방향을 정해 나아가는 거였다. 삶에 선택 기준이 있기를 원했다. 방향을 잡고 집중할 수 있기를 바랐다. 이 사람, 저 사람, 이 말, 저 말에 흔들리지 않고 내 길을 곧게 걸어가고 싶었다.

두 번째 바람은 물음표가 느낌표로 바뀌는 것이었다. 나이가 들어서도 물음표가 가득한 채로 살고 싶지는 않았다. 이것도 저것도 몰라서 자꾸만 늘어가는 물음표가 조금씩 깨달음과 안도의 느낌표로 바뀔 수 있기를 소망했다. 내가 겪고 있는 상황들을 잘 이겨낸 후 '그건 그거고, 저건 저거였어! 이건 이래서 이랬고, 저건 저래서 저랬던 거구나' 하고 정리할 수 있기를 바랐다. 힘든 시간을 견뎌낸 내가 대견하게 느껴지면 좋겠다고 생각했다. '나는 이런 삶을 살았구나! 이렇게 걸어왔구나!' 하는 또렷한 느낌표를 가질 수 있기를 소망했다.

마지막으로는 약하고 부실한 나무, 작고 여린 나무를 크고 튼튼하게 키워내고 싶었다. 잘 자라면서 열매를 맺고, 힘껏 맺은 열매를 주변에 나누고 싶었다. 힘들고 지친 사람들이 의지하며 기댈

곳, 한숨 돌리며 쉴 수 있는 그늘이 되어주고 싶었다.

나는 내가 살아가는 삶을 이해하고, 기준을 정해 올곧게 나아가고, 열매를 맺어서 나누고 싶어 하는 사람이었다.

청춘들이 직접 그리는 현재와 미래

시간이 지나 내가 수업을 이끌게 되었을 때, 청춘들에게 같은 과제를 내주었다. 자신의 모습과 바람을 이해하는 데 도움이 될 수 있으리라 믿었다. 많은 청춘들은 과거에 내가 보인 것과 비슷한 반응을 보였다. '내 모습을 그리라고? 내 상태를 그림으로 표현해보라고? 이 나이에 나보고 그림을 그리라니, 나 대학생인데? 스무 살도 넘었는데? 이런 거 말고 그냥 평범한 과제를 내달라고요!' 대놓고 말은 못하고 자리에서 중얼거린다. "이런 과제 싫어, 진짜 싫어. 이런 과제 내주는 사람은 더 싫어……."

거부감을 줄여주기 위해 내 경험담을 들려주었다. 나도 학생 때 과제로 받았다, 몹시 싫었지만 점수를 받아야 해서 억지로 했는데 도움이 많이 됐다, 무슨 도움이 얼마나 되는지는 직접 해보면 알 것이다. 내가 그린 그림은 이랬고, 그림에 담긴 뜻은 이랬다. 칠판에 형편없는 실력으로 그림을 그리며 설명해준다. 이 정도면 충분하니 그림 실력은 걱정하지 않아도 된다. 색칠은 해도 좋고, 안 해도 좋다. 중요한 건 자신의 현재 모습과 앞으로 바라는 모습을 깊게 생각하고 그려보는 것이다.

설명과 함께 내가 칠판에 그린 엉성한 그림을 보며 학생들 마음이 조금씩 풀어진다.

'그래? 한번 해볼까? 도움이 된단 말이지?'

'저렇게 못 그려도 된단 말이지?' 싶어 용기를 냈다는 학생도 있다. 내 그림이 누군가에게 용기를 주었다니 기뻤지만, 그림 실력이 형편없다는 것을 다시금 확인받으며 슬프기도 했다(이렇게 한 사건에 대해 정반대 감정을 동시에 느끼는 것을 심리학에서는 '양가감정ambivalence'이라고 한다. 기쁜 동시에 슬프고, 좋은데 서럽고 그런 상태).

완성까지 주어진 시간은 넉넉히 3주. 청춘들이 그린 그림에는 자신이 현재 힘들어하는 부분에 대한 표현이 가득 담겨 있었다.

청춘들이 힘들어하는 네 가지

사람

청춘들이 많이 그리는 모습 중 하나는 대인 관계에서 느끼는 어려움이다. 사람들과 잘 어울리지 못하는 현재의 모습을 바라보고, 미래에는 사람들과 함께할 수 있기를 소망하는 모습을 표현한 청춘이 많다. 대운이와 정빈이의 이야기를 들어보자.

대운 : 나는 사람을 대할 때 눈을 편하게 바라보지 못한다. 외모를 포함해 나에 대해 전부 자신이 없어서인지 모두 나를 싫어할 것만 같아서 시선이 자꾸만 아래로 내려간다. 상대방을 꼭 바라봐야 하는 상황에서도 겨우 코나 입을 본다. 헤어지고 나면 그 사람 얼굴도 잘 기억

나지 않는다. 상대방이 나를 바라보면 겁이 난다. 불안한 마음이 들킬 것 같아 겁나고, 대화에 집중하지 못하는 걸 들킬까봐 또 겁난다. 사람들과 나누는 대화는 늘 어색하고 짧다.

앞으로는 사람과 눈을 마주 보며 편하게 얘기하고 싶다. 우선 대인 관계에 걸림돌이 되고 있는 내 생각과 행동을 고쳐봐야겠다. 자신감을 기르는 것도 그중 하나일 것이다. 누군가와 만나서 시간을 보내고 난 뒤, 그 사람의 눈빛과 웃음을 기억할 수 있으면 좋겠다.

정빈 : 나는 외롭다. 늘 혼자다. 이렇게 된 건 내 이기심 때문이다. 과거에는 주위에 사람들이 많았다. 그때 난 어디서나 주인공이 되려고 했다. 잘나 보이기 위해 약한 친구들을 비웃고 괴롭혔다. 어느 날 보니 내 옆에 아무도 없었다. 요즘 내 곁에는 마음 나눌 사람이 하나도 없

다. 함께 사진 찍을 친한 친구도 없다. 액자 속에서 나는 덩그러니 혼자 있다.

미래에는 친구가 많았으면 좋겠다. 사람 냄새 나는 인생을 살고 싶다. 사람이 이기적으로 행동하는 건 잘 몰라서일 수도 있다. 나도 그랬다. 어리고 미숙했다. 이제 다시 사람에게 다가가겠다. 웃고 부대끼며 진심을 나누고 싶다. 내가 이기적이었으니 이기적인 사람도 이해할 수 있다. 외로워봤으니 외로운 사람도 이해할 수 있다. 친구가 힘든 일이 있을 때 떠오르는 사람이 내가 될 수 있다면 좋겠다. 사람들 사이에서 상처받고 아플 수 있겠지만 그래도 괜찮다. 그 안에서도 배울 게 많을 것이다. 나는 사람들과 함께 살아가겠다.

진로

청춘들이 대인 관계만큼 힘들어하는 건 졸업 후 진로와 관련한 내용이다. 진로가 고민인 청춘은 현재를 복잡한 미로, 이리저리 흔들리는 갈대, 큰 틀 안에 놓인 퍼즐 몇 조각으로 그린다. 무엇을 어떻게 해야 할지 모르는 혼란스러운 마음을 표현하는 것이다. 연종이의 현재는 마구 엉켜 있는 실타래였다.

나는 지금 막 감아버린 실타래처럼 꼬여 있다. 인생의 방향을 잡기가 너무 어렵다. 어디서부터 어떻게 시작해야 좋을지 모르겠다. 내 선택에 자신이 없다. 가만히 있을 수 없으니 무언가 하기는 하는데, 꼬여 있는 실을 푸는 건지, 더 복잡하게 꼬아버리는 건지 모르겠다. 불안하다.

현중이에게 현재는 주사위에 그려진 여섯 개의 물음표였다.

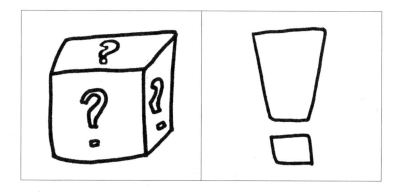

전공을 선택하면 자연스레 진로가 정해질 줄 알았다. 막상 시작해보니 전공 안에도 분야가 여럿이다. 그중 나에게 잘 맞는 게 뭔지 모르겠다. 졸업 후 공부를 더해야 할지, 취업해서 실무 경험을 쌓는 게 좋을지, 그럼 취업은 어디로 해야 할지 아무것도 모르겠다. 왼쪽 그림을 보면 주사위 여섯 면에 물음표가 있다. 물음표 안에는 복권이 하나씩 들어 있다. 복권 여섯 장 가운데 단 하나만을 선택해야 하는 게 내 상황이다. 하나를 가지면 나머지 다섯은 버려야 한다. 내가 가지게 되는 복권 한 장이 좋은 건지 아닌지도 모른다. 결과는 시간이 지나야 알 수 있다. 무엇을 바라며 주사위를 던져야 할지도 모르겠고, 내 앞에 떨어진 결과를 그대로 받아들여야 하는 건지도 모르겠다.

오른쪽에 있는 또렷하고 당당한 느낌표는 미래에 희망하는 모습이다. 분명한 내 길을 찾고 싶다. 어느 날 누군가 혜성처럼 등장해 내 미래를 예언하고 끌어주지는 않을 것이다. 내가 정해야 한다. 물음표가 적힌 주사위를 안고 가슴을 졸일 시간에 진지하게 생각해봐야겠다. 방향을 잡고 내가 원하는 일을 해보고 싶다. 열심히 해서 성공도 하겠다. 느낌표는 사람들이 나를 보며 놀라는 모습이기도 하다. "아니, 현중이가 저렇게 멋진 사람이었다니! 대단한걸!!" 파이팅이다.

가난

경제적 어려움과 스펙 쌓기는 청춘들에게 특히 버거운 문제다. 지금 자신이 여러모로 가진 게 없다고 느끼는 정훈이는 미래에는 부자가 되기를 소망한다. 물질적 풍요와 함께 마음까지 넉넉해지기를 바란다.

나는 가진 게 없다. 가난하다. 돈만 없는 게 아니다. 취업을 하려면 좋은 스펙을 갖춰야 한다. 친구들은 인턴 경험을 쌓고 토익, 토플 점수를 올리고 봉사활동도 한다. 난 아무것도 안 했다. 누군가 물었다. "너는 잘하는 게 뭐냐?" 난 답하지 못했다. 모두들 하나쯤 가지고 있는 특기도 취미도 없다. 뭐 하고 살았는지 한심하다. 마음이 가난하다는 건 더 큰 문제다. 자신감과 자존감이 바닥이고 열정도 없다. 나는 이래저래 가난하다.

내가 원하는 모습은 풍족함이다. 우선 내면이 풍요로워지고 싶다. 무미건조한 시간이 내 인생 전부가 되게 할 수는 없다. 내가 무얼 좋아하는지 생각해봐야겠다. 좋아하는 걸 하면 내면이 채워지는 느낌이 들 것 같다. 나도 뭔가 있다는 느낌이 들면 자신감도 생기지 않을까 싶다. "나도 좋아하고 잘하는 거 있다, 뭐!" 남들에게 이런 말을 자신 있게 해보고 싶다. 돈도 마음도 넉넉하면 좋겠다.

외모

청춘의 관심사에서 외모가 빠질 수 없다. 외모에 대한 열등감 때문에 불행에 빠져 지내던 나연이의 이야기를 살펴보자. 나연이는 사람들과 첫인상에 대한 이야기를 나누고 미래를 그려보는 경험을 통해 자신이 바라는 모습을 이해했다. 원하는 것을 이루기 위한 결심도 단단히 했다.

나는 못생기고 짜리몽땅하다. 잘하는 것도 없다. 다른 사람들은 모두 잘나고, 예쁘다. 즐겁게 산다. 나만 빼고 세상 사람 모두 다 행복하게 웃고, 빛이 나고, 사랑을 하는 것 같다. 페이스북이나 인스타그램에서 다른 사람들이 즐거워하는 모습을 보면 우울하다. 왜 난 저렇지 못할까 괴롭다. 나도 남들처럼 예뻐지고, 사랑을 주고받으며 행복해지고 싶다. 슬프고, 우울하다. 울상을 지은 채 사람들을 바라보곤 한다.

얼마 전 수업 시간에 주위에 앉은 사람들끼리 서로에게 느낀 인상을 나누어볼 기회가 있었다. 나에게는 착해 보인다거나, 인상이 편하다고 말하겠지 싶었다. 할 말이 없는 경우 예의상 그렇게 말한다는 걸 나는 안다. 그런데 뜻밖의 말을 들었다. 내가 차분하고 신중해 보인다고 했다. 고민을 잘 들어줄 것 같다고도 했다. 나의 그런 면이 부럽다고 했다. '정말? 내가 그렇게 좋게 보인다고?' 나를 부러워하는 사람도 있다니. 부러움은 언제나 내 것이었는데! 많이 놀랐다. 그날은 내 인생의 터닝 포인트가 되었다.

오른쪽 그림에 있는 나는 미소를 짓고 당당히 서 있다. 나는 못생긴 세모다. 사람은 서로 다른 매력을 가지고 있다. 동그라미, 별, 네모가 되기 위해 애쓰는 것이 아니라 세모인 나 스스로를 아끼고 사랑하겠다. 잘 가꾸어서 반짝반짝해지고 싶다. 동그라미나 별이 아니면 어떤가. 나는 '지금보다 더 예쁘고', '개성 있는' 세모가 되겠다.

나쁘지만은 않은 지금

～～～

　모든 청춘이 현재를 부정적으로 표현하는 건 아니다. 현준이와 문주, 지수는 지금 겪고 있는 힘든 시간을 미래를 위한 준비 과정으로 표현했다. 결과도 중요하지만, 경험과 과정이 가지는 의미도 크다고 생각한다.

현준 : 나는 조금씩 줄어드는 용수철이다. 용수철을 위에서 힘껏 누르는 사람 또한 나다. 잠재력과 가능성을 조금씩 더하는 중이다. 누른 만큼 용수철은 압축되고, 내 안에 비축된 가능성과 에너지는 그만큼 더 커진다.

어느 날 나는 튀어 오를 것이다. 잠재력을 발휘하며 높이 날아가겠다.

튀어 오른 용수철은 내 노력의 흔적이 될 것이다. 날아가면서도 새로운 흔적을 계속 만들어가겠다.

문주 : 내 모습을 씨앗과 새싹으로 그려보았다. 씨앗은 흙 속에서 물과 영양분을 흡수하며 계속 자란다. 싹을 틔우려면 시간이 필요하다. 느리게 성장하다가 마침내 때가 되면 온 힘을 모아 흙을 밀어내며 밖으로 나온다. 나는 지금 흙 속에서 견디며 커지려고 노력하는 씨앗과 비슷하다. 미래에는 예쁘게 싹틀 것이다. 연두색 어린 싹은 점점 커서 단단하고 진한 초록 잎이 될 것이다. 나는 지금 성장하고 있다.

지수 : 지금은 뛰어야 할 때다. 나는 요즘 땀을 흘리며 열심히 뛴다. 오른쪽에 결승 테이프를 끊는 모습은 내가 일등인 것처럼 보인다. 사실 일등은 아니고, 끝까지 완주하고 기뻐하는 모습이다. 중간에 넘어지고 다쳐도 포기하지 않고 뛰었다. 얼굴에도, 팔에도, 다리에도 상처가 났다. 피를 뚝뚝 흘리면서도 다 뛰었고, 만세를 부르며 결승선을 통과하고 있다. 친구와 가족들은 나를 응원하고 박수를 쳐줄 것이다. 인생에서 중요한 건 일등이 아니라 마지막까지 최선을 다하는 노력이다. 나는 내 길을, 내 힘으로 끝까지 가겠다.

지금보다 나은 미래를 꿈꾸는 사람

지금까지 청춘들이 생각하는 현재와 앞으로 기대하는 미래의 모습을 살펴봤다. 있는 그대로 담백하게 쓴 이야기다. 청춘의 고민과 바람은 다양하지만, 어렵거나 복잡하지는 않다. 다만 한 가지 주목할 부분이 있다. 청춘들이 글과 그림으로 표현한 것에 공통적으로 들어 있는 내용이다.

청춘들이 종이 왼쪽 칸에 현재 상황을 표현한 내용과 성격은 각자 다르다. 어떤 이는 어둡고 슬프고 답답한 반면에, 어떤 이는 밝고 활기차다. 요즘이 즐거울 수도 있고, 괴로울 수도 있다. 하지만 미래를 생각하며 지금보다 더 나빠지기를 바라는 청춘은 없다. "현재 내 마음은 무척 어두워. 앞으로는 지금보다 더 음침하고 깜깜해지면 좋겠어"라든가, "요즘 내 주변에 사람이 없어서 정말 외롭군. 앞으로는 더욱더 혼자서만 지내보겠어. 아무하고도 친구하지 않고 계속 외롭게 살 거야", "나는 열등감을 더 키우며 살겠어"라고 말하는 청춘은 없다.

간혹 말로는 장난스럽게 얘기할 수 있다. "인생 뭐 별거 있어? 왜 그렇게 힘들게 노력해.""나는 변하지 않을 거야. 이렇게 살다 죽을 거라고." 때로 힘들고 답답한 마음에 이렇게 '말은' 할 수 있다. 하지만 자신을 깊게 들여다보면 거짓말이라는 걸 알게 된다. 진짜 마음은 좋아지길 바라고 있기 때문이다. 현재가 힘들고 괴로워서 포기하고 싶은 마음이 들기도 하지만 잘 이겨내고 싶은 게 청춘의 진짜 마음이다. 그래서 현재 상태를 어둡게 표현하는 경우에도 오른쪽 공간, 미래 모습에는 어김없이 기대와 희망을 그리곤 한다. 지금보다 나빠지길 바라거나 상황을 악화시키기 위해 노력하겠다는 청춘은 없다.

우리는 좋아지고 싶어 한다. 우리 모두 지금보다 더 '나아지기를', 지금보다 더 '좋아지기를' 소망한다. 마음속 진짜 바람을 알아주자. 무엇에 대해 어떻게 변하고 싶은지 알아야 무얼 어떻게 해야 할지 알 수 있고, 행동할 수 있다.

필자인 나도 못 그리는 그림을 끙끙대고 그리면서 알았다. '내가 방향을 잡기를 원하는구나, 물음표가 아닌 느낌표를 만들고 싶어 하는구나, 열매를 맺기 원하는구나.' 변화는 그 지점에서 시작된다. 나는 지금도 종이 오른쪽에 그린 세 가지 그림을 떠올리며 질문한다. 젊은 날의 내가 바랐던 것처럼 한 방향으로 나아가고 있는지, 힘든 일 때문에 흔들려도 다시 중심을 잡고 있는지를 묻는다. 노력하며 건강한 열매를 맺어 주변에 나누고 있는지, 누군가에게 그늘이 되어주는지, 힘든 누군가가 믿고 기댈 만한 사람이 되고 있는지를 묻는다. 물음표 대신 느낌표를 만들고 있는지, 아직 해결되지 않은 물음표는 무엇인지를 묻는다. 앞으로도 스스로 질문하고 점검하며 나아가려고 한다. 바라건대 청춘인 당신도 그렇게 해주면 좋겠다.

　자신을 들여다보고 그려보자. 현재를 표현한 그림을 보면서 '그래, 지금 나는……' 하며 가슴에 슬픔이 퍼질 수도 있다. 반대로 당신이 미래에 바라는 모습을 볼 때면 '그래, 내가!' 하며 주먹을 불끈 쥐게 될 것이다. 당신이 그린 그림이 당신 자신에게 주는 강한 울림을 느껴보기 바란다.

　알아주자. 지금 어떤 상황이든, 당신은 앞으로 더 잘하고 싶어 하는 사람이라는 것을 말이다. 나아지고 싶다는 자신의 진짜 마음을 알아준 소영이의 이야기를 전하며 이번 시간을 마무리한다.

　이번 과제는 다른 수업에서 하는 것과 많이 달랐다. 필요한 건 오로지 나의 과거, 현재, 미래, 내 느낌과 생각, 그리고 나 자신이었다. 솔직해져야 했다.

　나는 원래 과제를 잘 안 한다. 학교생활에 그다지 열정이 없어서 과제를 해도 대강만 하거나, 제출하지 않는 경우도 많다. 성적도 엉망이다. 그런 내가 꾸역꾸역 그림도 그리고, 글도 써봤다. 과제를 하는데 갑자기 머릿속이 캄캄해졌다. 웬 이상한 그림들만 그리다가 구겨서 버리기를 반복했다. 우습게도 가장 큰 수확은 내가 나를 모른다는 걸 알게 된 거다. 나 자신에게 관심도 없고 인생의 방향도 없었다. 이제는 분명하게 안다. 나는 지금 방황하고 있지만, 미래에는 지금보다 좋아지고 싶어 한다는 것을 말이다. 이번에 보니 아직 포기하지 않았더라. 그러면 뭔가도 할 수 있겠지. 나는 오늘보다 내일, 조금 더 나아지고 싶은 사람이다.

자신의 현재 모습 세 가지, 그와 관련해 미래에 바라는 모습 세 가지를
그려보세요. 완성하면 글로도 정리해볼 것을 권합니다. "나는 지금 어떤
모습이고 미래에는 어떻게 되기를 희망하는가?"

2부

나를 위해주는 시간

내 마음 알아주기

지치고 힘들어서 휴학을 하고 싶다는 문수가 말했다.

"마음이 좀 편해졌으면 좋겠어요."

"마음이 많이 불편한가보구나. 그래, 어떻게 하면 좀 편해질 것 같니?"

"잘, 모르겠어요······."

"그럼 문수야, 네 마음이 편하다는 건 어떤 거니?"

한참 생각한다.

"······그것도 잘······모르겠어요······. 전 사실······마음이 편해 본 적이 없었던 것 같아요."

민재는 사람들이 자기 마음을 몰라준다며 속상해했다.

"아무도 제 마음을 알아주지 않아요. 다들 너무합니다."

나는 민재의 원망을 조금이라도 풀어주고 싶었다.

"사람들에게 많이 서운한가보구나. 그럼 내가 다 들어줄게. 네 마음이 어떤지, 무엇 때문에 힘든지, 하고 싶은 얘기 다 해봐. 오늘 한번 시원하게 풀어보자."

민재는 당황한다.

"어……제 마음은요……, 그러니까……이게 참 설명하기 어려운데요. 어……그러니까 자꾸 짜증이 나고…….."

자신의 마음이 어떤지 설명하기를 어려워하는 청춘들이 많다. 누군가 알아주었으면 좋겠다고 바라다가도 막상 편하게 얘기를 해보자고 하면 난감해한다. '그게 뭐 어렵다고 설명을 못하지? 느끼는 대로 말하면 되는 것 아닌가?' 혹자는 이상하다고 생각할 수도 있겠다.

그러면 질문 하나 해보자.

"넌 요즘 마음이 어때?"

누군가 당신에게 물었다. 무어라 답할 것 같은가? "응, 나는 말이야……" 하며 가슴속에 가득 들어 있는 것을 편하게 잘 풀어낼 수 있는가? "괜찮아." "그냥 그래." "힘들어." 이런 간단한 대답 말고 감정의 종류와 원인을 구체적으로 설명할 수 있는가? 물론 타인에게 내 마음이 어떤지 있는 그대로 보여주는 것이 싫을 수 있다. 물어보는 사람에게 다 얘기해줄 필요도 없다. 중요한 건 누군가에게 설명을 하느냐 마느냐가 아니라, 나 스스로는 내 마음이 어떤지 제대로 알고 있는가 하는 것이다.

잘 알지만 말하고 싶지 않아서 솔직하게 답을 하지 않는 것과 나 스스로도 잘 몰라서 뭉뚱그려 답하는 것은 완전히 다르다.

청춘들이 부정적 감정을 표현할 때 쓰는 한 단어

수업 시간에 '정서'에 대해 공부하다가 그룹 활동을 한 가지 했다. 주제는 '부정적 정서 적어보기'. 우리가 느끼는 '나쁜 기분'을 표현하는 단어를 조원들과 함께 생각해보는 활동이다. 그런데 확인해보면 질문에 맞지 않은 답을 쓴 경우가 많다. 대부분 부정적 정서의 '종류'가 아니라, 부정적 정서를 느끼게 되는 '경우'를 적는다. 다시 말해, 기분이 '어떻게' 나쁜지를 나타내는 단어 대신에, '언제' 기분이 나빠지는지를 적는 것이다. 배가 고플 때, 시험 못 봤을 때, 약속에서 바람 맞았을 때, 면접에서 떨어졌을 때, 이런

식이다. 잘 생각하고 다시 써보라고 하면 당황한다. '쓰라고 하는 거 썼는데? 다른 어떤 걸 쓰라는 거지?' 하는 표정을 짓는다.

청춘들은 어느 부분을 이해하지 못하는 걸까? 왜 요구 사항과는 다른 내용을 적는 걸까?

'언제'와 '무엇 때문에'는 아는데 '어떻게' 나쁜지는 잘 몰라서 그렇다. 자신이 '언제' 기분이 상하고, '어떤 일'이 생겼을 때 기분이 나빠지는지는 알지만, 부정적 정서가 구체적으로 '무엇'인지에는 관심을 기울이지 않는다. 평소에 생각해보지 않은 것을 적으려니 어렵게 느껴져서 고개를 갸우뚱한다.

나는 이해를 돕기 위해 질문을 해준다.

"시험을 못 보면 기분이 어떤가요?"

"우울해요." "슬퍼요." "속상해요."

"사람들 앞에 나와서 발표해야 하는 시간이 다가오면?"

"떨려요." "불안해요." "도망가고 싶어요."

답을 말하며 눈빛이 반짝한다. "아, 그런 거~. 이제 알겠네!"

자, 이제 뭘 써야 하는지 알겠다. 부정적 감정의 '종류'를 써야 하는 거구나! 그런데 또 어렵다. 조원끼리 머리를 맞대고 웅성웅성한다. "우울한, 슬픈, 불안한, 떨리는……또 뭐가 있지? 이게 다 아닌가?"

물론 아니다. 한번 보자.

우울한, 슬픈, 서러운, 불만족스러운, 지루한, 불안한, 답답한, 걱정되
는, 겁나는, 주눅 든, 무기력한, 절망적인, 떨리는, 긴장되는, 화가 나
는, 억울한, 기가 막힌, 아까운, 서운한, 어이없는, 부담스러운, 허전한,
허무한, 공허한, 고통스러운, 두려운, 창피한, 조급한, 아쉬운, 귀찮은,
무서운, 피곤한, 비참한, 패배감, 죄책감, 소외감, 외로움, 거부감, 수치
심, 자괴감, 질투, 시기, 분노, 혐오, 경멸, 낙담, 배신감, 박탈감, 자격지
심, 초조.

부정적 정서나 불쾌한 기분을 표현하는 단어를 이 정도만 정리
해도 50가지다. 50개 단어가 모두 다른 기분, 다른 느낌을 표현한
다. 비슷해 보이는 단어라도 조금씩 차이가 있다. 예를 들어, '허
전', '허무', '공허'도 언뜻 보면 비슷한 것 같지만 담고 있는 내용
과 감정의 강도는 서로 다르다. 공들여 쌓은 탑이 와르르 무너졌
을 때 느끼는 감정은 '허무'다. 그(녀)가 떠난 빈자리는 몹시 '허전'
하다. 사랑하는 사람이 그리워서 '허무'하거나 '공허'하지는 않다.
'공허'는 인생이 텅 빈 것 같은 마음이다. 차이를 알고 감정에 따라
적절한 단어를 선택해 사용하는 것이 당연할진대 청춘들은 이 많

은 부정 정서를 한 단어, 한 느낌으로 통일하곤 한다. 요즘 부정적 정서를 표현하는 데에 맹활약을 펼치는 단어가 하나 있다.

바로 '짜증'이다. 청춘들은 "짜증 나!" 한마디로 온갖 부정 정서를 표현한다. 공든 탑이 무너져서 짜증 나고, 사랑하는 사람이 떠나서 짜증 나고, 시험에 떨어져서 짜증 나고, 친구가 약속을 지키지 않아서 짜증 난다. 불안해도, 답답해도, 슬퍼도, 화가 나도, 낙담해도, 떨려도 짜증이 난다고 말한다.

"걔가 나한테 그렇게 말했다. 아, 짜증 나."

"전철 왜 안 와. 짜증 나게."

"시험 범위가 너무 많아. 완전 짜증!"

"다음 주 PT 어떻게 하지, 어우, 짜증 나."

"졸업하면 뭐 하냐. 와, 정말 짜증 난다!"

이 상황이 어떤 건지 색깔을 예로 들어 생각해보자. 연두와 초록은 다르다. 노랑과 주황도 다르다. 노란색도 여럿으로 나뉜다. 노랗고, 누렇고, 노리끼리하고, 노르스름하고, 샛노랗고, 노릇노릇한 건 모두 노란색을 바탕으로 한 다른 색깔들이다. 슬퍼도 짜증, 불안해도 짜증으로 표현하는 건 노르스름하고, 노릇노릇하고, 샛노랗고, 누런 색을 '노랑'으로 합쳐버리는 것과 같다. 표현하고자 하는 대상에 따라 색깔을 구분해서 써야 한다. 감정도 마찬가지다. 슬프면 슬퍼하고, 두려우면 두려움을 알아주고 달래줘야 하는데, 자신이 슬픈지 두려운지도 몰라주고 기분이 나쁘면 대뜸 짜증이라는 단어를 불러낸다.

짜증은 '마음에 꼭 맞지 아니하여 발칵 역정을 내는 짓 또는 그런 성미'를 일컫는다. 짜증 난다는 말을 많이 해서인지 요즘 욱하며 화를 내는 사람이 많다. 자신이 내뱉은 '짜증 난다'는 말을 듣고는 정말 자신이 짜증이 난 것으로 생각하며 신경질을 내고 화를 내는 거다. 벌컥 발산하는 화를 통해 해결되는 감정은 거의 없다. 마음 안에 고스란히 쌓여간다. 제대로 해결되지 않은 부정적 감정은 내면에 쌓여 우울과 불안이 된다.

우울한 청춘

국민건강보험공단 자료를 보면 20대 우울증(질병코드 F22, F23 기준) 환자 수는 2010년 4만 5900명, 2015년 5만 1731명이다. 5년 동안 거의 6000명이 늘었다. 남녀로 나눠볼 때 2015년에 우울증으로 병원을 찾은 20대 남성은 2만 2186명, 여성은 2만 9545명이다. 남녀 간 차이가 크지 않다. 우울증은 보통 여성이 남성에 비해 두 배에서 세 배 정도 많은데, 20대의 경우 수치가 비슷하다. 지난 몇 년간 우울증 여성의 수는 비슷하게 유지된 반면에, 남성 환자 수가 40퍼센트 이상 크게 늘어났기 때문이다.

이 상황을 해석해보자. 첫째, 청춘은 이전보다 더 많이 우울하고 불안하다. 미래에 대한 막막함, 학업과 취업 스트레스 등이 큰 원인이다. 둘째, 감정을 살피며 스스로 병원을 찾는 청춘이 늘고 있다. 셋째, 여성뿐 아니라 남성도 우울한 마음을 치료하기 위해 적극적으로 행동하고 있다. 강해야 한다는 고정관념에서 벗어나, 남자도 마음이 아플 수 있다는 것을 받아들이고 돌보는 것이다. 20대가 느끼는 스트레스와 불안이 크다는 점은 걱정되지만, 자신의 감정을 알아주고 치유하려는 청춘이 늘어나고 있는 건 다행이다. 몸이 아플 때 의사에게 진료 받고 약도 먹듯이, 마음이 힘들 때도 상담과 치료를 통해 회복하는 건 당연하다. 부끄럽다 여기며 괜찮은 척하면 안 된다.

안타깝게도 많은 청춘들이 자신의 감정을 제대로 알지 못한다. 솔직하지도 않다. 지치고, 힘들고, 슬프고, 두려운 마음을 가지면 안 된다고 생각한다. 내가 지금 힘들고, 슬프고, 두려운 건 남들보다 무능하고 마음이 약해서 그런 거라며 죄책감을 가지기도 한다. 괜찮다고, 괜찮아지고 강해져야 한다고 다그치며 자신을 몰아세운다.

원우도 그랬다. 사람들 앞에서 강한 척했지만 속마음은 힘들었다. 거짓 웃음을 지으며 버티다가 지쳐버렸다.

잘해야 한다. 나는 강해져야 한다. 험한 세상에서 살아가려면 강해져야 한다. 약한 모습을 보이면 안 된다. 겉으로 난 늘 웃고 있다. 당당한 척한다. 그런데 혼자 있으면 자꾸 눈물이 난다. 나는 잘하고 있는 걸까. 버티고만 있는 건 아닐까. 솔직히 나는 많이 힘들다.

상우는 두렵다고 말해버리면 더 두려워질 것 같고, 그러면 감당하지 못할 것만 같았다. 삶이 무서웠지만 표현하지 못하고 혼자 끙끙댔다.

나는 힘겹게 산다. 경쟁이 치열한 가시덤불에서 살아남으려고 노력한다. 나이가 먹고 경험이 쌓이면 삶의 문제에 익숙해질 줄 알았는데 안 그렇다. 초등학교 때부터 수없이 본 시험은 아직도 힘들고 겁난다. 사람들에게 받는 상처는 언제나 아프다. 어릴 때는 힘들고 아플 때 부모님이 위로해주시면 괜찮아지곤 했다. 이제 나는 어린아이가 아니다. 친한 친구에게 위로를 받기도 하지만 결국 내가 이겨내야 한다.

내 몫이다. 그걸 알기에 더 아프고 겁나는지도 모르겠다. 많이 두려운데, 두렵다고 말해도 될지 모르겠다.

'두렵다고 말해도 될지 모르겠다'는 상우의 고민을 들으며 나는 "당연히 됩니다. 두려운 마음을 솔직하게 인정하고 표현해주세요"라고 얘기해주었다. "그게 정말로 자신을 위하는 길입니다"라는 말도 덧붙였다.

필자인 나도 마음이 몹시 힘든 적이 있었다. 나 또한 괜찮다고, 괜찮아야 한다고 억지를 부렸다. 바쁘게 일하면 괜찮아질 거라고 되뇌며 힘든 마음을 모른 척했다. 슬프다고 말하면 슬픔에 빠져 허우적댈 것 같고, 그럼 다시는 못 일어날까봐 겁이 났던 것 같다. 하지만 아무리 열심히 일하고 시간이 지나도 마음이 힘든 건 나아지지 않았다. "씩씩해질 거야, 괜찮아"라는 주문은 효과가 없었다. 나는 씩씩해지지도 않고 괜찮아지지도 않았다.

안 되겠다 싶었다. 내가 느끼는 힘든 마음을 있는 그대로 알아주기로 했다. 나에게 물었다. "너는 지금 어떤 감정 때문에 힘드니? 어떤 감정이 제일 큰 거야? 괜찮다고 하지 말고, 이제 좀 솔직해져보자."

마음을 들여다봐주자 기다렸다는 듯 서운함과 슬픔이 올라왔다. 나는 그때 누군가에게 많이 섭섭했고, 때문에 많이 슬펐지만 철저히 외면하고 누르고 있었다. 마음을 바라보니 섭섭한 마음이 분명해졌다. 더 슬퍼져서 눈물이 나기도 했다. 그때 컴퓨터 모니터에 붙어 있는 메모지가 눈에 들어왔다. 거기 적힌 글자는 "괜찮아, 힘내"였다. 위로가 될까 싶어 내가 직접 적어 붙인 메모였다. 좋은 말이지만 나에게는 아무 의미가 없었다. 위로도 응원도 되지 않았다. 바로 메모를 떼어냈다. 솔직하게 다시 썼다.

"난 괜찮지 않다. 많이 아프고, 많이 슬프다. 슬프면 울자. 눈물이 나면 참지 말자. 괜찮은 척은 이제 그만하자." 다 쓰기도 전에 참았던 눈물이 올라왔다.

걱정했던 것과는 달리, 슬픔과 서운함에 빠져 허우적대지는 않았다. 감정을 있는 그대로 바라보고 인정해주면서 조금씩 편안해지고 회복할 수 있었다. 나 자신에게 마음을 이해받는 느낌은 꽤 좋았다. 나는 그날 이후 조금씩 회복되었다.

괜찮은 척, 센 척하려는 청춘을 만나면 얘기해준다. 감정을 제대로 알아주라고. 감정에 솔직해지라고. 혼자 있을 때만이라도 좀 솔직해져도 되지 않겠느냐고 말해준다. 괜찮지 않아도 괜찮다고, 자꾸 짜증만 내지 말고, 자꾸 뭘 더 하려고만 하지 말고 지금 무엇 때문에 어떻게 힘든지 구체적으로 생각해보라고 권한다. 내 권유

를 이해하고 자신의 감정을 바라본 연규와 보라의 이야기를 들어
보자.

연규 : '불안정함'. 내 상태를 설명할 수 있는 가장 적합한 단어다. 불안
하고 힘들다. 지난 2주 동안 많은 일이 있었다. 아버지의 사업이 부도
가 났다. 오랫동안 준비하고 합격을 믿었던 시험에서 떨어졌다. 여자
친구가 이별을 통보했다. 가까운 친척 어른이 돌아가셨다. 정신이 하
나도 없다. 이 와중에 수업은 매일 꽉 차 있다. 교내 아르바이트와 왕
복 세 시간 걸리는 과외까지 마치고 나면 밤 열두 시다. 심신이 피곤
하다.

불안정함. 두려움. 안정에 대한 갈망. 이게 진짜 내 마음이다. 나는 요
즘 피곤하고 기분이 나쁜 줄 알았다. 할 게 너무 많다며 짜증을 내고
있었다. 이제 보니 난 걱정하고 있는 거였다. 앞으로 또 어떤 일이 생
길까, 내가 감당할 수 있을까 겁을 내고 있는 거였다.

보라 : 모든 일에서 벗어나고 싶다. 무기력하다. 고등학교 때까지 대학
입학이라는 간절한 목표를 이루기 위해 진을 다 뺐다. 대학생이 되면
편할 줄 알았는데 그렇지 않다. 과제, 시험, 취업 등 수능보다 더 큰 어
려움이 줄줄이 있다. 대학은 기대만큼 멋진 곳도 아니다. 이전에는 하

고 싶은 것도 많고 꿈도 많았는데, 이제는 공부도 싫고, 책도 싫고, 친구도 싫다. 만사가 다 귀찮다. 목표는 없고 마음만 급하다. 모든 게 다 부담스럽다. 포기하고 싶다.

불안에 가려진 진짜 마음

사람들은 부정적인 감정이 '나쁘다'고만 생각한다. 우리를 힘들게 하고, 불행하게 하는 감정이니 피하는 게 상책이라고 여긴다. 정말 그럴까? 부정적인 감정은 정말 부정적이기만 할까? 우리가 너무 안 좋게만 생각하는 건 아닐까? 부정적 감정 중 하나인 '불안감'을 예로 들어 생각해보자.

많은 청춘이 불안을 호소한다. 너무 불안해서 잠도 제대로 못 이룬다는 경우도 종종 있다. 그런데 얘기를 들어보면, 불안을 느낄 때 하는 행동은 대부분 비슷하다.

첫째, 같은 말을 반복한다. '불안해, 불안해, 아, 어떡하지.'

둘째, 자신에게 거짓말한다. '나는 괜찮다, 떨리지 않는다, 하나도 무섭지 않다.'

셋째, 스스로를 다그친다. '불안해하지 마. 마음 굳게 먹고 잘해

야 해. 여기서 잘못하면 안 되는 거 너도 알고 있잖아!'

넷째, 포기하고 자책한다. '못하겠어. 난 역시 이것밖에 안 되는 거야……'

이 중 불안감을 다루는 바람직한 방법은 없다. 좀 더 현명하게 접근해보자.

정서에 대해 수업하던 중 학생들에게 물었다.

"여러분이 많이 느끼는 감정 중 하나는 불안입니다. 불안하다는 건 어떤 느낌인가요?"

"떨리는 거요." "무서운 거요." "조마조마한 마음이요."

다시 묻는다. "그럼 우리는 왜 불안을 느낄까요? 무엇이 그렇게 걱정되는 걸까요?"

불안의 원인을 묻는 질문이다.

"잘 안 될까봐요." "실수할까봐요." "잘못하면 어쩌나 걱정됩니다."

맞다. 우리는 잘 안 될까봐, 실수할까봐, 잘못하면 어쩌나 싶어서 떨리고 불안하다. 그런데 이 말에는 중요한 전제가 들어 있다. "잘 안 될까봐" 혹은 "실수할까봐" 속에는 우리의 기특한 진심이 숨어 있다.

다시 질문한다.

"'잘 안 될까봐' 앞에는 중요한 말이 있습니다. 어떤 말이 올 수 있을까요?"

"……?"

질문을 바꿔본다. "여러분은 '어떤데' 잘 안 될까봐, '어떤데' 실수할까봐 불안한 건가요?"

드문드문 대답이 나온다. "잘하고 싶은데……?" "잘하고 싶은데 안 되면 어쩌나……?"

정답이 나왔다. "잘하고 싶은데."

이게 진짜 마음이다. 불안감으로 대표되는 진짜 마음은 바로 "나는 잘하고 싶다"는 대견한 바람이다. 불안의 시작은 제대로 해보고 싶다는 긍정적인 바람인 것이다. 시작은 이처럼 좋다. 그런데 잘하고 싶다는 마음이 자라다가 중간에 고비를 만난다. '걱정'이라는 녀석이 슬쩍 끼어드는 것이다. '잘하고 싶은데 혹시 잘 안 되면 어떡하지?' '실패하면 어쩌지?' '사람들 앞에서 실수하면 창피할 거야.'

걱정은 조금씩 커져서 '불안'이 된다. 잘하고 싶다는 원래 마음은 저 뒤로 밀려가 보이지도 않게 된다. 조마조마하고 떨리는 마음이 내 앞으로 다가와 크게 느껴진다.

뭐든 대충, 대강하려는 사람은 불안해하지 않는다. 잘하고 싶다는 마음이 없으면 떨리지도 않는다. 불안의 시작은 세상에 좋은 모습을 보이고 싶고, 잘하고 싶고, 인정도 받고 싶은 기특한 바람이다. 이 마음을 몰라준 채 우리는 불안이라는 감정만 잡고 무서워하며 부들부들 떤다. 떨다 보니 능력 발휘도 제대로 못한다. 되는 일이 없으니 자꾸 짜증이 난다. 다른 사람들은 다 저렇게 잘하는데, 남들처럼 대범하지도 못하고, 불안감에 허덕이고 있는 나는 한심한 인간이 된다. '나 같은 게 뭘 하겠어. 관두자!'

잘못된 흐름을 잡아주자. 불안함 속에 들어 있는 좋은 마음에 주목해보자. 스스로를 더 떨게 만드는 '불안하다'는 말을 이렇게 바꿔보자. "사실 난 잘하고 싶은 거야. 잘하고 싶은 게 진짜 마음이야." 그리고 그 상황에서 할 수 있는 아주 작은 것이라도 해보자.

불안해하며 떨고만 있든, 잘하려고 노력하든 시간은 똑같이 지나간다. 그 시간을 어떻게 채울지는 각자의 선택이다. 불안이 주특기라고까지 했던 은진이도 진짜 마음을 알아주며 조금씩 변했다.

시험이 다가오면 내 불안은 극에 달한다. 공부를 제대로 하고 있는 건지 불안하고, 시험을 못 보면 어떡하나 미리부터 불안하다. 시험을 마치고 나오면 이름은 제대로 썼는지, 답안지에 표시를 잘못한 건 아닌지 또 불안하다. 남들은 다 잘 보았는데 나만 잘못 본 것 같아서 불안하다. 불안하지 않을 때는 불안하지 않아서 불안하다. '뭔가 불안할 게 있을 텐데 내가 생각 못하고 있는 게 뭐지?' 하며 고민할 정도다. 부모님이나 친구들에게 불안감을 호소한다. '괜찮을 거다' '아무 일 없을 거다'라는 말을 수십 번 하게 만든다.

수업 시간에 배웠다. 내가 시험을 앞두고 불안한 건 시험을 잘보고 싶기 때문이라는 걸 말이다. 정말 그렇다. 나는 잘하고 싶은데 잘하지 못할까봐, 망칠까봐 불안했다. 많이 잘하고 싶었기에 많이 불안했다. 이제는 잘하고 싶은 내 마음을 알아주려 한다. 계속 불안해하는 게 나은 건지, 그 시간에 할 수 있는 걸 찾아서 작은 일이라도 하는 게 나은 건지 생각한다. 나는 나를 위하는 선택을 하기로 했다. 불안감이 심한 나를 도우려 한다. 마음이 많이 편해졌다. 주변 사람들을 괴롭히는 것도 줄었다. 왜 불안한지, 얼마나 잘하고 싶어 하는지는 내가 제일 잘 안다. 내가 달래주고 잡아주는 게 맞다.

감정에 대한 나의 책임

정신과 전문의이자 심리학자인 프랑수아 를로르와 크리스토프 앙드레는 《내 감정 사용법》에서 부정적 감정의 긍정적 측면을 언급한다. 예를 들어 우리는 보통 시기심을 나쁘게 생각하고 죄책감을 가지지만 시기심도 기쁨과 좋은 기분을 위해 얼마든 유용하게 활용할 수 있다는 것이다. 시기심은 남이 잘되는 것을 샘내고 미워하는 마음이다. 우리가 시기심을 느끼는 이유는 자신도 그만큼 잘하고 싶은 마음이 있기 때문이다. 이 마음을 이해하면 누군가를 샘내고 미워하는 자신에게 죄책감을 가지는 대신에 그 사람만큼 잘할 수 있는 방법을 찾게 된다. 원하는 것을 이루기 위해 긍정적인 에너지도 쏟을 수 있게 된다.

외로움도 그렇다. 외로움은 '사람들과 잘 지내고 싶은데' 그렇지 못한 상황에서 느낀다. 진짜 바람은 사람들과 가깝게 지내며 정을 나누고 싶은 것이다. 이 마음을 알아주면 변화가 가능하다. 자신을 향해 무능하다거나, 성격에 문제가 있다며 자책하고 서글퍼하는 대신에 사람들과 잘 지낼 수 있는 방법을 생각하게 되는 것이다. '어떻게'를 생각하며 사람에게 다가갈 수 있는 방법을 찾고 조금씩 시도하며 변화를 만든다.

지금까지 살펴본 것처럼, 부정적 정서가 부정적이기만 한 것은 아니다. 그 안에는 더 좋아지고 싶은 바람이 숨어 있는 경우가 많다. 이런 특성을 이해하면 부정적 감정을 느끼는 자신을 약하고 무능하다고 탓하지 않게 된다. 괜찮지 않은데 괜찮다고 우기며 감정을 피하려 하지 않는다. 주변 사람을 원망하기 전에 스스로를 돌볼 수 있게 된다.

마음이 힘들면 예민해진다. 자꾸 화가 난다. 그러면 나 자신에 게 야박해진다. 남들에게도 야박하고 냉정해진다. 이런 삶에 즐거 움과 의욕은 없다. 들여다보고 솔직해지자. 스스로를 이해하고 위 로해주자. 승민이도 노력하며 변화를 경험했다.

요즘 많이 힘들다. 모든 걸 잘해야 한다는 부담감, 시간을 알차게 써 야 한다는 압박감이 강했다. 아무것도 아닌 일에 긴장하고 예민하게 굴었다. 언젠가부터 기운이 없어졌다. 달리다 보면 괜찮아질 거라 믿 었다. 게으름을 피우면 안 된다고 나를 다잡았다. 어느 날, 혼자 앉아 속마음을 주저리주저리 써봤다. 쓰면서 깨달았다. '내가 이렇구나. 잘 하고 싶은 마음에 너무 조급했구나' 싶었다. 위로를 받은 느낌이다. 이렇게 조금만 표현해도 마음이 편안해지다니, 신기하다. 그동안 꽁 꽁 묶어서 덮어놓은 채 끌어안고 다니느라 힘들었던 것 같다. 이제는 참지 말아야겠다. 슬프면 실컷 슬퍼하고, 지쳐서 기운이 없으면 쉬기 도 해야겠다. 나 자신을 위로할 줄 아는 사람이 되면 좋겠다.

프랑수아 를로르와 크리스토프 앙드레는 강조한다.

자신의 감정을 인정하는 것은 자기 내면의 반응에 주의를 기울이는 것이며, 특히 스스로 인정하기 힘든 반응에 사로잡힐 수 있음을 인정하는 것이다. 이러한 감정을 인정하고 조절하는 것은 자기 자신의 책임이다.*

자신의 감정을 인정하고 조절하는 것은 책임인 동시에 자신을 제대로 위하는 길이다. 밖에 나가서는 센 척, 괜찮은 척하더라도 혼자 있을 때는 솔직해지자. 내면의 상태에 주의를 기울여주자. 부정적 감정에 담겨 있는 기특한 바람을 알아주자. 말에 그치는 '괜찮다'는 별로 소용이 없다. 내 안에 있는 진짜 마음을 알아주며 위로할 때 정말 괜찮고 강해질 수 있다.

* 프랑수아 를로르 · 크리스토프 앙드레, 《내 감정 사용법》, 배영란 옮김(위즈덤하우스, 2008), 445~446쪽.

1. 아래 적힌 내용 중 요즘 자신이 느끼는 정서에 모두 동그라미로 표시
   해보세요. 혹 이곳에 없는 다른 기분이 든다면 추가로 적어보아도 좋
   습니다.

   우울한, 슬픈, 서러운, 불만족스러운, 지루한, 불안한, 답답한, 걱정되
   는, 겁나는, 주눅 든, 무기력한, 절망적인, 떨리는, 긴장되는, 화가 나는,
   억울한, 기가 막힌, 아까운, 서운한, 어이없는, 부담스러운, 허전한, 허
   무한, 공허한, 고통스러운, 두려운, 창피한, 조급한, 아쉬운, 귀찮은, 무
   서운, 피곤한, 비참한, 패배감, 죄책감, 소외감, 외로움, 거부감, 수치심,
   자괴감, 질투, 시기, 분노, 혐오, 경멸, 낙담, 배신감, 박탈감, 자격지심,
   초조.

2. 위에서 표시한 것 중 크고 강하게 느끼는 정서를 순서대로 다섯 가지
   적어봅니다.

   ①

   ②

   ③

   ④

   ⑤

3. 다섯 가지 정서에 대한 원인("왜 이 감정이 이렇게 크지?")을 살펴봅니다. 하나일 수도 있고, 다섯 가지 이상일 수도 있습니다.

①

②

③

④

⑤

4. 자신의 감정을 이해하고 난 느낌은 어떤가요? 소감을 간단히 적어봅니다. 어떻게 하면 마음이 편해질 수 있을지도 생각해봅시다. 외면하지 말고 위로하고 위해주세요.

상처를 대하는 현명한 방법

이번 시간에는 상처에 대해 살펴보자.

상처傷處는 '다쳐서 부상을 입은 자리'를 뜻한다. 피해를 입은 흔적이고, 아픔이 남은 자국이다. 다친 곳에 따라 상처가 팔이나 다리에 남기도 하지만 가슴 한복판에 남기도 한다.

몸에 입은 상처는 겉으로 드러나서 다른 사람에게 보인다. 다친 곳에서 피라도 나면 걱정도 해준다. "저런, 많이 다쳤구나. 아프겠다!" 상처 입은 곳에 약도 발라주고, "호~" 불어준다. 금방 나을 거라고 위로도 해준다. 그러면 좀 덜 아프다. 약 바르고 기다리면 아물고 흔적도 없어진다.

문제는 마음의 상처다. 마음에 입은 상처는 밖으로 드러나지 않는다. 보이지 않으니 남들은 잘 모른다. 부상이 얼마나 심한지,

내가 얼마나 많이 아파하는지 알 수 없다. 주변에서 위로를 건네기는 한다. "힘내. 괜찮아질 거야." 잘 알지도 못하고 말로만 건네는 위로는 상처를 겉돈다. 시간이 지나도 계속 아프다. 마음의 상처에는 시간이 약이라는데, 약을 얼마나 더 먹어야 나아지는 걸까 싶다.

마음속에 상처를 담고 아파하는 청춘들이 많다. 겉으로는 밝고 씩씩해 보이지만 속으로는 어린 시절에 겪은 아픔 때문에 힘들어하는 경우가 꽤 있다. 상처의 원인으로 가장 많이 등장하는 건 '사람'이다. 사람 중에서도 친구가 많다. 어릴 적 친구.

혜원, 은영, 지환이는 학교에서 친구들에게 괴롭힘과 따돌림을 당했다. 지금도 모르겠다. '친구들은 왜 나를 미워했을까, 내가 뭘 잘못한 걸까' 싶다. 힘들어도 부모님께 털어놓지 못했다. 어떻게 말해야 할지, 말해도 좋을지 고민이 되었다. 바보 같다고, 한심하다고 혼나면 어쩌나 걱정도 되었다. 위로받지 못한 상처는 마음 한가운데 들러붙어 없어지지 않았다. 시간이 많이 지난 지금도 아프고 쓰리다.

혜원 : 고등학교 1학년. 작은 오해 때문에 생긴 사건으로 친구들에게

미움을 받고 따돌림을 당했다. 오해를 풀 시간도 없었다. 친구들은 학교 안에서도 밖에서도 내 험담을 했다. 누구도 내 편이 되어주지 않았다. 외로웠다. 사람이 무서워서 가능한 눈에 띄지 않게 다녔다. 점심시간에는 밥도 먹지 않고 아무도 없는 구석진 곳을 찾았다. 어느 날은 컴컴한 창고에 한참을 앉아 있다가 수업 시작 몇 분 전에 교실로 돌아오기도 했다. 아침에 눈을 뜨면 오늘은 또 어떻게 견디나 싶어 막막했다. 스트레스성 위염과 두통이 생겼다. 말수가 줄고 표정이 굳어갔다. 담임 선생님은 알고도 도와주지 않았다. 내 노력이 부족해서 그렇다고, 친구들과 잘 지낼 수 있도록 더 노력해보라고만 했다. 아픔은 지금도 생생하다. 그때가 떠오르면 나도 모르게 '흡!' 하고 숨이 멈춘다. 가슴 속에 딱딱하게 굳어 있는 배신감과 고독감이 흐려지지 않는다. 사람이 무섭다.

은영 : 고등학교 때 사람들 앞에 서게 된 일이 종종 있었다. 열심히 했을 뿐인데 나를 미워하는 사람들이 생겼다. 우리 반 친구뿐 아니라 내가 알지 못하는 다른 반 아이들도 나를 미워했다. 별 것도 없으면서 나대고 잘난 척한다고 욕했다. 내 행동을 비꼬고 비난했다. 억울하고 속상했다. 한 명씩 붙잡고 얘기 좀 해보자고, 나를 너무 미워하지 않았으면 좋겠다고 사정이라도 하고 싶었다. 나는 움츠러들었다. 누군

가 나를 보기만 해도 내가 뭘 잘못한 걸까, 또 내 욕을 하는 걸까 두려웠다. 그때부터 사람들 앞에 서는 일은 절대 하지 않았다. 눈에 띄지 않으면 조롱과 비난도 받지 않을 것 같았다. 지금도 그렇다. 수업 시간에 아는 게 있어도 대답하지 않는다. 발표를 해야 하는 수업은 수강 신청에서 무조건 제외다. 사람들이 나를 바라보는 게 겁이 난다.

지환 : 초등학교 5학년 때 일이다. 친구를 보고 반갑게 인사했는데 무시하고 가버렸다. 그 상황을 본 몇 명이 손가락으로 나를 가리키며 큰 소리로 웃었다. 부끄럽고 창피했다. 15년이 지났는데 아직도 생생하다. 어린 마음에 상처가 컸나보다. 누군가에게 다가가고 싶은 마음이 들 때마다 그날이 떠오른다. '혹시 나를 싫어하면 어떡하지, 사람들이 또 비웃으면 어떡하지' 하며 망설이다가 '괜한 짓이야. 가만히 있자' 하며 그만둔다. 앞으로 사회생활을 어떻게 해야 할지 걱정이다. 직장에서는 사람들과 잘 지내야 한다고 들었다. 내가 먼저 다가가야 할 상황도 많을 텐데, 할 수 있을까 겁이 난다.

혜원이와 은영이, 지환이가 마음에 입은 상처는 시간이 지나도 아물지 않고 있다. 상처를 준 사람은 옆에 없고 환경도 바뀌었지만 여전히 사람이 무섭다. 언제 어떤 일이 생길지 몰라 늘 긴장이 된다. 더 아프고 싶지 않다. 어떻게 하면 안전할 수 있을지 궁리하다 선택한 방법은 '가만히 있기'와 '사람들 눈에 띄지 않고 조용히 살기'였다. 없는 듯 조용히 움직이며 늘 사람들 눈치를 살핀다.

다른 방법을 택하는 청춘도 있다. 보다 적극적으로 자신을 보호하는 것이다. 최선의 방어는 공격이라 여기며 딱딱한 껍질과 가면으로 무장하고 사람들을 대한다. 선을 긋고 벽을 쌓고 거리를 둔다. 혹 친해져도 관계가 깊어지기 전에 이별을 고한다. 친구와 부모에게 받은 상처로 말미암아 광호와 수정이, 상민이가 그렇게 살고 있었다.

> 광호 : 중학교 때 따돌림을 당했다. 친구들은 어디에도 나를 끼워주지 않았다. 한동안 외롭고 슬프다가 나중에는 화가 났다. '너희들이 무시하는 나는 그렇게 만만하고 보잘 것 없는 사람이 아니다. 보란 듯이 성공해서 후회하게 해주겠다. 두고 보자' 하며 이를 갈았다. 그때 이후로 여럿이 함께 다니는 사람들은 다 싫어한다. '서로 정말 좋아하지도 않으면서 겉으로만 웃는 모양이라니. 아부하고 잘 보이려고 할 시간에 공부나 할 것이지'라고 비웃는다. '시간 낭비일 뿐이야. 난 저렇게 살지 않겠어'라고 중얼거린다. 그런데……솔직한 마음은 좀 다르다. 나는 안다. 나에게 없는 걸 누리며 즐거워하는 사람을 시기하고

있다는 걸, 사실은 나를 합리화하는 것에 불과하다는 걸 말이다. 하지만 어쩔 수 없다.

수정 : 〈500일의 썸머〉라는 영화가 있다. 주인공 썸머는 부모님 이혼 때문에 마음에 상처를 입었다. 사랑을 두려워하게 된 썸머는 누군가를 좋아해도 잠시뿐, 언제나 먼저 이별을 준비한다. 썸머와 나는 비슷하다. 몇 년 전에 많이 좋아하고 믿었던 사람이 나를 배신하고 떠났다. 충격이 컸다. 그 후 사람이라면 친구도 애인도 믿지 않는다. 누구를 대하든 거리감을 둔다. 기대도 믿음도 갖지 않는다. 누군가에게 호감이 가도 잠시뿐이다. 마음이 더 열리기 전에 이별을 고한다. 헤어지면서 슬퍼하지 않는다. 세상을 너무 메마르게 사는 것 같기도 하지만 다시는 배신당하고 싶지 않다.

상민 : 어릴 때 부모님께 사랑을 받지 못했다. 사랑 대신 받은 건 구박과 욕이다. 나는 사랑받을 자격이 없는 사람인가보다고, 얼마나 부족하고 한심하면 부모님조차 나를 좋아해주지 않겠느냐고 생각하며 자랐다. 20대 중반이 된 지금, 좋아하는 사람이 생겨도 다가서지 못한다. 나를 싫어할 것만 같아 겁이 난다. 상처받기 싫어서 내가 아닌 다른 모습을 만들었다. 누구나 좋아할 만한 멋지고 이상적인 모습을 만

들고 그 사람인 척 살고 있다. "난 이런 걸 할 수 있어, 아는 것도 이렇게 많아." "내 인맥이 얼마나 넓은지 보여줄까?" 나는 완전 가짜다. 허세다. 누가 나를 좋아해도 오래가면 안 된다. 그 사람은 내가 만들어놓은 가짜 나를 좋아하는 거니까, 알아차리기 전에 헤어져야 한다. 시간이 지날수록 위험하다.

며칠 전, 오랜 친구가 말했다. "너 그렇게 가짜로 살지 마라. 내가 너를 좀 아는데, 너는 원래 그대로가 좋아. 그냥 너로 살아. 자꾸 이상하게 변하지 말고." 못 들은 척 다른 얘기를 했지만 내내 마음에 걸렸다. 집에 와서 거울 앞에 섰다. 내 눈빛이 멍하다. 나 자신이 싫다. 내가 짓고 있는 표정도 싫다. 화가 나서 양 뺨을 세게 여러 번 때렸다. 지치고 피곤하다.

상처받은 청춘들이 날을 세우고 있는 모습이다. 광호는 타인과 즐거움을 나누는 이들을 미워하고, 수정이는 사람에게 거리감을 두고 냉정하게 행동한다. 상민이는 있는 그대로의 모습으로는 사랑받을 수 없다고 여기며 가짜를 만들었다. 누구인지도 모를 사람으로 살며 괴로워하고 있다. 셋 모두 과거에 겪은 아픈 경험이 현재를 지배하고 있다. 자신을 위한다고 하지만 편안하지도 않고 행복하지 않다. 여전히, 아니 이전보다 더 불행하다.

더욱 안 좋은 점은 이들이 자신의 불행을 핑계 삼아 주변 사람마저 아프게 하고 있다는 것이다. 광호 주변에 있는 이들은 친구들과 즐겁게 잘 지내고 있을 뿐인데 욕을 먹고 있다. 말도 안 되는 이유로 비난을 받고 있는 것이다. 수정이의 남자 친구, 상민이의 여자 친구들은 느닷없이 이별을 통고받곤 했다. 상처받은 마음을 보호하겠다며 택한 삶의 방식이었지만 자기 상처는 그대로인 채 주변 사람들마저 아프게 하고 있다. 본인도, 친구도, 연인도 함께 불행하다.

혜원, 은영, 지환처럼 상처를 준 사람이 무서워 사람으로부터 멀어지는 것은 잘못이다. 그렇다고 광호, 수정, 상민처럼 뾰족하게 날을 세우고 무차별 선제공격을 하는 것도 잘못된 선택이다. 사실 이들 모두 알고 있다. 자신의 선택이 옳지 않다는 것을. 하지만 자신을 지키고 보호하기 위해서는 '어쩔 수 없다, 이게 최선이다'라고 여기고 있다.

과연 그럴까? 상처를 더 받지 않기 위해서는 숨어 있거나 공격하기 외에는 방법이 없는 것일까? 자신을 도울 수 있는 현명한 방법도 있지 않을까?

주어진 역할을 열심히 했을 뿐인데 친구들에게 미움을 받고 따돌림을 당한 상처로 아파하던 은영이를 떠올려보자. 은영이도 사람이 무서워 숨은 듯 조용히 지내왔다. 그러던 어느 날 방향을 틀었다. 자신을 정말 위하는 방법이 무엇인지 고민하고 과감하게 행동했다. 은영이의 변화를 통해 답을 찾아보자.

도망을 멈추고 아픈 기억에 맞선 은영

'더 나빠지고 있는 건 아닐까……, 다시 돌아갈 순 없을까…….'

예전의 내가 그립다. 사람들과 잘 지내는 밝은 나, 웅크리기 이전의 나로 돌아가고 싶다. 한동안 꽁꽁 숨어 살았으니 반대로 나를 활짝 드러내면 어떨까 하는 생각을 해봤다. "사람들아, 나 여기 있다. 볼 테면 봐라. 나는 이제 숨지 않을 거다!" 아예 이렇게. 만일 내가 그 상황을 이겨낸다면 변화를 만들어볼 수 있지 않을까 싶었다.

지난주에 나는 광화문에서 경복궁까지 걸었다. 명절도 아닌 평일 대낮에, 한복을 입고, 혼자 걸었다. 사람들이 날 쳐다봤다. 얼굴이 화끈거렸다. 온몸이 바늘로 쿡쿡 찔리는 것 같았다.* 여기저기서 나를 욕

---

* 지금은 광화문과 경복궁 일대에서 한복을 입고 다니는 사람이 많아졌지만 은영이가 도전했을 때만 해도 몹시 드물었다. 은영의 과감한 행진에 필자인 나도 많이 놀랐다.

하는 것 같았다. "왜 명절도 아닌데 한복을 입고 걸어 다니는 거야. 저렇게 해서라도 눈에 띄고 싶을까. 쯧쯧." 이런 소리가 들리는 듯했다. '저 사람도 욕하고 있겠지. 저 사람도 내 흉을 보고 있겠지, 모두 다 비웃고 있겠지' 싶어서 무서웠다. 자꾸만 고개가 숙여졌다. 그냥 집으로 갈까 싶기도 했다. 하지만 포기할 수 없었다. 계속 걸었다.

잠시 후 걸음을 멈추고 둘러보았다. 그런데 사람들은 나에게 별로 신경을 쓰지 않고 있었다. 잠깐 눈길을 주기는 했지만 다들 자기 길을 가기 바빴다. 외국인이 다가와 한복을 입은 모습이 인상적이라며 사진을 찍어도 되겠느냐고 물었다. 지방에서 올라온 가족은 아이와 함께 사진을 찍어달라고 청했다. 뜻밖의 경험이었다.

나는 사람들 시선을 받지 않기 위해 숨어 있으려고만 했다. 미움을 받지 않기만을 바랐다. 하지만 나는 세상 밖으로 나갔다. 할 수 있을까 겁이 났지만 저질러버렸다. 밖으로 나가 보니 생각보다 괜찮다. 아픈 시간 속에서 짓눌려 있던 내 마음이 하루 일탈을 계기로 일어서기 시작했다. 이제 더 이상 숨지 않을 거다. 저지르길 잘했다.

은영이는 자신을 위해 어떻게 하는 것이 좋을지 생각했다. 동굴에서 벗어나기로 결심하고 행동하며 깨달았다. 괴롭히고 상처 준 사람들은 떠났는데 자기는 여전히 지난 시간과 지난 장소에 머물러 있다는 것을 말이다. 과거에서 빠져 나오지 못한 채 많은 걸 포기하며 살고 있다는 걸 알게 되었다. 과거에 은영이가 잘못한 부분도 일부 있었을 것이다. 다른 사람에 대한 배려가 부족했을 수도 있다. 자신이 뛰어나다는 것을 사람들 앞에서 자랑하고 싶었을 수도 있다. 그래도 친구들의 행동은 분명 과했다. 친구들은 예쁘게 돋보이는 은영에게 시기와 질투를 느꼈을 가능성이 크다. 모든 잘못을 자신의 탓으로 여기며 주눅 들 필요는 없다.

은영이는 변화를 시도했다. 사람에게 다가가 함께 있을 수 있도록 매일 노력했다. 무섭다는 느낌이 강하게 몰려온 날도 있었지만 포기하지 않았다. 어느 날 은영이는 말했다. "이제는 사람을 겁내고 밀어내지 않으려 합니다. 이전보다 더 잘해보고 싶어요." 현명하고 기특한 선택이다.

사람들과 아무 관계도 맺지 않고 거리감을 둔 채 숨어 지내면 본인을 싫어하고 욕하는 사람은 피할 수 있다. 하지만 좋아하고 응원해줄 사람도 만날 수 없다. 나를 격려하고 위해줄 사람도, 속마음 나눌 사람도 없이 혼자 살게 된다. 자신을 구석으로 몰아넣고 어둡게 살면 상처는 점점 더 짓무른다. 은영이처럼 세상에 다시 손을 내밀고 나와야 한다.

마음속에 사는 포악한 거인을 이긴 지은 씨

대학을 졸업하고 직장 생활을 하고 있는 30대 초반 지은 씨의 변화도 살펴보자.

지은 씨에게 상처를 준 사람은 엄마였다. 체면을 중요하게 여기는 분이었다. 성격은 불같았고, 작은 잘못도 실수도 넘어가지 않았다. 화가 나면 매를 들어 때리며 지은 씨에게 독설을 퍼부었다. "사람이 어떻게 될지는 어릴 때부터 다 알 수 있는 법이다. 이것도 제대로 못하다니 정말 한심하구나. 너에게는 희망이 없어. 싹이 노란 인생이야!"

엄마는 지은 씨가 시험을 잘 봐도, 학교에서 상을 받아와도 칭찬해주지 않았다. 당연하게 여길 뿐이었다. 대신에 안 좋은 결과는 비꼬고 조롱했다. "네가 하는 일이 다 그렇지 뭐. 기대도 안 했다. 네까짓 게 하기는 뭘 해!" 어린 지은 씨에게 신세 한탄을 퍼붓기도 했다. "내가 어쩌자고 너 같은 걸 낳아 이 고생을 하는지 모르겠다!" 엄마의 말이 너무나 아파서 울면 외모마저 비웃었다. "어이구, 못생긴 게 울기는. 울면서 더 못생겨지는 거 봐라, 쯧쯧." 엄마의 말은 지은 씨의 마음을 후벼 팠다.

어린아이가 감당하기 어려운 상황이었다. 아무리 노력해도 엄마 마음에 들 수 없었다. 이렇게 해도 안 됐고, 저렇게 해도 안 됐다. 지은 씨는 엄마의 독설을 고스란히 마음에 품고 자랐다. '나는 못생겼다, 한심하다, 잘하는 것도 없다, 잘해도 어쩌다 한 번 운이 좋아서다'. 엄마에 대한 두려움도 늘 함께했다. '잘해야 한다. 잘못하면 혼난다. 아프게 맞는다.'

성장한 지은 씨는 취업하고 사회생활을 시작하면서 엄마와 떨어져 살았다. 하지만 마음에 새겨진 상처는 없어지지 않았다. 엄마의 독설은 지은 씨에게 계속 영향을 미쳤다. "잘해야 돼. 잘해야만 해. 실수하면 절대 안 돼. 잘못하면 엄마에게 혼날 거야. 사람들도 날 한심하게 여길 거야."

어느 날부터인가, 조금만 긴장하면 지은 씨의 심장이 터질 듯 뛰었다. 화가 난 엄마가 떠올라 일을 제대로 할 수 없었다. 계속 이렇게 살 수는 없겠다 싶었다. 마음에 큰 상처가 있고 그 상처 때문에 너무나 힘들다는 것을 받아들였다.

지은 씨는 나에게 아픈 이야기를 하나둘 꺼내 놓았다. 무얼 하든 좋은 결과를 내야만 한다는 강박감, 잘못하면 어쩌나 하는 두려움, 조금만 실수해도 느끼는 죄책감, 언제라도 엄마가 나타나 제대로 하라고, 빨리 하라고 화를 낼 것 같아 초조하고 긴장되는 마음을 솔직하게 얘기했다. 사람들 시선도 두려웠다. 자신을 욕하고 나쁘게 말할 것 같았다. 엄마가 늘 말했다. 이것밖에 못하는 너를 사람들이 얼마나 한심하게 생각하겠느냐고, 부끄러운 줄 알라고 말이다. 물리적인 거리만 떨어져 있을 뿐, 엄마는 지은 씨와 늘 함께 있었다.

자존감도 자신감도 바닥이었다. 지은 씨는 지금까지 살아오는 동안 잘한 것도 없고 남들보다 잘하는 것도 없다고 생각하고 있었다. 하지만 지은 씨는 공부도 열심히 했고 직장에서 일도 잘하고 있었다. 객관적으로 보면 주눅 들고 초라해질 이유가 없었다. 단지 자신을 낳고 길러준 엄마의 마음에 흡족하지 않았을 뿐이다. 지은 씨는 엄마에게서 벗어나야 했다. 고정관념처럼 박혀서 자기 자신을 부족하다고 여기는 잘못된 생각도 바꿔야 했다.

지은 씨에게는 버릇이 하나 있었다. 자신이 한 일은 아무것도 아니라고 말하는 버릇. "그건 별거 아니에요." "그 정도는 누구나 다 하는 거예요. 특별한 건 하나도 없어요." 겸손이 아니었다. 정말 그렇게 생각하고 있었다. 자신에게 턱없이 높은 엄마의 기준을 적용하고 있었다. 열 가지를 잘해도 하나가 부족하면 그건 실패였다. 혹 열 가지를 다 잘했어도 그건 당연한 거였다. 잘한 게 아니라 보통 수준, 원래 그래야 하는 것. 압박감 속에서 누가 조금이라도 부정적으로 말하면 금세 주눅이 들었다. '역시 난 이 정도밖에 안 되는 거야. 저 사람도 나를 한심하다고 여기겠지. 엄마도 이 결과를 알게 되겠지. 더 잘해야 해.' 이렇게 살면 지은 씨의 상처는 절대 나을 수 없다.

지은 씨의 회복을 위해 나는 두 가지 부분에 집중했다. 바로잡아야 할 잘못된 생각 두 가지.

첫째, 엄마의 비난은 완전히 틀린 말이다. 지은 씨는 엄마가 내세운 가혹한 기준이 잘못된 것임을 인지해야 한다. 장점은 장점으로 인정하고, 잘한 건 잘했다고 칭찬해줘야 한다. 잘못한 부분이 있으면 반성하고 다음에 더 잘하면 된다. 엄마의 기준에 맞추려고 애쓰는 삶이 아닌 자기 자신의 삶을 살아나가야 한다. 평가는 스스로, 합리적으로 해야 한다.

둘째, 지은 씨는 많이 컸다. 20년 전, 25년 전처럼 작고 약한 어린아이가 아니다. 어린아이였을 때는 엄마 앞에서 약할 수밖에 없었다. 욕하면 두 귀로 듣고, 때리면 온몸으로 맞을 수밖에 없었다. 이제는 자신을 보호할 수 있을 만큼 컸다. 엄마의 부당한 욕설과 말도 안 되는 권위주의적 태도에 맞설 수 있어야 한다. 지은 씨는 이미 내면에 힘이 있는 강한 사람이었다.

시간이 오래 걸리고 진행이 더뎠지만 변화는 가능했다. 지은 씨는 무서운 엄마가 떠오를 때마다 숨을 크게 쉬며 생각한다.

"난 이제 어른이야, 일방적으로 혼나고 매 맞던 어린애가 아니야."

"지은, 조금 잘못했다고 해서 널 미워하는 사람은 없어. 겁내지마."

"엄마의 비난은 옳지 않아. 난 그렇게 희망도 없는 한심하고 못난 사람이 아니야."

"실수하고 잘못해도 괜찮아. 최선을 다했으니 된 거야. 다음에는 더 잘해보자."

엄마에게 늘 "알았다, 죄송하다, 더 잘하겠다"는 말이 전부였던 지은 씨는 이제 이렇게 말한다. "저는 최선을 다했어요. 잘한 것도 꽤 많아요. 잘못한 것만 말씀하지 마세요." "그 문제는 제가 알아서 할게요."

지은 씨가 변하자 엄마는 화를 내며 소리를 지르고 욕을 해댔다. 이제 지은 씨는 엄마의 말을 전부 받아들이며 슬퍼하지 않는다. 부당한 조롱과 비난은 마음속에서 튕겨낸다. 아이에서 어른이 되어 자신을 지켜내려 노력하고 있다.

부모는 어린아이에게 막대한 영향을 미치는 존재다. 거인처럼 큰 존재. 아직 생각이 자라지 않은 아이는 부모가 마음대로 정한 기준과 옳지 않은 평가를 그대로 받아들인다. 거인은 사라지지 않는다. 아이가 자라 어른이 돼도 마음속에서 소리를 지르며 따라다닌다. 상처는 나을 새도 없이 반복되고 심해진다. 도망갈 수도 없다. 지은 씨도 그랬다. 떨어져 살아도 엄마는 늘 함께였다.

혹 당신도 거인과 함께 지내는가? 거인에게 눌려서 살고 있는가? 마음속 거인을 이기는 첫 걸음은 '아이'였던 내가 '어른'이 되었다는 사실을 인지하는 것이다. 당신은 이제 자신을 책임지고 보살펴줄 수 있는 어른이 되었다. 말도 안 되게 혹독하고 잔인한 상처는 더 이상 받지 않겠다고 다짐하라. 마음속 거인은 자발적으로 방을 빼고 나가지 않는다. 기다리지 말고 먼저 말하자. 불편하다고, 이제 그만하라고, 나는 내가 잘 위해주겠다고 정중히 말하자. 지은 씨는 그렇게 했다. 그동안 많이 아파한 자신을 감싸주고 자신이 실은 꽤 괜찮은 사람이라는 것도 알아주었다. 지은 씨는 요즘, 조금 살 만하다고 느낀다.

상처로부터 회복하는 법

마음의 상처는 저절로 치유되지 않는다. "옛날엔 많이 아팠는

데 지금은 하나도 아프지 않아. 싹 다 나았어." 이럴 수 있으면 좋겠지만 사실, 어렵다. 그러면 어떻게 해야 할까? 상처 입은 우리가 할 수 있는 최선은 무엇일까?

말뚝에 묶여 있는 코끼리를 생각해보자. 아기 코끼리가 어느 날 자신이 어른 코끼리가 됐다는 걸 알았다. 몸통도 커지고, 다리도 굵어졌다. 그런데 발목을 보니 말뚝에 묶여 있다. "이제 많이 컸으니 한번 걸어볼까?" 하며 조심스레 발을 내딛는다.

어떻게 될까? 어릴 때는 꿈쩍도 하지 않을 것 같던 말뚝이 쑥 뽑힌다. 그럼 끈은? 아쉽게도 말뚝이 뽑힌다고 끈까지 풀리지는 않는다. 그렇다고 걷지 못하는 것도 아니다. 발목에 말뚝과 끈을 달고도 얼마든지 앞으로 나갈 수 있다. 가끔 생각은 날 것이다. "그래, 이 말뚝과 끈 때문에 많이 아팠지. 발목에서 피도 나고 그랬었지." 화가 나고 슬퍼질 수 있다. 그래도 주저앉아 울고만 있지 않아도 된다. 이제는 어른 코끼리의 걸음으로 걸어나갈 수 있으니 말이다.

마음에 상처를 입은 우리도 마찬가지다. 시간이 흐른다고 마음에 박힌 말뚝이 저 혼자 쑥 뽑혀 없어지지는 않는다. 누군가 와서 "그동안 많이 아팠지. 고생했어. 이제는 다 잊고 편히 가거라" 하며 묶인 끈을 스르르 풀어주지도 않는다.

기다리지 말고 나를 위해 내가 움직여주자. 어른이 된 자신을 믿고 앞으로 조금씩 나가보자. 움직이다 보면 아팠던 순간이 울컥 생각나기도 할 것이다. 발목에 말뚝과 끈이 계속 달려 있는 것처럼, 오래도록 나를 아프게 한 상처도 완전히 떨궈내기는 어렵다. 그렇다고 아무것도 하지 않고 계속 숨어서 지내거나, 가시로 무장한 채 세상을 공격적으로 대하는 것은 나 자신을 위하는 일이 아니다. 그렇게 보낸 시간은 분명 후회로 돌아온다.

저절로 치유될 때까지 기다리지 말고 한 걸음 내딛자. 자신을 믿고 반걸음이라도 나가보자. 아픈 만큼 좋은 일이 생기기도 하는 게 인생이다. 아프게 한 사람이 지나가면 눈물 나게 고마운 사람도 만나게 된다.

좋은 일도, 고마운 사람도 나를 위한 발걸음으로 나아갈 때 만날 수 있다. 좋은 변화는 좋게 움직일 때 생긴다.

애쓰며 사는 나를 인정해주자

Y대학교에서 박사후연구원으로 재직하던 때, 나는 아침 일곱 시가 조금 넘은 시간이면 학교에 도착했다. 연구와 강의, 외부 프로젝트 등 맡은 일을 준비하려면 하루를 일찍 시작하는 것이 좋았다. 아침 일곱 시에 정문을 통과할 때면 언제나 내 앞에서 먼저 걸어가고 있는 학생들이 많았다. 가방에 책을 가득 넣고 우직하게 걸어 학교 도서관으로 향하는 청춘들을 보면 자꾸 눈길이 갔다. '학교에 이렇게 일찍 오는구나' '잠이 많을 나이에 일찍 일어나 준비하고 나왔으니 얼마나 졸릴까' 싶었다. '저렇게 애쓰는 만큼 다들 잘되면 좋겠다' 하는 생각도 들었다. 어느 날 문득 궁금해졌다. '저 청춘들은 자신이 애쓰며 살고 있다는 것을 알까? 목표를 이루기 위해 졸음과 싸우고, 놀고 싶은 욕구를 이겨내며 노력하는 자

신을 기특하다고 여기고 있을까?' 싶었다. '열심히 하는 건 좋은데 결과를 위해 자신을 너무 몰아세우기만 하는 건 아닐까?' 걱정이 되기도 했다.

시험 감독을 하며 바라본 청춘들의 모습

나는 학생들이 시험을 볼 때면 시험 감독을 직접 하곤 했다. 컨닝이나 다른 부정 행위가 일어나지 않도록 살피고, 시험 문제를 이해하지 못하는 학생에게 설명도 해주기 위해서였다.

시험지를 나누어 주기 전에 학생들에게 질문을 하나 던진다.

"컨닝하려고 미리 준비해 온 사람?"

"옆 사람 답 보고 써야지 마음먹은 사람?"

뜻밖의 질문에 학생들은 웃는다. 긴장도 풀어주고 시험을 정직하게 보자는 메시지도 전달한다. 웃음이 잦아들면 질문을 하나 더 한다.

"밥 먹고 온 사람?" 시험 보러 오기 전에 밥을 잘 챙겨 먹고 왔느냐는 질문이다.

손을 드는 학생은 전체 3분의 1도 안 된다. 손을 들지 않은 학생들은 끼니도 거르고 빈속으로 온 것이다. 밥을 먹지 않은 이유를 물어보면 크게 두 가지다. "공부하느라 시간이 없어서." 또는 "밥 먹으면 시험 볼 때 졸릴까봐." 피곤해서 시꺼멓게 된 얼굴로 밥도 안 먹고 독한 에너지 음료를 마시는 학생도 있다. 그러다 몸 상한다고, 몸에 기운이 있어야 시험도 잘 볼 수 있다고, 에너지가 있어야 뇌가 잘 움직인다는 사실이 심리학 연구에서 밝혀졌다고, 밥 안 먹으면 시험도 못 본다고 협박을 가장한 권유를 해본다. 시험 잘 보고 싶으면 밥 잘 챙겨먹으라고 한 번 더 당부하지만, 학생들은 한 글자라도 더 보느라 듣는 둥 마는 둥 한다.

시험지를 나눠 주면 학생들은 각자의 전쟁을 시작한다. 숨 한 번 크게 쉬고 차분하게 답을 적다가 답이 생각날 듯 말 듯 안타까워 눈을 질끈 감고 얼굴을 찡그리기도 한다. '뭐더라, 뭐더라……. 아, 분명히 공부했는데……!' 괴로운 고민을 한다. 답을 생각해내느라 허공을 올려봤다가, 시험지를 내려다봤다가, 다시 허공을 보며 한숨을 쉬었다 하며 바쁘다. 시험 문제가 어렵다는 듯 나를 원망스러운 눈빛으로 째려(?)보는 학생도 있고, 초조한 듯 연거푸 시계를 들여다보며 바쁘게 손을 움직이는 학생도 있다. 시험 시간이 다 되면 간절하게 부탁하기도 한다. "교수님, 3분만 시간 더 주세요. 제가 답은 다 아는데 글 쓰는 속도가 느려서 아직 못 썼어요. 금방 쓸 수 있어요, 3분만요." 애처롭기까지 하다.

시험 감독을 할 때마다 궁금했다. 이들은 자신이 이렇게 애쓰고 있다는 것을 알까? 1점이라도 더 받기 위해 온몸을 쥐어짜듯 애쓰고 있는 모습을 알아주고 있을까? 잠도 줄이고, 밥도 안 먹어가며 쏟아붓고 있는 노력은 무시하고 결과에만 집중하는 건 아닐까?

궁금했다. 결과만 보면 안 되는데, 노력하는 과정과 그 모습도 알아주어야 할 텐데 싶었다.

다음 수업 시간. 강의실에 들어가니 학생들은 시험 기간을 마치고 지친 표정으로 앉아 있다. 시험 잘 봤느냐고 물어보니 한숨을 푹푹 쉰다. 강의실 바닥이 꺼질 듯하다.

성적을 걱정하는 학생들에게 시험 시간에 바라본 모습을 얘기해주었다. 한숨 쉬기, 허공 보기, 피곤해 충혈된 눈으로 시험지 읽기, 떨리는 손으로 답 쓰기, 머리에 들어 있는 내용 쥐어짜내기, 시간이 얼마나 남았는지 자꾸 확인하기, 서둘러 답 쓰기, 시험 문제를 어렵게 낸 선생 째려보기.

내 얘기를 듣는 표정이 다양하다. 웃기도 하고 쑥스러워하기도 한다. 모두 고생 많았다고 칭찬해주고 질문을 하나 던진다. "여러분은 자신이 애쓰고 있다는 걸 아나요?"

아무 대답도 하지 못한다. '갑자기 무슨 말이지? 내가 애쓰고 있다고? 내가 애쓰며 사는 걸 아느냐고? 무슨 말이지?' 하는 표정이다. 역시 모르고 있다. 청춘들은 뜻한 바를 이루기 위해서, 목표를 이루겠다는 바람을 담아 열심히 노력하고 있다. 노력하며 애쓰는 그 기특한 모습을 챙겨서 들여다볼 필요가 있다. 그렇지 않으면 과정은 놓치고 결과만 보게 된다.

학생들에게 과제를 내주었다. 주제는 '애쓰며 노력하는 나를 알아주기'. 무엇을 어떻게 해야 하는지 어리둥절해하는 청춘들을 위해 자세한 내용을 수업 게시판에 공지했다.

우리 모두 목표를 세우고 노력합니다. 결과도 중요하지만 목표를 이루는 과정에서 쏟은 노력도 알아주어야 합니다.

시험이 걱정되고 불안하지만 그래도 책상에 앉아 공부하기.

인간관계가 힘들지만 잘해보려 노력하기.

안 슬픈 척, 당당한 척, 괜찮은 척하기.

더 잘하고 싶어 노력하기.

주변 사람들 기대에 부응하기.

도전, 실패, 실망과 방황. 다시 도전.

사람들에게 사랑과 인정을 받고 싶어 애쓰기, 기다리기.

지각하지 않도록 빠르게 걷기.

졸려도 참기. 떨려도 참기.

웃고 싶지 않아도 웃기.

이런 모습이 다 여러분이 애쓰는 모습입니다.

자신이 현재 노력하고 애쓰는 모습이나 과거에 마음을 쏟아 매진한 모습을 정리해봅시다. 어린 시절부터 지금까지 시간 흐름을 따라 전개해도 좋고 최근 몇 가지 모습에 주목해도 좋습니다.

애쓰며 사는 자신을 바라본 청춘들의 고백

자신이 애쓰는 모습을 바라보라고 하면 일부 청춘들은 당황한다. 청춘들은 부족한 점에 주목하고, 아직 멀었다고, 더 하라고, 더 잘해야 한다고 스스로를 다그치곤 한다. 단점이나 잘못한 부분을 반성하고, 앞으로는 잘해보겠다는 의지를 담은 실천 계획서를 쓰는 데 익숙하다. 그런데 갑자기 이상한 과제가 주어진 것이다.

'내가 애쓰며 살고 있다니, 열심히 한 모습을 찾아보라니.' 아무리 생각해도 떠오르지 않는다.

몇몇 청춘은 평소 자신에 대한 평가가 몹시 야박하고 인색하다는 것을 깨달았다고 말한다. 모질고 혹독한 평가를 내리면서 스스로 부족하다 여기며 괴로워하는 모습을 돌아보는 계기가 되었음을 고백한다.

승진 : 과제가 당황스럽다. 내가 애쓰고 노력한 부분, 칭찬할 만한 부분을 정리해보라니. 차라리 남을 칭찬하는 게 쉽겠다. 눈앞에서 깜빡이는 커서는 몇 시간째 제자리다. 항목만이라도 나열해보려 했지만 그것도 잘 안 된다. 생각하면 할수록 내가 잘못한 부분, 아쉬운 부분, 더 잘해야 했던 부분만 떠오른다. 하루가 지났다. 아직도 백지다. 내가 나에게 얼마나 인색한지 깨닫는다.

민호 : '난 이걸 못해, 이런 게 부족해……' 이런 말을 입에 달고 산다. 내가 평가하는 나는 '마음만 앞서는 부족하고 한심한 사람'이다. 이런 나에게 애쓰고 노력한 부분을 들여다보는 과제가 떨어졌다. '그래, 아무 노력도 안 하고 지금까지 올 수는 없었겠지' 하는 마음으로 시작해보려 한다.

혜진 : '최선을 다했다' '정말 애썼다'라고 생각했던 적이 없다. 이번에 보니 내 인생 여기저기서 정성과 노력이 있더라. 부모님과 선생님께 칭찬 한 번 받고 싶어서 새벽까지 공부했고, 대입을 위해 눈이 빠져라 유리한 전형을 뒤졌다. 요즘도 무진 애쓰며 산다. 아침이면 피곤에 절은 몸을 억지로 침대에서 떼어낸다. 콩나물 지하철에서 매일 아침, 질식 일보 직전 상태를 경험한다. 몸이 아플 때도 꾸역꾸역 밥을 먹는다. 혼자 살면서 아프면 안 되니까, 아파도 빨리 나아야 하니까 울면서도 밥을 삼킨다. 내가 참 측은하기도 하고 기특하기도 하다. 지금까지 늘 '더 해야 한다, 더 잘해야 한다, 쟤는 더 잘하잖아, 너는 도대체 뭐 하니'라고만 생각했다. 내가 나에게 너무 가혹했던 것 같다.

더 잘해야겠다고 생각하는 것과 애쓴 과정은 무시한 채 앞으로 나아가려고만 하는 것은 다르다. 앞으로 나아가려고만 할 때는 결과가 만족스럽지 않으면 과정이 전부 못마땅해진다. '아, 난 왜 이 모양이지' 하며 자신을 한심하게 여긴다. 스스로를 무시한다.

자존감을 고민하는 청춘들이 많다. 능력도 부족하고 자랑할 것도 없다고 고민한다. 자존감이 낮아서 살기 힘들다고, 자꾸 주눅이 든다고 슬퍼한다. 그런데 그 자존감, 남이 뭐라고 하기 전에 스스로 깎아내리는 청춘도 많다. 자신과 타인을 단순히 비교하고,

자꾸 조급해하며, 쉽게 포기한다. 열심히 애쓰고 있는 자신을 제대로 바라봐주지도 않은 채 한심하다고 자학을 한다. 스스로 자존감을 '낮추려고' '몹시' 애쓰는 것이다.

생각해보자. 당신은 지금까지 그저 편하게만 살아왔는가? 아직 번듯하게 이뤄놓은 것이 없다고 해서 살아온 시간과 지금 살고 있는 모습이 정말 그렇게 엉망이기만 할까? 노력하며 살아온 자신을 너무 무시하는 것은 아닐까?

결과만 보려 하지 말고, 정성을 기울이며 애쓴 시간도 알아주자. 눈에 띄는 성과로 이어진 노력만 가치가 있는 것은 아니다. 잘 들여다보자. 당신은 지금까지 그냥 오지 않았다. 차분히 정리해보면 내 인생 여러 곳에 기특한 부분이 있음을 알게 될 것이다. 지선이처럼 말이다. 지선이는 고등학교 때 열심히 공부하던 모습을 돌아보며 애쓰고 노력한 자신에게 고마움을 느꼈다.

"여러분은 자신이 애쓰며 산다는 걸 아나요?"
교수님은 우리가 시험 보는 모습, 애쓰는 모습에 대해 말씀하셨다. 평소에 무엇이 그리 서러웠는지 가슴이 울컥했다. 고등학교 때가 생각났다. 난 늘 잠이 모자라고 피곤했다. 아침이면 세수만 겨우 하고 신발도 꺾어 신은 채 헐레벌떡 집에서 나오곤 했다. 무거운 가방을 들고 헉헉대며 뛰었다. 수업 시간에 졸다가 의자에서 떨어질 뻔했던 적도 여러 번이다. 밤 열두 시까지 공부하고 집에 가는 길은 무서웠다. 피곤하고 졸려도 또 책상에 앉았다. 어떻게든 잘하려고 노력한 내 모습이 보인다. 애를 그렇게 많이 썼는데 바쁘게 사느라 잊고 있었다. 고등학교 때의 나에게 다가가 손 꼭 잡고 말하고 싶다. 고맙다고, 지금의 난 네 덕분이라고 말이다.

민아는 어린 시절부터 자신을 누른 책임감을 떠올렸다. 주변의 기대가 버거웠다. 기대를 채우느라 무척 애써온 모습이 보였다.

어릴 때부터 나는 공부를 잘했다. 친구들과 잘 지내고, 선생님 말씀 잘 듣는 반듯한 학생으로 유명했다. 특별히 잘나서가 아니다. 책임감 때문에 '죽도록' 애썼기 때문이다. 나는 부모님께 든든한 장녀, 착하고 유능한 딸이 '되어야' 했다. 엄청난 책임감이 나를 몰았다. 좋은 성적을 받으려 애썼고, 몸이 약한 엄마를 위해 혼자서도 잘 자라려고 애썼다. 힘들고 우울해도 괜찮은 척했고, 인간관계가 힘들어도 잘 지내는 것처럼 행동했다. 살아오면서 나는 애쓰고, 또 애쓰고, 계속 애썼다. 애썼다는 말이 내 안에서 토해내듯 나온다. 남들은 내가 잘하는 걸 당연하게 여기지만 내가 잘할 수 있었던 건, 잘하려고 애를 태우며 노력했기 때문이다. 잠을 줄이고 시간을 아꼈다. 힘들 때면 혼자 수백 번 눈물을 삼켰다. 어느 것 하나도 하늘에서 뚝 떨어지지 않았다. 세상에 당연한 건 없다. 이렇게라도 말하고 나니 후련하다. 내 노력을 알아주어서 그런가, 어깨에 지고 있던 '당연히'를 던져버려서 그런가, 후련하고 기분이 좋다.

과정을 살피고 자신이 애쓰는 모습을 인정하게 되면, 스스로를 좀 더 좋게 보게 된다. 비로소 자신을 제대로 보게 되는 것이다.

승균과 성욱, 지혜는 고등학교를 졸업하고 피땀 흘려 일했다. 처음 해보는 일은 어려웠다. 몸 여기저기를 다치고 아팠지만 불평하지 않았다. 돈도 벌고, 마무리까지 잘해낸 자신이 자랑스럽다.

승균 : 수능 이후 입학 전까지 호텔에서 아르바이트를 했다. 일이 정말 많았다. 매니저는 끝도 없이 일을 시켰다. 첫날, 일을 마치고 집에 돌아오던 길에 지하철 바닥에 주저앉아버렸다. 사람들이 쳐다봐서 창피했지만 어쩔 수 없었다. 밤에 자면서도 끙끙댔다. 그래도 다음 날 또 일하러 나갔고, 약속한 기간을 채우며 돈을 모았다. 입학 후에는 공사 현장에서도 일했다. 공사 현장은 폭우나 폭설 때문에 작업할 수 없는 날이 아니면 쉬지 않는다. 돈을 벌기 좋은 곳이지만 덕분에 몸이

성할 날이 없었다. 무거운 짐을 나르다가 인대가 늘어나기도 하고, 지독한 몸살이 오기도 했다. 그래도 하루도 빠지지 않고 일하며 등록금을 모았다. 요령 피우지 않고 정직하게 일한 내가 기특하다.

성욱 : 고등학교를 졸업하고 뷔페식당에서 하루 열세 시간을 일했다. 실수도 많이 하고 욕도 많이 먹었다. 손을 다쳐 자주 피가 나고 다리는 늘 퉁퉁 부었다. 나를 함부로 대하던 손님들 때문에 마음도 많이 아팠다. 난 어려운 시간을 이겨냈다. 힘들고 억울한 때에도 책임을 다하려 했고 타인에게 피해를 주는 행동은 하지 않았다. 성공해도 절대로 타인을 무시하지 않겠다고 다짐했다. 바르고 성실하게 살아온 나에게 애썼다고, 고생했다고 말해주고 싶다.

지혜 : '한겨울의 빵집 아르바이트'. 수능이 끝난 겨울에 빵집에서 일했다. 아침 일곱 시까지 출근하기 위해 새벽에 걸었던 깜깜한 길이 기억난다. 처음에는 허둥대기만 했다. 그 많은 빵은 포장 봉지와 포장법이 모두 달랐다. 계산하면서 실수도 많이 했다. 빨리 적응하려 노력했다. 손님이 많지 않을 때면 매장을 돌아다니며 빵 이름과 위치, 가격을 외웠다. 계산대 메뉴 화면을 핸드폰으로 찍어 길에서도 외우고, 집에서도 외웠다. 얼마 되지 않아 빵 이름과 가격을 모두 외웠다. 처음

에는 작게만 나오던 목소리도 쩌렁쩌렁해졌다. "감사합니다, 안녕히 가세요, 또 오세요!" 공부가 힘들 때면 그때를 떠올린다. 조금만 더 해보자 다짐한다. 어느 해 겨울, 빵집 아르바이트를 위해 기울인 노력이 자랑스럽다. 앞으로 새로운 일에 도전할 때 든든한 버팀목이 되어줄 것 같다.

청춘들은 자신에게 있는 훌륭한 모습에 관심을 두지 않다가 지난 시간을 차분히 돌아보며 떠올리고 인정해주었다. 좀 더 미리 알아주었다면 좋았겠지만, 그제라도 알아주어서 다행이었다.

수아는 과거가 아닌 요즘 모습에 주목했다. 애쓰며 살고 있는 자신의 현재 모습을 본 것이다. 소감도 남다르다. 먹고 살자고 뛰면서 밥도 챙기지 못하는 자신이 안쓰럽기도 하지만, 기특하기도 하다. 자신이 사랑스럽다는 고백도 칭찬도 자연스레 나온다.

수업이 끝나자마자 과외를 하러 인천으로 향했다. 전철역 안에 있는 편의점에서 삼각김밥 두 개를 샀다. 전철이 와서 먹다 말고 뛰었다. 전철에 올라 유리에 비친 내 모습을 보았다. 밥이랑 김, 고추장 냄새 풀풀, 뛰어서 벌게진 얼굴, 헝클어진 머리, 땀범벅. 먹고 살자고 돈 벌러 다니는데 밥 한 끼 깔끔하게 먹을 시간도 없구나 싶었다. 조금 슬펐다. 그래도 나는 학생 집에 들어가기 전에 매무새를 단정하게 했고, 열심히 가르쳤다. 기특하다! 나는 이렇게 1년 365일 매일매일 크든 작든 애쓰며 산다. 한 발 떨어져 나를 보면서 야밤에 혼자 울다가 웃다가를 반복했다. 목표를 향해 애쓰며 사는 내가 자랑스럽고 사랑스럽다.

수영이는 실패를 겪으며 절망했지만 주저앉지 않은 자신의 모습을 보았다. 너무나 힘들어 눈물이 난 적도 여러 번이지만 울면서도 해야 할 것을 했다. 걱정 많고 예민한 성격인 자신에게 쉽지 않은 일이었음을 깨닫는다.

어릴 때부터 '범생이'로 살았다. 고등학교 때까지 집, 학교, 학원이 전부였다. 항상 스트레스에 눌려 살았다. 시험이 다가오면 긴장해서 화장실을 들락거리고, 시험이 끝나면 성적을 걱정하며 이불을 뒤집어쓰고 울었다. 울다가 일어나 또 공부했고 대학에 왔다. 3학년 1학기를 마치고 공무원 시험에 도전했다. 최선을 다했는데 계속 떨어졌다. 절망했고 괴로웠다. 그래도 해야 할 일을 피하지 않았다. 복학, 수업, 과제, 시험, 또 시험……. 버거운 일들을 다 했다. 그 시간을 통해 하나 배웠다. 실패해도 죽지는 않는다는 것, 죽지 않으면 어떻게든 무엇이든 다시 할 수 있다는 것을 말이다. 절망에 빠져 넋 놓고 있기보다 울면서라도 무엇이든 하면 상황이 조금씩 나아진다는 것을 배웠다. 나는 나를 일으켜 세워주었다. 이겨내려 애쓴 내 모습이 구석구석 기특하다.

만일 수영이가 결과에만 집중한다면 자신을 이렇게만 설명하게 된다. '고등학교 졸업 후 겨우 대학에 입학했으나 그뿐, 정작 중요한 공무원 시험에는 연달아 실패했음. 앞날이 막막한 청춘으로 살고 있음'. 시험 기간에 긴장해서 화장실을 들락거리고, 성적을 걱정하며 눈물을 흘리면서도 책상에 앉아 조금이라도 더 공부하려 애쓴 대견한 모습은 보지 못한다. 자신은 그저 지나치게 예민한 성격을 가진 사람, 공무원 시험에 계속 떨어진 실패자일 뿐이다. 해야 할 것을 하나씩 해나가며 절망감을 극복하는 의지를 발휘한 장한 모습은 사라진다. 수영이는 자신이 힘써 살아낸 모습을 보면서 "나는 나를 일으켜 세워주었다"고 당당하게 말할 수 있었다. "몇 년간의 도전은 헛되지 않았다. 나는 성실과 끈기를 발휘했다. 지금 나는 이전보다 더 강하다. 다시 시작이다." 수영이가 내린 멋진 결론이다.

남들은 겉으로 보이는 결과만 놓고 우리를 평가한다. 밖으로 드러난 것만 보고 점수를 매긴다. 우리는 스스로에게 그러지 말자. 우리에게는 남들에게 다 말하지 못하는 숨은 노력이 있다. 겉으로 드러나지 않아도 나는 아는 노력, 나만 아는 애씀이 있다. 어쩌면 그 시간 속에 있는 모습이 진짜 내 모습이다. 내 가치이고, 내 잠재력이다. 결과만 보지 말고 과정도 봐주자.

선순환을 유지하기 위한 내적인 힘

경쟁이 치열한 세상에서 스스로를 지키며 살아가는 데에 필요한 힘은 가슴에서 나온다. "할 수 있다!"거나 "해야 한다!"고 외치는 구호는 종종 허공에서 사라진다. 미래에 무엇을 할 수 있다는 의지나 한 번 더 도전하자는 결심은 말이나 구호가 아니라, 자신이 힘껏 기울인 노력에 대한 인정과 믿음을 통해 확고해진다. 자신에게 주는 인정은 타인에게 듣는 백만 마디 격려보다도 더 강력하다.

이것저것 애쓰고 노력하는 자신을 돌아보면 눈물이 주룩 흐르기도 하고, 빙그레 웃음이 지어지기도 한다. '내가 엉망이지만은 않구나, 나름 괜찮은 사람이구나'를 깨닫게 된다. 나 자신이 조금 더 소중해지고 조금 더 좋아진다.

윤영 : 가족을 떠나 혼자 살면서 절제되지 못한 생활을 하는 나. 부모님 기대에 부응하지 못하는 나. 꿈도 목표도 없는 나. 밥만 꼬박꼬박 챙겨 먹는 식충이. 불 꺼진 자취방으로 들어오면서 느끼는 외로움. 바닥을 치는 자존감. 하늘을 찌르는 우울감. 자괴감. 이게 요즘 나다. 모든 게 엉망인 것만 같다.

어렸을 때부터 지금까지 기울인 노력을 돌아보았다. 가만 보니 주어 진 환경에서 살아남기 위해 조용하지만 치열한 투쟁을 해왔더라. 힘 든 고비도 애쓰며 잘 넘어왔더라. 편하지 않은 날들이 많았더라. 내가 그렇게 쓸모없는 인간은 아니라는 생각이 든다. 나는 요즘 잠깐 방황 하고 있나보다. 그래서 많이 힘들었나보다. 버려진 나를 발견한 느낌 이다.

재형 : 나는 과외를 네다섯 개씩 하며 생활비를 번다. 가르치는 학생 과 나의 시험 기간이 겹치는 때가 많다. 친구들이 도서관으로 향할 때 나는 과외를 하러 간다. 시간을 아끼기 위해 지하철 안에서도 공부한 다. 과외가 끝나면 학교로 돌아와 도서관에서 밤을 샌다. 3년을 이렇

게 지내고 있다.

나를 남들과 비교하고 뒤처진다고 자책하곤 했다. 나 자신을 한심하게 여기면서 자존감을 낮췄다. 지금까지 기울인 노력을 적어보니 대견한 면이 의외로 많다. 어렵게 공부해서 대학에 왔고, 내가 번 돈으로 생활하고 있다. 우수한 동기들 사이에서 잘 버티고 있다. 만일 내 자식이 나처럼 한다면 열심히 해줘서 고맙다고 할 것 같다. 이만하면 잘하고 있다. 생각해보니 자존감이 낮을 이유가 없다.

종혁 : 나는 부모님과 통화할 때도 힘들다고 말하지 못한다. 정말 하고픈 말은 한마디도 못하고 잘 지낸다고, 걱정하지 말라고만 한다. 며칠 동안 관찰자가 되어 나를 바라보았다. 열심히 공부했는데도 시험 점수가 좋지 않아 낙담하여 축 처진 어깨, 밤늦게까지 보강 수업을 듣고 피곤에 절어 강의실을 나서는 모습, 잠을 줄여가며 또 공부, 시험이 끝나도 다른 시험이 코앞에 있는 상황, 힘들게 졸업해도 사회에 내가 일할 수 있는 자리가 있는지 장담할 수 없는 현실. 나는 몇 년째 이런 날들을 견뎌내고 있다. 누가 내 어깨를 다독여주기만 해도 와락 눈물이 날 것 같다. 누군가 나에게 애쓰고 있다고, 기특하다고 말해주면 좋겠다고 바라곤 했다. 이제는 내가 먼저 알아주어야겠다. 애쓰는 모든 순간과 애쓰면서 거는 기대, 기대가 무너졌을 때의 실망을 제일 잘

애쓰며 살아온 시간을 인정해주지 않으면 당신은 아무것도 한 일이 없는 사람이 된다. 가진 것도 없고, 앞으로 잘할 수 있는 능력도 없는 사람이 되고 만다. 당장 눈앞에 뚜렷한 결과가 없으면 불안하고 조급해진다. 더 해야 한다고, 이게 뭐냐고, 더 하라고 몰아붙이면서 스스로 자존감을 낮추게 된다. 그러면 자신감도 줄어들고 우울해진다. 높아진 우울감은 다시 자존감을 떨어뜨린다. 낮은 자존감과 높은 우울감이 공격을 주고받으며 자신을 더 작게 만드는 악순환이 계속된다. 악순환 속에서 스스로 한심한 사람이 되고 만다.

근거도 없이 자신을 쓸모없다 생각하지 말자. 삶에 대한 기대와 노력을 인정하고 더 단단해지기 위해 애써보자. 악순환을 멈추고 선순환을 만들자.

독자인 당신도 자신이 노력한 모습과 애쓴 순간을 적어보면 좋겠다. 많은 청춘들이 그랬듯, 당신도 놀랄 것이다. '내가 기특하구나. 열심히 노력한 시간이 꽤 많구나!' 하면서 자신에 대해 뿌듯하고 뭉클하게 놀라게 될 것이다.

당신은 지금 이 책을 읽고 있다. 이 두꺼운 책을 여기까지 읽은

건 당신이 더 잘하기 위해, 더 잘되기 위해 지금도 애쓰고 있다는
걸 보여준다. 당신이 남몰래 노력하는 사람이라는 걸 보여준다.
당신의 삶에는 힘껏 에너지를 쏟은 시간이 여기저기에 더 있다.
당연하게 여기며 무시하기에 드러나지 않고 있을 뿐이다.

과정에 쏟은 노력을 알아주자. 애쓰는 모습을 쓰다듬어주자.
노력하는 자신을 인정해주면 내면에 힘이 생긴다. 내면에 힘이 쌓
이면 자존감도 상승한다. 스스로 버팀목을 만들기 시작한 청춘들
의 고백과 결심을 다시 읽어보자.

- 내가 나에게 얼마나 인색한지 깨닫는다.
- 내가 그렇게 쓸모없는 인간만은 아니라는 생각이 든다. 버려진 나
  를 발견한 느낌이다.
- 이만하면 잘하고 있다. 자존감이 낮을 이유가 없다.
- 바르고 성실하게 살아온 나에게 애썼다고, 고생했다고 말해주고
  싶다.
- 나는 나를 일으켜 세워주었다. 이겨내려 애쓴 내 모습이 구석구석
  기특하다.
- 이제는 내가 먼저 알아주어야겠다. 애쓰는 모든 순간과 애쓰면서
  거는 기대, 기대가 무너졌을 때의 실망을 제일 잘 아는 건 나이니까

말이다.

당신에게는 당신의 고백과 결심이 있을 것이다.

애쓴 시간을 바라볼 때만 볼 수 있는 값진 보물이다.

요즘 노력하고 애쓰는 모습이나 과거에 마음을 쏟아 매진한 모습을 정리
해보는 공간입니다. 당신의 노력을 알아주고 인정해주세요.

내가 나에게 주는 선물

한 학기 수업이 끝나고 성적 처리까지 끝난 어느 날, 수강생이었던 준호가 찾아와 이런저런 얘기를 나누었다. 수업 내용, 시험 문제, 토론 시간에 있었던 일 등 즐겁게 나눌 얘기가 많았다. 얘기가 끝날 때쯤 준호는 작은 상자 하나를 내밀었다.

"이게 뭔가요?"

"열어보세요." 준호는 씩 웃었다.

상자 안에는 귀여운 동물이 새겨진 고무도장이 들어 있었다. 도장에는 글자도 새겨져 있었다. "참 잘했어요." "매우 좋았어요." "합격." "수고했어요." 함께 들어 있는 인주는 알록달록 색깔이 다양했다.

"강의 감사해서 드리는 선물이에요."

준호에게 받은 선물. 칭찬 도장, 알록달록 인주, '내가 갑이다' 스티커. 응원과 격려
가 필요할 때 바라보곤 한다.

"응?"

"제가 드리는 상이기도 하고요."

"그러니까 학생인 준호가 선생님인 나한테 주는 선물이자 상이
란 말이지요? 초등학교 때 담임 선생님이 숙제 열심히 했을 때 찍
어주신 것처럼, 강의 열심히 했다고 나에게 칭찬 도장을 찍어주겠
다는 말인 거지요?"

"네, 하하하!"

"한 학기 동안 공부도 열심히 하지 그랬어요. 수업을 열심히 준
비한 선생님에게 고마운 마음을 전하는 데는 그게 더 좋았을 수도

있는데."

"아, 그건 좀 어렵더라고요. 하하하!"

"성적 마감이 끝난 건 알고 있지요? 마감되지 않았더라도 선물 때문에 성적이 바뀌진 않습니다."

"그럼요, 알고 있습니다. 기대도 안 합니다, 푸하하하!"

유쾌한 학생이 준 고마운 선물이었다. 상자를 볼 때면 준호가 호탕하게 웃던 모습이 떠오른다. 선물 도장은 몇 년이 지난 지금까지도 잘 보관하고 있다. 한 번도 사용하지 않았다. 아깝고 소중해서 상자 안에 넣어둔 그대로 가지고 있다.

사용하지는 않지만 종종 상자를 열어 도장들을 본다. 무언가 열심히 노력하고 나면 준호가 나에게 준 상을 내가 나에게 선물한다. 잘했다는 칭찬 도장을 마음속에 찍어주는 것이다. 책상 위에 도장을 나란히 놓고 고민한다. '애쓴 나에게 이번에는 어느 도장을 찍어줄까. 합격? 매우 좋았어요? 참 잘했어요? 수고했어요?'

칭찬 도장은 힘든 일을 마친 나에게 주는 기분 좋은 상이다. 상자 뚜껑을 열어 도장을 고르고, 내 마음속에 꾹 찍어주는 경험은 매번 즐겁다. 가끔은 맛있는 밥을 먹거나, 보고 싶은 영화를 보거나, 며칠 푹 쉬는 선물을 추가하기도 한다. 대단한 선물은 아니지만, 나 자신을 위로하고 격려하는 데 효과가 꽤 좋다.

우리는 고마운 마음을 전하고 싶을 때 말한다. "고맙습니다." "감사합니다." "정말 고마워, 네가 최고야." 칭찬하는 말도 있다. "애썼다." "고생 많았어." "잘했어, 장하다." 힘들 때 함께 고민해 줘서 고맙고, 날 위해 애써줘서 고맙고, 열심히 해줘서, 잘해줘서 고맙고 기특하다는 마음을 이렇게 전한다.

말로 전하는 인사만으로는 부족하다 싶을 때는 작은 선물을 준비하기도 한다. 그 사람이 무엇을 좋아할지, 평소에 무얼 좋아했는지, 이게 좋을지, 저게 좋을지 궁리한다. 어떻게 하면 내 마음을 전할 수 있을지, 무엇을 주면 마음에 쏙 들어할지를 고민한다. 마음을 담아 정성껏 준비한 선물은 받는 이에게 감동을 준다.

그동안 우리는 이런 선물을 남에게만 주면서 살았다. 나에게도 줘보자. 애쓰고 노력한 자신을 확실하게 칭찬해주는 것이다. '애썼어, 잘했어. 너는 상 받을 자격이 충분해.' '자, 내가 너에게 주는 선물이야. 부끄러워하지 말고 당당하게 받아!' 이런 의미를 담고 있는 선물이다.

사람들은 갖고 싶은 것이 있으면 속으로 바란다. '이거 누가 나한테 선물해주면 좋겠다.' 주변에서 누군가 상을 받으면 부러워한다. '나도 상 받고 싶다. 열심히 했는데 내게는 안 주네.'

내가 만난 청춘들도 그랬다. 인정을 받고 싶은 욕구, 위로와 사랑을 받고 싶은 욕구가 타인에 의해 밖에서 안으로 채워지기만을 바랐다. 누군가 자신을 인정해주고 칭찬해주기를 바라는 것이다. 그러지 말고 자신에게 선물 하나 직접 줘보자. 내가 나에게 기분 좋게 한턱내는 것이다.

그런데 청춘들에게 이 방법을 권하면 선뜻 하려고 들지 않는다. 쑥스러워하기도 한다. 안 그래도 할 게 많다며 고개를 젓는다. 어떻게 하면 좋을지 고민하던 중에 달력을 보니 한 학기에 한 번씩은 시험 기간과 좀 떨어진 시기에 긴 연휴가 있었다. 부담이 덜한 이 기간을 이용해 실행에 옮기도록 했다. 경험해봐야 좋은지 나쁜지 알게 되는 법이니 말이다.

"연휴에 자신에게 상이나 선물 하나씩 주기. 꼭 필요한 것으로 곰곰이 생각해서 주어야 함."

청춘들은 막상 이 과제를 진지하게, 열심히 했다.

청춘들이 자신에게 준 선물들

청춘들이 자신에게 준 상과 선물 내용은 다양했다. 가장 받고 싶은 선물은 무엇이었을까? 애쓰고 노력한 자신에게 어떤 선물을 주고 싶었을까? 청춘들이 많이 선택한 선물을 비슷한 주제로 묶어서 정리해보았다.

청춘들이 자신에게 가장 많이 준 선물은 휴식이었다. 명품을 산 것도 아니고 멋진 레스토랑에 가서 비싼 음식을 먹은 것도 아니었다. 자신에게 그저 편안하게 쉴 수 있는 시간을 허락했다. 청춘들이 평소에 얼마나 바쁘게 지내는지, 긴장감 속에서 얼마나 빡빡하게 살고 있는지 엿볼 수 있는 부분이다.

시진 : 내 생활은 과제, 발표, 시험의 연속이다. 밤을 꼴딱 새는 날이 허다하다. 잠을 깨려고 매일 에너지 음료를 두세 캔 마신다. 늘 머리가 멍하고 아프다. 몸이 상하는 게 느껴진다. 스마트폰 달력에 빡빡하게 들어찬 일정, 해야 할 일들, 다른 사람은 뭐 하는지 자꾸 들여다보게 되는 SNS, 끊임없이 울려대는 메신저 알람. 모든 걸 떠나 조용히 쉬고 싶었다. 나에게 주는 선물에 대한 선택은 분명했다. "쉬자. 편하게 잠 좀 자보자!" 과제를 핑계로 계속 잤다. 핸드폰도 꺼버렸다. 신기할 정도로 계속 잠이 왔다. 월요일이 됐다. 등굣길에 나무가 보이고 새소리가 들렸다. 몸도 머리도 개운하다. 다섯 걸음 전진을 위한 한 걸음 후퇴. 좋은 선물이었다.

혜우 : 며칠 전 빽빽한 플래너를 보며 엉엉 울었다. 할 일이 너무나 많다. 부담감이 나를 누른다. 시간을 아끼려 버스 안에서도 책을 본다. 이런 나에게 버스 안에서 무심히 있어볼 자유를 허락했다. 책을 펼치지 않고 창밖을 보았다. 새로운 풍경이 눈에 들어왔다. 몇 년 동안 다닌 길인데 낯설고 신기했다. 길 위에 있는 사람들은 표정도, 걸음도 다 달랐다. 저 멀리 학교가 보이기 시작할 때는 반갑기도 했다. 매일 허겁지겁 가방을 챙겼고 정류장에 내릴 때부터 피곤했다. 이번 기회에 버스에서 바깥 구경도 하고 음악도 들으며 편안한 시간을 보내봤다. 의자에 등을 기대어 잠깐 졸기도 했다. 그날은 평소보다 더 많은 일을 했다. 시간을 잘 쓴다는 것이 모든 시간을 빽빽하게 채워야 한다는 의미가 아닐 수도 있겠다.

지철 : 면접이며 과제며 아무것도 생각하지 말자고 다짐하며 나에게 온종일 만화 보기를 선물했다. 집 근처 대여점에서 만화를 한 보따리 빌렸다. 만화는 간식과 함께해야 옳기에 빵, 과자, 컵라면, 쥐포, 땅콩을 봉지 가득 샀다. 만화 볼 준비 끝. 침대에 자리를 잡고 앉았다. 왼손에 만화, 오른손에 과자. 좋아서 쿡쿡 웃음이 나왔다. 이제 남은 건 '정주행'. 하루 종일 만화만 봤다. 오랜만에 해방감을 느꼈다.

휴식을 취한 청춘들은 모두 만족하고 편안해했다. 빈둥빈둥하며 시간을 헛되이 보내는 것과 열심히 달린 후 마음먹고 취하는 휴식은 다르다. 기분 좋은 휴식은 회복을 돕는다. 잘 달리기 위해서는 잘 쉴 줄도 알아야 한다.

다른 청춘은 어떤 선물을 골랐을까? 승은이는 바쁘게 사느라 멀어진 친구들을 만났다. 오랜만에 즐거운 시간을 보내며 깨달았다. '사람이 참 소중하구나, 행복은 사람들과 함께 느끼는 거구나. 내 삶에 우선순위가 잘못돼 있었구나' 싶다.

바쁘게 사느라, 돈을 아끼느라 어릴 적 친구들을 멀리했다. 과제를 받고 생각했다. '친구들에게 연락하자, 만나자, 밥을 사자.' 맛있는 식당에 가서 음식을 잔뜩 시키고 몇 시간이나 웃고 떠들었다. 얼마 만인지 모르겠다. 친구들은 이런 과제가 몇 번 더 있어도 좋을 것 같다며 좋아했다. 친구들에게 미안하고 고마웠다. 같이 찍은 사진은 볼 때마다 미소가 지어진다.

행복은 대단하거나 멀리 있는 게 아닌 것 같다. 바쁜 삶 속에서 소중한 사람들과 잠깐잠깐 즐기는 시간이 행복인 것 같다. 물질적 여유나 풍요로움도 비슷하다. 엄청난 돈을 가져서가 아니라 가까운 이와 맛

있는 음식을 나누고 얘기할 수 있으면 그게 부자가 아닐까 싶다. 사람이 소중하다는 걸 알게 되어 기쁘다.

민선이와 윤정이는 마음속에 꽁꽁 싸놓고 있던 고민을 내어놓았다. 혼자 감당하기에 너무 무거웠지만 마음에 담아놓고만 있었다. 부모님과 친구를 만나 내가 요즘 너무 힘들다고, 내 얘기를 좀 들어달라고 솔직히 말했다. 털어놓고 보니 가볍고 좋다.

민선 : 나에게 준 선물은 '고민 다 털어놓기'였다. 힘들어도 부모님께 표현해본 적이 없다. 의논하고 위로받고 싶어도 혼자 끙끙댔다. 지난 주말, 엄마와 아빠 앞에 앉아 말을 꺼냈다. "제가 요즘 정말 힘들어요……." 끝도 없는 공부, 형식적일 뿐 진심을 나누지 않는 듯한 사람들, 어려운 전공 공부, 남들보다 능력이 부족한 것 같은 불안감, 진로를 어떻게 정해야 할지, 잘할 수 있을지 걱정하며 흔들리는 마음을 모두 털어놓았다. 부모님은 오랫동안 다 들어주셨다. 나는 그날 따뜻한 위로를 받았다. 다른 사람에게 힘들다고 이야기하는 것은 의지가 부족해서이고 투정을 부리는 거라고 생각했는데 그렇지 않았다. 가끔은 마음을 열고 격려를 받는 것도 괜찮겠다는 생각이 든다.

윤정 : 푹 쉴까? 치킨을 먹을까? 쇼핑을 해볼까? 진짜 내가 원하는 건 뭘까……? 앗, 하나 있다! 친구에게 전화를 걸었다. "오늘 뭐해? 친구야, 내 애길 좀 들어주라."

나에게 준 상은 '털어놓기'였다. 지금까지 누구에게든 마음을 탁 털어놓은 적이 없다. 내 애기를 하는 게 부끄럽기도 하고, 내 문제는 내가 제일 잘 안다고 여기며 버텨왔다. 솔직히 많이 힘들었다. 친구를 만나자마자 하소연을 시작했다. "공부가 어려워, 스트레스가 심해, 진로 때문에 불안해, 힘들어 죽을 것 같아." 친구는 놀랐다. 내가 모든 걸 썩썩하게 해내는 줄로만 알았기에 믿기지 않는다고 했다. 친구는 놀라면서도 기뻐했다. 진짜 마음속 애기를 나누니 더 가까워진 것 같다고 했다. 우리는 오래오래 이야기를 나눴다. 나에게 준 선물, '털어놓기'를 하며 마음이 후련해졌다. 고민과 걱정을 털어낸 자리를 친구의 격려와 위로가 꽉 채워주었다. 내가 받아본 선물 중 최고다.

조금 특이한 선물도 있다. 평범하지는 않지만 자신에게 꼭 필요한 훌륭한 선택이다. 지희는 스트레스와 긴장감 때문에 불면증을 겪고 있었다. 잠 한 번 푹 자고 싶었지만 사람들이 이상하게 볼까 싶어 걱정되어 병원에 가지도 못했다. 서연이는 자신의 손을 괴롭히고 있었다. 긴장감이 커질 때마다 살을 뜯었고, 심하면 피가 나는 날도 있었다. 자신에게 주는 선물로 지희는 상담을 받았고, 서연이는 네일숍에 갔다.

지희 : 나는 인정과 사랑을 받고자 하는 욕구가 강하다. 다른 사람들에게 좋게 보이고 싶다. 이런 욕구는 나를 성장하게도 하지만 늘 긴장하고 예민하게 만들기도 한다. 오랫동안 불면증을 앓고 있다. 잠을 못 자서 힘든데도 병원에 가지 않았다. 사람들이 이상하게 볼까봐, 나를 싫어할까봐 걱정되었기 때문이다. 이번에 정신과 진료를 예약했다. 교수님도 말씀하셨다. 마음이 힘들면 상담도 받고 당당하게 치료도 받으라고 말이다. 병원에 가서 내 증상을 설명하고 수면제를 처방받았다. 그날 밤 정말 푹 잤다. 그렇게 깊이 자본 게 얼마 만인지 모르겠다. 몸이 가볍고 기분이 좋다. 머리도 맑다. 왜 남들의 시선을 걱정하며 생고생을 해왔나 싶다. 언제나 '남들이 나를 어떻게 생각할까, 욕하고 흉보지 않을까?'에 갇혀 있었다. 이번에 '나에게 가장 필요한 건 뭘까?'에 초점을 맞춰보았다. 좋은 생각, 좋은 선택이었다.

서연 : 나에게 주는 선물, 내 왼손에게 주는 상. 어릴 때부터 시험에 대한 불안이 심했다. 공부하면서 나도 모르게 왼쪽 손톱 뿌리 부분을 뜯어 상처를 냈다. 고등학교 때 더 심해졌다. 하루 종일 모의고사를 보

는 날이면 피까지 났다. 대학에 합격하면 괜찮아질 줄 알았는데 불안 감은 여전하다. 나는 내 손에 계속 상처를 낸다. 모양이 미워져서 사람들 앞에서 손을 숨긴다. 마음이 아프다.

내 손에게 선물을 줘야겠다고 생각했다. 버텨줘서 고맙다는 마음을 표현해야겠다고 마음먹었다. 네일숍에 가서 관리사 분께 난생 처음 네일숍에 왔다고, 내 손에 선물을 주러 왔다고 솔직하게 이야기했다. 한 시간 후, 내 손은 예뻐졌다. 사흘이 지난 지금까지 한 번도 뜯지 않았다. 진작 예쁘게 꾸며줄걸, 왼손에게 정말 미안하다. 손에 난 상처를 볼 때마다 열심히 공부한 증거라고, 그러니까 괜찮다고 합리화하곤 했다. 그러면 안 되는 거였다. 앞으로는 애쓴 나에게 상처가 아니라 상을 줘야겠다.

몇 주 후, 나는 수업 중간 휴식 시간에 서연이에게 다가가 물었다. "상으로 관리받은 손은 여전히 예쁜가요?" 서연이는 손을 보여주며 미소를 지었다. "네, 요즘은 한 번도 안 뜯었어요!" 손도, 미소도 참 예뻤다. 서연이는 자신에게 좋은 선물을 주었다. 본인의 다짐처럼 애쓴 자신에게 상처가 아니라 선물을 주며 살아가기를 바란다.

명주와 성은이는 평소에 가지고 싶었던 귀걸이와 반지를 샀다. 액세서리를 좋아하지만 남이 사주기를 바라고 기다렸다. 생각해 보니 꼭 그럴 필요는 없겠다 싶었다. 내가 나에게 직접 사주는 것도 괜찮을 것 같았다. 사고 나니 선물도, 자신의 행동도 마음에 쏙 든다.

명주 : 큐빅이 박힌 왕관 모양 귀걸이를 샀다. 비싸서 고민이 됐지만 사버렸다. 선물 포장도 해달라고 했다. 나를 위한 선물이니 포장까지 제대로 갖추고 싶었다. 집에 오는 내내 신났다. 잘 때도 옆에 두고 잤다. 다음 날, 제일 좋아하는 옷을 입었다. 선물 포장을 뜯어 귀걸이를 했다. 근사하다. 나에게 왕관 귀걸이를 선물한 건 물론 모양이 예쁘고 고급스러워서다. 더 중요한 이유도 있다. 나는 일에서도 성공하고 왕처럼 당당하고 기품 있는 사람이 되기를 바란다. 지금까지 열심히 노력해왔다. 앞으로도 최선을 다할 거다. 칭찬과 격려의 의미에서 나를 위한 선물하기 과제를 통 크게 완성했다.

성은 : 선물은 상대가 필요한 것도 좋지만, 갖고 싶은데 직접 사기에는 좀 어색한 물건을 주는 것도 좋다. 나에게 그건 액세서리, 그중에서도 반지다. '나에게 반지를 사주자'라고 마음만 먹었는데도 가슴이

두근거렸다. 반지를 꼭 사랑 고백과 함께 받아야 한다는 법은 없다. 남자가 안 준다고 반지 못 끼나 뭐! 손가락에 당당하게 끼고 내가 준 선물이라고 자랑하고 다닐 거다! 반지를 볼 때마다 애쓰고 노력해온 나를 기억하고 사랑해주자고 다짐한다.

정남이와 보영이는 물건이 아닌 경험을 샀다. 평소에 꼭 하고 싶었지만 돈을 아끼느라 한 번도 하지 못했던 일을 한 것이다. 정남은 좋아하는 초밥을 실컷 먹었고, 보영이는 여드름을 치료하는 피부 관리를 받았다. 돈을 좀 쓰기는 했지만 후회하지는 않는다.

정남 : 난 초밥을 무척 좋아하지만 못 먹는다. 비싸서다. 초밥을 파는 식당 앞을 지날 때마다 먹고 싶은 마음을 꾹 누른다. 나는 학비와 생활비를 벌려고 열심히 일한다. 공부도 열심히 한다. 초밥 한 번 실컷 먹을 자격 충분하다 싶었다. 내 전 재산 9만 원을 들고 평소 눈여겨봤던 식당으로 갔다. 그리고 먹었다. 이렇게 맛있을 수가! 역시 초밥이 최고다. 배가 불러 더 먹지 못할 때까지 먹었다. 9만 원을 현찰로 내고 거스름돈 3000원을 받았다. 8만 7000원어치 먹은 거다. 한 시간도 안 되는 시간에 9만 원이라는 큰돈이 뱃속으로 들어갔지만 후회하지 않는다. 자~알 먹었다!

보영 : 나는 해보고 싶은 것도, 사고 싶은 것도 많지만 늘 참는다. 내가 좋은 옷을 입고, 즐거운 시간을 보내면 부모님은 더 아끼고 더 일하셔야 한다. 내가 좀 힘들어도 도움이 되어드리고 싶다. 그런데 요즘 아르바이트가 늘어서 수입이 많아졌다. 이번 달에는 부모님께 돈을 좀 드리고도 남았다. 나를 위해 해줄 수 있는 일이 무얼까 생각하다 피부 관리를 선택했다. 중학교 때부터 여드름은 스트레스이자 콤플렉스였다. 여드름 관리 한번 받아보는 게 소원이었다. 알아보니 생각보다 비쌌다. 구두쇠 정신이 결제를 막았다. '너무 비싸, 하지 마. 이 돈이면…….' 동시에 다른 생각도 들었다. '지금까지 너 자신이 원하는 걸 해본 적이 있어? 없지? 그럼 이 정도는 해줘도 되지 않아? 몇 년 전부터 네 소원이었고, 얼마 전 생일도 그냥 지나갔잖아? 그리고 이건 보고서를 쓰기 위해서야. 과제는 진심을 담아서 해야 하는 거라고!' 잠시 갈등했지만 두 번째 소리에 손을 들어주고 담담하게 결제했다. 누워서 관리를 받는데 기분이 정말 좋았다. 존중받는 느낌, 위로받는 느낌이 이런 거구나 싶었다.

나는 오로지 스펙 쌓고 돈 벌기에 치여 살았다. 빨리 성공하려고 모든 즐거움을 포기한 채 살았다. 이번에 배웠다. '좀 쉬기도 하면서 가야겠구나, 나에게 선물도 주어야겠구나' 싶다. 남들보다 공부 좀 못한다고, 집안이 가난하다고 너무 조급해할 필요는 없다. 무엇을 위한, 누구를 위한 성공을 하려고 달리는 것인지 생각하며 살아야겠다.

마지막으로 소개할 미정이와 현구는 자신에게 선물을 주라는 과제를 좀 다르게 행했다. 선물을 자신이 아닌 어머니에게 드린 것이다. 이유는 모르겠지만 그렇게 하고 싶었다. 그런데 이상하다. 분명 선물을 어머니에게 '드렸는데' 나 역시 '받은' 느낌이다. 드린 것보다 더 큰 선물을 받은 것 같기도 하다. 행복하다.

미정 : 목도리를 사서 엄마에게 드렸다. "웬일로 선물을 다 주니?" 엄마는 놀라셨다. "교수님이 시키셨어. 부모님께 선물을 하나씩 하는 게 과제야." 나는 딱딱한 말로 얼버무려버렸다. 사실 하고 싶은 말은 따로 있었다. '엄마한테 미안해서, 고마워서. 엄마 목이 따뜻하면 좋을 것 같아서…….' 무뚝뚝한 성격인데다 얼마 전 엄마와 말다툼까지 한 터라 말이 더 퉁명스럽게 나왔다. 엄마는 좋아하셨다. 거울 앞에서 목도리를 이리저리 둘러보시며 연신 웃으셨다. 선물은 받는 사람을 위로해주고 마음을 따뜻하게 해준다. 그런데 선물을 드리면서 내 마음도 따뜻해졌다. 내가 엄마에게 필요한 존재라는 생각도 들었다. 행복하다.

현구 : 어릴 때 아버지가 돌아가셨다. 내 인생이 불행하다 생각했다. 주눅이 들어 친구를 사귀지 못하기도 했다. 그런데 나이가 들면서 어머니가 보인다. '혼자 얼마나 외롭고 힘드셨을까……' 싶다. 어머니께 드릴 꽃과 장갑을 사서 고향으로 내려갔다. "뭐고, 와 집에 왔노, 니 무슨 일 있나!" 놀라서 묻는 어머니에게 '이런 과제가 나왔다, 엄마 생각나서 어쩌고저쩌고 해서 왔다'고 하려다가 그냥 짧게 답했다. "보고 싶어서 왔지." 선물을 보며 좋아서 입꼬리는 날아가고 있는데, 말로만 무슨 돈이 있냐고, 왜 돈을 썼냐고 야단치는 어머니를 보며 웃음이 나왔다. 다음 날 외식을 하고 동네를 걸었다. 어머니는 사람들에게 자식 자랑, 선물 자랑을 하셨다. 나는 선물을 되로 주고 말로 받았다.

나에게 주는 공로상 하나

지금까지 청춘들이 자신에게 준 선물의 내용과 의미를 살폈다. 어떤 청춘은 주말 동안 푹 쉬었고, 어떤 청춘은 가족과 친구에게 힘든 마음을 털어놓았다. 자신에게 주고 싶은 선물을 보면 알 수 있다. '내가 많이 피곤하구나, 남이 나를 어떻게 볼까만 걱정하고 신경 쓰면서 정작 나에게는 신경을 써주지 않았구나, 내 얘기를 들어줄 사람이 필요하구나. 필요한 게 대단한 것도 아닌데 그 작은 걸 안 해주고 더 잘하라고, 더 많이 해야 한다고 몰아세우기만 했구나.'

생각해보자. 당신이 깊은 숨을 편안하게 쉬어본 적은 언제인가? 즐겁게 큰 소리로 웃어본 적은 언제인가? 무언가를 흐뭇하게 천천히 바라본 적은 언제인가? 자신을 인정하고 격려하기 위해 무엇을 해주고 있는지 살펴보자.

다시 오지 않을 청춘의 날들을 그저 일하고 공부하는 기계처럼, 감정도 없는 기계처럼 살지 않았으면 좋겠다. 쉬지 않고 계속 뛴다고 성공이 보장되는 것은 아니다. 뛰기만 할 때 보장되는 건 의미없고 지루한 삶이다. 재미와 감동이 있어야 의욕도 생긴다. 일을 잘해서 행복한 것이 아니라 행복해야 일도 잘한다.

청춘들이 자신에게 준 선물을 보자. 돈을 거의 쓰지 않은 소박한 선물이 대부분이다. 돈을 좀 쓴 경우도 있지만 누릴 자격은 충분하다. 자신에게 꼭 필요한 상, 자신의 마음을 깊게 알아주는 선물을 받으면 효과가 꽤 크다. 한 청춘은 자신에게 '공로상'을 준 기분이라고 했다. 상을 주어서 좋고, 받으니 더 좋다는 말도 더했다. 정말 적절한 표현이다. 공로상. 자신에게 공로상을 준 청춘들의 소감을 몇 마디 더 나눠보자.

- 내가 나를 알아주고 칭찬해주는 것이 이렇게 기쁘고 즐거운 일인지 몰랐다. 난 왜 다른 사람이 인정해주기를 기다리기만 했을까.
- 눈을 감아도 떠도 캄캄한 내 청춘에게 준 선물. 오랜만에 행복을 느꼈다.
- 오랫동안 잊고 지냈던 '나'라는 친구와 화해한 느낌이다.
- 나 자신을 칭찬하고 축배를 들었다. 한 걸음씩 더 나갈 수 있을 것 같다. 다음에는 어떤 선물을 줄까 재미있는 상상도 해본다. 은근 기대된다.
- 바닥난 에너지가 채워진 듯하다.

청춘은 인정받고 싶은 욕구가 강한 시기다. 동시에 상이나 칭찬을 받기가 좀 애매한 시기이기도 하다. 고등학교 때까지는 운동회에서 달리기를 잘하면, 반찬 남기지 않고 밥 잘 먹으면, 책 많이 읽으면, 시험 잘 보면 상도 받고 칭찬도 받았다. 선물도 있었다. 그런데 청춘이 되고 나니 상과 선물은커녕 웬만한 일에는 칭찬도 받기 어렵다.

나이가 더 들어 직장인이 되면 일을 하면서 '성과'라는 걸 낼 수 있다. 성과를 올리면 회사에서 보너스도 받고 승진도 한다. 청춘들은 공부하고, 스펙 쌓고, 아르바이트도 열심히 하지만 이걸 '성과'라고 하지는 않는다. 혹 성적이 좋아 보너스 비슷하게 장학금을 받아도 여유 있게 쓸 수 있는 돈은 아니다. 들어오자마자 등록금으로 휘리릭 없어져버린다. 기뻐할 겨를도 없이 다음 학기 장학금을 받기 위해 또 준비해야 한다. 시간이 지나면 '승진' 대신 학년이 올라가고 나이만 먹는다. 취업에 대한 압박이 늘어간다. 알아서 잘 해내야 할 것들만 수두룩하다.

청춘인 당신은 앞으로도 꽤 오랫동안 인정받고 싶은 욕구가 원하는 만큼 채워지지 않을 수 있다. 욕구와 현실이 서로 멀리 떨어져 있으니 삶이 재미없고 막막하다. 실제로 청춘들은 '인생이 까마득하게 느껴진다'는 말을 종종 한다.

힘든 시기를 견디고 있는 나를 위해주자, 격려해주면서 즐겁게 살아갈 수 있게 해주자. 애쓴 자신을 긍정하고 존중해주는 것이다. 지치지 않고 커나갈 수 있도록, 힘든 청춘 시기를 잘 넘길 수 있도록 상도 주고 선물도 주자. 대나무가 꺾이지 않는 이유는 중간에 마디가 있기 때문이다. 자신에게 공로상을 수여하는 시상식을 해주면서 중간중간 마디를 만들어가자. 따뜻한 말도 건네주자.

"여기까지 오느라 수고 많았어. 이거 너한테 필요한 거 맞지. 너는 받을 자격이 충분하니 당당하게 받아."

선물 하나 줄 때마다 인생에 마디가 늘어난다. 마디가 늘어날 때마다 사람은 강해진다. 강한 사람은 딱딱하지 않다. 정말로 강한 사람은 삶의 여유와 소소한 즐거움을 만들고 즐길 줄 아는 사람이다. 쉴 때는 쉬고, 즐길 때는 즐기면서, 해야 할 일에는 제대로 집중할 줄 아는 사람이다. 자신을 인정하는 경험과 시간을 멋지게 누려보자.

당신에게 지금 가장 필요한 것은 무엇인가요? 애쓰며 사는 자신에게 선물 혹은 공로상 하나 건네주세요. 당당하게 받고 누려보기 바랍니다.

해야 하는 것 vs. 하고 싶은 것

졸업 후 진로가 고민입니다. 무엇을 해야 할지 모르겠습니다. 지금까지 저는 해야 할 것만 하고 살았습니다. 어릴 때부터 늘 해야 할 게 쌓여 있었고, 그걸 해내기에도 벅찼습니다. 어쩌면 저는 하고 싶은 게 뭔지 '모르는' 게 아니라, 하고 싶은 게 뭔지 '생각도' 해본 적이 없다는 말이 맞는 것 같습니다. 졸업은 다가오고 결정은 해야 하는데······ 답답합니다.

현서는 진로를 고민하고 있었다. 자신이 무엇을 좋아하는지 모르겠는데, 사실 무엇을 좋아하는지에 대해 생각해본 적도 없다고, 그런 건 어떻게 생각해야 하는 거냐며 답답해했다. 다른 청춘들의 고민도 좀 더 들어보자.

정태 : 내 전공은 경영학이다. 3학년이 되면서 회계사 준비를 하고 있다. 선배와 동기들이 하는 대로 따라 하는 중이다. 이게 내 길인지는……, 모르겠다.

구영 : 나는 학교에 다닌다. 공부는 하지 않는다. 내가 하는 건 단순 암기다. 수업 시간이면 교수님 말씀을 그대로 받아 적는다. 생각도, 이해도 하지 않는다. 머릿속에 꾸역꾸역 집어넣고 시험이 끝나면 다 잊어버린다. 공부를 포함해 내 인생 모든 면에 호기심을 잃었다. 재미있는 것도 없고 관심이 가는 것도 없다. 그래도 졸업하면 일은 해야 할 텐데. 무얼 해야 좋을지 전혀 모르겠다.

서민 : 나는 잘하고 있을까, 무엇을 해야 할까, 내가 잘하는 건 뭘까. 머리가 복잡하다. 누구라도 붙잡고 의논하고 싶지만 아무도 없다. 며칠 전에 밤늦게 집으로 가는데 갑자기 눈물이 났다. 낯선 길 위에 버려진 느낌이다.

진로 결정, 청춘이 가지고 있는 큰 고민 중 하나다. 표현은 조금씩 다르지만 잘 들어보면 고민의 핵심은 같다. 앞으로 무엇을 해야 할까, 내가 가고 있는 이 길이 맞나, 누가 나에게 조언이라도 좀 해주면 좋겠다는 것이다. 결정은 해야 하고, 시간은 얼마 남지 않은 것 같아 조급해한다.

사회생활 선배로서, 인사컨설턴트로서, 청춘들과 심리학 수업을 함께한 선생으로서 강조하는 건, 진로를 결정할 때 무엇보다 '자기 자신'을 위한 선택을 내려야 한다는 것이다. 대기업 입사, 공무원, 의사, 변호사, 이런 직업들 물론 다 좋다. 그러나 자신이 정말 관심 있는 분야인지, 그 분야에 평생 몸담고 싶은지, 그 분야에서 잘하고 싶은 마음이 얼마나 크고 분명한지 알고 뛰어들어야 한다.

좋아하지도 않는 일을 하면서 길고 긴 시간을 살도록 하는 건 자신을 해치는 결정이다. 내가 하는 일 안에 내 마음이 없으니 열정도 없고 즐거움도 누리지 못한다. 후회할 가능성이 크다. 서윤이는 지인에게 직업 선택과 관련한 이야기를 들으며 많은 생각을 했다.

얼마 전 지인에게 들은 얘기다. 그분은 1남 2녀 중 장녀인데, 어릴 때부터 부모님이 공부를 잘해서 좋은 직장에 다니라고 하셨다고 한다. 남들이 알아주는 번듯한 직장에 다니는 게 성공이라고, 너는 꼭 성공하라고 강조하시는 부모님 말씀을 거역할 수 없었다고 한다. 본인이 정말 좋아한 건 미술이었지만 포기했다. 그림을 그리는 대신 공부를 했고, 지금 번듯한 직장에 다니고 있다. 그런데 지금도 휴일이면 인사동 길을 걸어 다니고 전시회 광고를 보면 발걸음을 멈추고 한참을 보곤 한다고 했다. 그때마다 후회가 밀려온다고 했다. 그토록 원하던 것을 왜 안 했을까 하고 말이다. 나이가 들수록 후회가 점점 커진다고 하면서, 만일 과거로 돌아간다면 다른 선택을 할 거라고 했다. 지금까지 살아온 시간에 열정도 재미도 없었다며, 나보고는 꼭 하고 싶은 걸 하라고 했다. 그분은 좀 슬퍼 보였다.

내가 무엇을 좋아하는지를 모른다면?

학기 초, 수업을 시작할 때면 자기소개 시간을 가진다. 그룹별로 자리에 앉아서 간단하게 하기도 하지만, 몇 명은 전체 학생들 앞에 나와서 발표하는 시간도 만든다. 발표하겠다는 지원자는 보통 세 명 정도다. 각자 20분 분량으로 준비한 자료를 다른 학생들에게 보여주며 아르바이트, 인턴, 사업, 봉사, 미래의 꿈까지 자신만의 인생 스토리를 전한다. 질의응답 시간도 갖는다. 발표 내용이나 발표자에 대해 궁금한 점을 질문하고 대답을 들으면서 또래 다른 청춘은 어떻게 살고 있는지 알게 된다. 그런데 발표가 끝나면 매번 비슷한 일이 있었다. 학생들이 보고서나 메일을 통해, 아니면 직접 나에게 찾아와서 고민을 털어놓는 것이었다.

"발표하는 학우들을 보니 제가 한심하다는 생각이 듭니다. 저와 나이도 비슷한데 어떻게 그토록 주관이 뚜렷할까요."

"교수님, 저 충격받았습니다. 저는 아무 생각 없이 하루하루 살고 있는데, 다른 사람은 저렇게 적극적으로 살고 있다니 말예요."

"꿈이 있는 사람이 부럽습니다."

매 학기 똑같다. 자신은 무엇을 해야 할지도 모르겠는데 저 친구는, 저 선배는, 저 후배는 어떻게 저렇게 훌륭하게 해나가고 있는지 모르겠다며, 자신만 뒤처져 있다고, 어떻게 하면 좋으냐고 걱정한다. 표정이 어둡다.

기가 죽어 고민하는 청춘에게 나는 말해준다.

"걱정하지 마세요. 앞에 나와서 발표한 사람은 200명 중에 단세 명입니다. 지원자 세 명 채우기도 쉽지 않았어요. 자신이 어떻게 살고 있는지, 어떻게 살아갈 것인지 또렷하게 말할 수 있는 청춘은 드물다는 거지요. 나머지 197명은 대부분 아직 뭘 해야 할지 모르고, 좋아하는 게 뭔지 알고 있지 않아요. 그러니 자신만 늦었다고 생각하고 불안해하지 마세요. 이제 시작하면 됩니다. 이번 학기에 우리 같이 잘 생각해봅시다."

고민하던 청춘은 눈을 반짝이며 묻는다. "정말 저도 잘할 수 있을까요? 제 길을 잘 찾을 수 있을까요?"

마음이 끌리는 분야가 하나도 없는 사람은 없다. 자신이 좋아하는 게 뭔지 '아직' 모를 뿐이다. 이제 찾아보면 되고, 같이 찾아보면 된다. 뒤지고, 살피고, 생각하고, 시도해보자.

민철이는 자신의 관심 영역을 적극적으로 찾아 나섰다. 책상 서랍과 장롱을 뒤지고 다락방에도 올라갔다. 어릴 때부터 지금까지 자신을 돌아볼 수 있는 자료를 다 꺼냈다. 찾아낸 사진, 수첩, 일기, 공책을 다 들춰 보면서 어릴 때 무엇을 하며 놀았는지, 어떤 생각을 많이 했는지, 무슨 수업을 가장 좋아했는지, 어떤 사고를 쳤는지, 무엇을 자꾸 샀는지 등을 모두 살폈다. 민철이는 이렇게 자신을 살핀 시간을 '나 자신을 낱낱이 해부해본 시간이었다'고 표현했다. 가슴속에 있는 끌림을 알기 위해 과거의 나를 돌아보는 건 매우 좋은 방법이다. 일기나 사진처럼 직접 볼 수 있는 자료가 있어야만 가능한 건 아니다. 가만히 앉아 어릴 적 기억을 떠올리는 것도 한 방법이다. '어릴 때 어떤 놀이를 제일 좋아했더라.' '어떤 책을 좋아했더라.' '이유는 뭘까?'

과거를 돌아보는 것과 함께 현재의 나를 살피는 것도 필요하다. 요즘 자신의 관심이 쏠리는 곳이 어디인지 살펴보는 것이다. '나는 책을 고를 때, 신문이나 잡지를 읽을 때, 텔레비전을 볼 때, 거리를 걸을 때, 사람과 세상을 볼 때 어떤 것이 가장 먼저, 가장 크게 눈에 들어오지?' 이런 질문을 던져보자. 내 두 눈이 어디로 향하는지, 보고 또 봐도 재미있어서 자꾸 들여다보게 되는 것은 무언지, 무엇을 조금 더 깊게 들여다보고 싶은지, 어느 쪽으로 계속 마음이 끌리는지 살펴보는 것이다.

　사람에게는 이유를 구체적으로 말하기는 어렵지만 '그거 참 재미있을 것 같다'는 마음이 생기는 것, '저건 무얼까' 하는 궁금증이 자꾸 생기는 분야가 있다. 주변에서 하지 말라고 말려도 내 안에서 하고 싶은 마음이 자꾸 드는 일이 있다. 당신에게는 그것이 무엇인지 알아보자. 지금까지 한 번도 경험해본 적이 없는 분야도 괜찮다. 실력과도 관계없다. 이유 없이 그냥 좋고, 관심이 가고, 아직 잘 못하지만 '잘하고 싶은 마음이 드는 일', '내가 하면 잘할 것 같은데……' 하는 생각이 드는 분야가 무엇인지 알아보는 소박한 시작이면 충분하다.

　이제 막 자신의 관심 분야를 살피기 시작한 청춘의 이야기를 나눠보자. 이들은 자신의 마음속에서 울리는 소리를 들었다.

영은 : 나는 토크쇼를 볼 때 초대 손님이 아니라 진행자에게 관심이 간다. 진행자가 초대 손님의 긴장을 어떻게 풀어주고, 분위기를 어떻게 편하게 만드는지에 주목한다. 어떻게 이야기를 이끌어가는지, 어떤 질문을 하는지, 대답을 들으며 어떤 반응을 보이는지를 본다. 라디오를 들을 때도 마찬가지다. DJ가 게스트나 청취자와 교감을 나누는 방법에 집중한다. 나는 이야기를 이끌어나가며 서로 공감하는 일에 자꾸 관심이 가는 사람이다.

지민 : 그림이 정말 좋다. 그림을 그리면 마음이 평온해진다. 모든 걸 잊고 푹 빠져든다. 재즈도 좋다. 내가 직접 곡을 만들어보고 싶기도 하다. 재즈에 대한 나만의 느낌과 울림을 다른 사람들에게 전하고 싶다. 내가 좋아하는 두 가지 영역인 그림과 재즈를 연결해서 표현해보고 싶기도 하다.

나경 : 초등학교 6학년 때 엄마에게 미싱을 사달라고 했다. 바늘과 다양한 색깔의 실도 부탁했다. 나는 무엇이든 내 손으로 만들고 꾸밀 때 즐겁다. 어릴 때부터 지금까지 한 번 시작하면 다섯 시간은 꼼짝 않고 앉아 있다. 팔찌도 만들고 옷도 만든다. 핸드폰도 예쁘게 장식한다. 디자인 관련 잡지를 보는 것도 정말 좋다. 내 안에 열정이 있다면 그

건 디자인과 제작이다.

영은이와 지민이, 나경이는 '난 이런 게 좋아, 사실 난 이런 것을 해보고 싶어'라는 이야기에 귀를 기울여보았다. 가슴 안에 정말 무언가가 있었다.

자, 이렇게 하고 싶은 것, 좋아하는 것을 떠올려본 다음의 단계는 무엇일까? 관심이 가는 분야를 생각해냈다고 해서 진로가 결정된 것은 아니다. 서두르지 말자. 마음이 끌리는 분야를 찾았다고 해서 '그래, 난 이 일을 하겠어!' 하며 바로 결정을 내리면 안 된다. 경험이 필요하다. 직접 해보는 것이다. 멀리서 겉으로만 보고 하는 결정과 직접 부딪쳐서 겪어본 뒤에 내리는 결정은 다를 수있다. 끌리는 부분을 찾았다면 일이든 공부든 가능한 한 많이 경험해보고 판단하자.

학기 말이 되면 학생들이 찾아와 대학원에서 심리학을 전공해보겠다며 내 의견을 묻는 경우가 종종 있다. 한 학기 동안 공부하면서 심리학에 흥미를 가지게 된 학생들이다. 나는 이렇게 답해주곤 한다.

"심리학을 교양 수업으로 듣는 것과 전공으로 공부하는 건 다릅니다. 우리가 한 학기 동안 공부한 내용은 심리학에서 기초적

이고 어렵지 않은 부분이어서 흥미를 느꼈을 수 있지요. 막상 전
공으로 공부해보면 느낌이 다를 수 있으니 결정을 내리기 전에 좀
더 공부하고 결정을 내리는 것이 좋겠습니다."

진학을 결정하기 전에 반드시 심리학 교양 과목도 다양하게 들
어보고, 전공 수업도 들어보고, 책도 읽고, 논문도 찾아서 읽어볼
것을 권한다. 이런저런 경험을 하다 보면 좀 더 정확한 판단이 가
능하다. 두 가지 생각이 들 수 있다. '심리학이 생각보다 어렵고
복잡하네. 그래, 난 여기까지. 관심은 있지만 이 정도가 좋아.' 혹
은 '역시 심리학은 흥미로운 주제야. 배울수록 더 관심이 가는군.
좀 더 깊게 공부해봐야겠어!' 후자의 경우라면 대학원 진학을 고
려해도 되지만, 전자의 경우라면 심리학은 관심 분야 중 하나 정
도로만 여기고 다른 길을 찾는 편이 좋다.

경험을 통해 관심 분야가 직업에 대한 확신으로 이어진 은서를
소개한다.

내가 좋아하는 건 '숫자'다. 숫자만큼 논리적이고 구체적인 건 없다.
마음에 쏙 든다. 2학년 2학기 때부터 참여한 재무학회에서 기업가치
평가 프로젝트에 참여할 기회가 있었다. 기업을 숫자로 이해하고 평

가했다. 일을 하면서 심장이 떨리는 경험을 했다. 작년에는 전략컨설팅회사에서 인턴십을 했다. 기업의 재무제표를 보고 가치평가 논리를 세우는 일을 맡았다. 아침 8시 30분에 출근하고 자정이 넘어 퇴근하면서도 힘들지 않았다. '어떻게 하면 일을 완벽하게 처리할까' 하는 생각만 가득했다. 실무 경험을 하면서 숫자를 읽어내는 일을 직업으로 삼아야겠다는 확신을 갖게 되었다. 기업은 각자 성격이 다르다. 약점도 있고 강점도 있다. 두껍게 화장을 해서 겉으로는 좋아 보이지만 실제로는 몹시 부실한 기업도 있다. 이런 기업은 우리 사회에 피해를 준다. 기업의 진짜 모습을 숫자로 확인하며 가능성은 키워주고 거짓은 잡아내는 일을 하고 싶다.

은서는 어릴 때부터 숫자가 좋았다. 숫자와 관련된 일을 해보니 생각보다 더 흥미롭다. 자신에게 꼭 맞는 일, 평생 동안 해볼 만한 일이라는 판단이 섰다. 자신의 결정을 전해줄 때 반짝거렸던 은서의 눈빛이 아직도 생생하다. 은서 앞에서 숫자로 거짓말을 하려는 사람이나 회사는 곧 들통이 날 것이다. 숫자를 좋아하고 거짓을 싫어하는 은서가 철저하게 파고들 테니 말이다.

마음이 가는 곳에 나를 위한 선택지가 있다

우리는 왜 하고 싶은 것에 귀를 기울여야 할까? 왜 자신이 좋아하는 일을 해야 할까? 좋아하는 일을 하는 것이 왜 자신을 위한 최선의 선택이 되는 것일까? 크게 세 가지 이유가 있다.

자꾸 들여다보게 된다

첫째, 사람은 자신이 좋아하는 일, 마음이 가는 일, 관심이 쏠리는 일이 있으면 그쪽을 자꾸 보게 된다. 곁에서 한 번 슬쩍 보고 마는 것이 아니라 가까이 가서 유심히 들여다보게 되는 것이다. '유심有心'은 '마음을 담는다'는 뜻이다. 마음을 담아, 주의 깊게 보며 집중한다는 말이다.

우리가 무언가를 유심히 볼 때 달라지는 것이 하나 있다. 바로 창의력이다. 무언가를 주의 깊게 보면 남과 다르게 볼 수 있고, 남과 다른 것을 볼 수 있다. 광고인 박웅현 씨는 《여덟 단어》에서 다음과 같이 말한다.

결국 생각해보니 지금까지 나의 경쟁력이 되어준 단어는 '뷴'이었습니다. 노조도 없고 정년도 없는데다가 언제라도 쉽게 잘릴 수 있는 광고계에서 지금까지 일할 수 있었던 것은 톤이 있었기 때문이었죠. (⋯) 그렇다면 이 톤의 범위는 어디까지인지 살펴봅시다. 내 눈앞의 것, 내 행동만 잘 본다고 해서 아이디어가 샘솟고 창의력이 솟아나지 않습니다. 때로는 주변의 모든 것들, 예를 들어 회의실에서 하는 한마디, 친구들과의 대화, 지나가는 사람들의 모습에도 주목해야 합니다. 그들의 말을 시청하지 말고 견문해야 하죠. 이게 뭐 어려운 일이냐 싶겠지만, 어려워요. 왜냐하면 그 말들이 대단하지 않으니까요. 그냥 일상의 언어들일 뿐이에요. 그런데 이걸 견문해서 그 안에서 빛나는 무언가를 발견해내야 해요.*

박웅현은 "똑같은 것을 보고 다른 것을 읽어낼 수 있는 힘"이 중요하다고 강조한다. "창의력을 기를 수 있는 교실은 바로 현장이며 일상생활에서 훈련해나가는 것이 가장 좋은 방법"이라고도 전한다. 창의력은 수업을 통해 가르치고 배울 수 있는 것이 아니라는 말이다. 머릿속 생각만으로는 되지 않는다. 다른 사람이 흘려보내는 평범함 속에서 '빛나는' 무언가를 발견하려면 머리와 함께 마음을 쏟아야 한다.

* 박웅현, 《여덟 단어》(북하우스, 2013), 110~111쪽.

심리학 용어 중 '선택적 주의Selective Attention'라는 말이 있다. 우리가 일상생활에서 접하는 많은 정보 가운데 자신에게 필요한 특정 정보에 주의를 기울여 선택하고 취하는 현상을 설명하는 용어다. 예를 들어보자. 우리가 '머리 모양을 바꿔볼까'를 생각하고 있다면 길을 걸을 때 사람들의 머리 모양만 눈에 확 들어온다. '신발을 사볼까' 하는 마음이 있으면 사람들이 신고 있는 신발에 눈이 쏠리고, '가방을 사볼까' 싶으면 가방이 유독 눈에 띈다. 시끄러운 곳에서 내 앞에 앉은 사람과 대화를 나눌 수 있는 것도 선택적으로 주의를 기울여 듣기 때문이다. 내 앞에 좋아하는 사람이 있으면 다른 소리는 들리지 않는다. 그 사람 목소리만 들리고, 그 사람만 보인다. 시간도 무척 빨리 간다. 싫어하는 공부를 하며 보내는 두 시간과 좋아하는 사람과 얘기하며 나누는 두 시간은 다르게 느껴진다.

1부에서 성격에 대해 설명하며 창의력을 잠깐 언급했다. 많은 청춘들이 창의력이 부족하다고 고민하지만 방법이 있다는 말을 남겼다. 그 부분에 대해 지금 얘기해보자. 창의력을 키우는 방법 중 하나는 마음이 가는 분야에 몸과 마음을 담그는 것이다. 누가 시켜서 하는 것이 아니라, 의무감 때문에 억지로 하는 것이 아니라 내 안에서 울림이 있고 끌어당기는 일을 하는 것이다.

광고인 이제석은 《광고천재 이제석》에서 기발한 아이디어를 떠올리게 된 과정을 소개한다. '오레오'라는 과자 광고를 만들 때였다. 그는 하루 세 끼를 오레오만 먹었다. 다 큰 어른이 밥도 아니고 국수도 아닌 오레오 과자로 식사를 해결했다. 어디 먹기만 했겠는가. 하루 종일 눈에 들어오는 모든 정보를 오레오와 연결해서 보았을 것이다. 새까만 과자를 하도 많이 먹어 치아와 입 주변이 거뭇거뭇해져서는 온 세상을 오레오에 비추어 바라보았을 것이다. 눈을 감아도 떠도 오레오만 생각했을 것이다. 오레오……, 오레오? 오, 오레오! 그러다 마침내 그분을 만났다.

> 이런 짓을 하다 보면 어느 순간 그분이 오신다. 빵! 하고 머리가 새하얘지면서 온몸에 전율이 인다. 팔 뒤에서부터 어깨 등줄기 목줄기 뒤통수를 타고 백만 볼트의 전류가 흐르면서 온몸에 소름이 돋고 다시 괄약근과 전립선으로까지 타고 내려온다. 사형수가 따로 없다. 나는 이 맛에 광고한다.*

성인 남자가 하루 세 끼를 다디단 과자로 먹고 하루 종일 들여

---

* 이제석, 《광고천재 이제석》(학고재, 2014), 160쪽.

다보면서 세상 모든 걸 그 과자에 비추어 생각한다. 이제석은 이 과정을 '이런 짓'이라고 표현했다. 본인이 표현한 대로 '이런 짓'이 누가 시킨다고 할 수 있는 일일까? 필자인 나는 못할 것 같다. 하루 세 끼 과자를 먹는 것까지는 해본다고 해도 새로운 아이디어를 만들어내기는 어려울 것 같다. 나에게는 과자를 멋지게 표현하는 광고를 만들고 싶다는 마음이 없기 때문이다. 남들이 만든 광고를 보고 재밌네, 멋지네 하고 느낄 뿐이다. 하지만 광고인 이제석은 과자를 재미있게 표현하고 싶은 마음이 컸고, 그 마음에 끌려서 들여다보았다. 가운데 하얀 크림이 있는 새까맣고 동그란 과자를 기발하고 재미있게 표현하고 싶은 마음이 가득했기에 새까맣고 동그란 과자를 보고 또 봤다.

이런 마음이 시작이다. 이런 바람을 가지고 박웅현과 이제석은 남들이 보지 못한 걸 보고, 남들이 만들지 못한 광고를 만든다. 마음을 다해 자꾸 들여다보고, 계속 들여다보기에 가능한 일이다.

연구도, 회사에서 맡은 일도, 사업도 이치는 같다. 관심이 가는 일을 하게 되면 스스로 고민하게 된다. '이렇게 해볼까, 저렇게 해볼까, 이런 쪽에서 검토해보면 어떨까, 저런 건 어떨까'를 생각한다. '더 좋은 방법이 있지 않을까, 분명 새로운 것이 있을 텐데' 하는 생각이 자꾸 든다. 자꾸 들여다보고 궁리하면서 남들이 보지 못하는 것을 보게 된다. 이것이 바로 창의력이다.

창의력이 부족하다고 생각되면 자신이 어떤 부분에 흥미가 있는지, 자꾸 어디에 관심이 가는지를 돌아보자. 무언가를 정말 좋아하는 마음은 남들이 보지 못하는 것, 아직 세상에 없는 것을 보고 싶다는 바람과 의욕으로 이어진다. 새로운 것, 다양한 것, 독특한 것을 만들어내는 시작이 된다.

내 안에서 용기가 생긴다

좋아하는 일을 하면 내 안에서 용기가 생긴다. 궁금한 걸 주변에 물어볼 용기, 알아낼 때까지 따라다닐 용기, 잘 모르고 잘하지도 않지만 해보겠다고 도전해볼 용기가 생긴다. 용감해서 도전하는 것이 아니라 진심으로 좋아하고 원하니까 과감하게 행동할 수있게 된다. 준용이가 그랬다.

내가 제일 좋아하는 건 축구다. 운동장에서 공을 차는 것도 좋고 경기를 구경하는 것도 재밌다. 축구라면 다 좋다. 나는 소극적이고 조용한 성격이다. 언제 어디서든 나서지 않는다. 이런 내가 요즘 변한 게 하나 있다. 축구와 관련해서 종종 '들이대기'를 한다는 것이다. 얼마 전에는 우연히 알게 된 축구 관련 모임의 회장님께 연락을 드려 궁금한 점을 이것저것 물었다. 적극적인 내 모습이 보기 좋았는지 친절하게 설명해주셨다. 축구 용품을 다루는 회사에도 전화해서 아르바이트를 할 수 있는지 물었다. 설명은 친절했으나 결론은 거절이었다. 그런데 거절을 당하고도 기분이 나쁘지 않았다. 내가 좋아하는 축구에 한 발자국 다가간 것 같고 조금이라도 배운 것 같았다. 지레 겁먹고 마음 한구석 희망으로 두기보다는 조금 창피하고 헛물켜는 것 같아도 자꾸 다가가보려 한다. 나도 내 변화가 놀랍다.

내가 아는 준용은 정말 조용하고 수줍음 많은 청춘이었다. 준용이의 변화는 나에게도 놀랍고 반가웠다.

혹 참고가 될까 싶어 필자인 내 경험도 나눠본다. 30대 후반 나이에 박사 과정에 지원하려고 이것저것 알아볼 때였다. 공부하고 싶은 분야의 교수님께 인사드릴 수 있는 기회가 있었다. 내 소개를 하고, 박사 과정에 진학해서 공부해보고 싶다고 말씀드렸다. 연구해보고 싶은 주제도 말씀드렸다. 기대에 차 있는 나에게 교수님은 단호히 말씀하셨다.

"당신은 공부를 더 하지 않는 게 좋겠습니다. 지원한다고 해도 제자로 받아줄 수 없습니다."

당황해서 물었다. "이유를 알 수 있을까요?"

"솔직히 말하지요. 당신은 나이가 많고(37세), 결혼해서 아이가 있고(딸 하나, 아들 하나), 현재 일을 하고 있기 때문입니다(당시 나는 컨설팅 회사에서 인사컨설턴트로 재직 중이었다). 박사 과정은 쉽지 않아요. 수업 시간에 배우는 공부에 더해 연구를 진행하고 논문까지 써야 하죠. 시간이 절대적으로 부족할 겁니다. 이미 가정과 일을 병행하는 것만으로도 쉽지 않을 텐데 공부까지 더 하는 것은 무리라고 봅니다."

"시간 조절은 제가 어떻게든 알아서 하겠습니다. 기회를 주시면 할 수 있습니다."

"힘들어서 중간에 포기할 겁니다. 그런 사람 여럿 봤습니다. 그만큼 어렵다는 말입니다."

"교수님, 저는 포기하지 않겠습니다. 열심히 하겠습니다. 할 수 있습니다."

"아니요, 포기할 겁니다."

글로 적어보니 당시 분위기가 살벌했던 것처럼 전달되는데, 그렇지는 않았다. 교수님 말씀이 단호하기는 했지만 공격적이거나 적대적인 건 아니었다. 나도 공부하고 싶다는 바람을 잘 전달할 수 있도록 차분히 노력했다. 대화는 한 시간 정도 계속되었다. 교수님 결론은 끝내 '지금도 바쁠 텐데 무리하지 않는 것이 좋겠다'

였다.

교수님은 내가 무리한 도전을 하는 거라고 걱정했던 것 같다. 중간에 포기하는 사람을 여럿 보았고, 나도 그중 하나가 될 거라 생각하신 듯했다. 중간에 제자가 그만두면 지도 교수 입장에서도 난감한 일이니 미리 걱정하는 건 당연했다.

나는 그날 이후 더 고민했다. 나에게 물었다.

'하유진, 너는 힘들어서 못한다. 중간에 포기할 거란다. 엄청 힘들어서 공부만 해도 힘든데 연구까지 하는 게 지금 내 상황에서는, 내 조건에서는 무리일 거라고 한다. 그래도 할래?'

'왜 하려는 거야? 박사 학위가 필요해서? 멋져 보이고 싶어서? 공부하려는 이유가 그런 거라면 하지 마.'

질문에 대한 내 대답은 분명했다. 사람들을 동기부여해줄 수 있는 방법을 알고 싶다, 실패를 딛고 다시 일어설 수 있도록 돕고 싶다, 그런데 그 방법은 '심리학'에 있다. 왜 누구는 잘하고 누구는 못할까, 왜 누구는 실패해도 다시 일어서고 누구는 그냥 주저앉을까. 무엇 때문일까. 사람의 마음과 생각은 어떻게 움직이는 걸까. 궁금했다.

결론을 내렸다. "궁금하다, 알고 싶다, 알아야겠다."

그럼 내가 해야 하는 일은 분명했다. 다시 도전. 다른 연구실을 찾아 문을 두드렸다. 내 생각은 단순했다. 기회는 다음에 다른 곳에 또 있다. 찾아보고 두드리자.

지금까지 내용만 보면 내가 매우 적극적인 성격으로 보일 수도 있겠다. 사실 반대다. 나는 몹시 소극적이다. 앞에서도 얘기했듯이 성격 검사에서 내향 점수가 만점이 나오는 사람이다. 낯가림도 심하다. 잘 모르는 사람들과 있는 상황을 어색해하고, 모르는 이에게 말을 건네는 것도 잘 못한다. 이런 성격을 가진 내가 평소와 다르게 행동한 것이다.

심리학에 정말 관심이 있는 게 아니라면 잘 알지도 못하는 교수님을 찾아서 문을 두드리지 못했을 것이다. 심리학에 궁금한 게 많아서, 정말로 공부를 하고 싶어서 찾아간 것이 아니었다면 교수님이 안 된다고 했을 때 꾸벅 인사드리고 바로 나왔을 것이다. "네, 알겠습니다. 좋은 말씀 감사합니다. 바쁘신데 시간 내주셔서 감사합니다." 서둘러 돌아와서는 이불을 뒤집어쓰고 엉엉 울었을 것이다. "괜히 갔어, 왜 갔지, 왜 간 거야. 왜 안 된다는 말을 사서 듣고 다니는 거야. 공부 안 해. 안 할 거야."

그런데 나는 그러지 않았다. 힘들어서 해내지 못할 거라는 이유로 거절당했을 때도 바로 마음을 접어버리지 않았다. 대신에 심리학이 정말 내가 하고 싶어서 하는 공부인지, 중간에 포기하는 사람이 많을 만큼 힘든 과정을 내가 끝까지 해낼 수 있을지를 물었다.

지금 생각해도 용감했다. 용감한 도전이었다. 내향과 소극으로 가득한 성격인 내가 어떻게 '나는 안 되는구나, 역시 안 되는구나'가 아니라 "할 수 있습니다, 포기하지 않겠습니다"라고 말할 수 있었을까? '어떻게 하면 시작할 수 있을까?'를 생각하며 자꾸 문을 두드렸을까?

내 마음에 강한 끌림이 있어서였다. 내가 스스로 좋아하고 원해서였기 때문이다. 모든 사람에게는 자신도 모르는 용기를 발휘하게 하는 '무엇'이 있다. 불끈 용기가 생기도록 만들어주는 것. 자기도 모르게 새로운 도전을 할 수 있게 만들어주는 그 무엇. 주저하다가도 결국 부딪치고 실행 가능하도록 만드는 무엇이 있다. 마음 안에 있는 '끌림'이다. 우리가 마음속 끌림에게 관심을 주면, 그 끌림은 우리에게 행동할 수 있는 용기를 준다.

잘하고 싶은 마음이 든다

청춘은 묻는다. 잘하는 일과 좋아하는 일 중 어떤 것을 선택해야 하느냐고. 표정을 보면 심각하다. '죽느냐 사느냐 그것이 문제로다'를 고민하던 햄릿처럼 절박하게 고민한다. '잘하는 일이냐 좋

아하는 일이냐, 그것이 문제로다!'

C전무의 사례를 통해 답을 찾아보자.

외국계 회사 회계담당 임원으로 퇴직한 C전무는 경영학을 전공했다. 졸업 후 바로 취업한 회사에서 회계 관련 업무를 맡았다. 일을 정말 잘했다. 계산은 늘 정확했고 자금의 흐름을 예리하게 읽어냈다. 승진도 빠르고 연봉도 껑충껑충 뛰었다. 그런데 문제가 하나 있었다. 누구보다 잘하는 그 일이 본인은 전혀 즐겁지 않았다.

하루 종일 들여다봐야 하는 엑셀 파일이 싫었습니다. 엑셀 파일 안에 빼곡하게 들어찬 8포인트, 9포인트 크기의 숫자는 더 싫었지요. 언제부터인가 출근을 했는데 컴퓨터를 켜기가 싫어지더군요. 전원 버튼을 누르지 않은 채 까만 모니터를 보며 한참을 앉아 있기도 했습니다. 버튼을 누르면 엑셀 파일과 숫자와의 싸움이 시작된다는 걸 아니까 피하고 싶었던 거죠.

C전무는 30대까지는 타인의 인정을 받는 뿌듯함과 승진하는 쾌감, 돈 버는 재미에 일을 열심히 하기도 했다. 하지만 애정도 관심도 없이 그저 돈과 승진을 위해 매일매일 해야 하는 일은 C전무를 점점 지치게 만들었다. 회사도 일도 사람도 싫어졌다. 출근

도 하기 싫고, 출근해서 컴퓨터를 켜는 것마저도 싫은 사람이 맡은 일을 잘 해내기는 어렵다. 원인이 있으면 그에 따른 결과가 있는 법. 40대 중반을 넘어서면서 C전무의 성과는 조금씩 나빠졌다. 몇 년 후 회사는 퇴사를 권유했다.

상담을 받기 위해 내 앞에 앉은 C전무는 담담했다. 남들은 퇴직해서 서운하지 않느냐고 걱정하지만 자신은 괜찮다고 했다. 오래 버텼다고, 그동안 할 만큼 했다고, 아쉬움은 없다고 했다. 남은 인생은 좀 다르게 살아보고 싶다고 했다. "어떤 일을 하든 힘든 건 비슷할 것 같습니다. 직장 생활을 하면서 배운 점은 일에서 의미와 보람을 느낄 수 있는지 여부가 중요하다는 것입니다. 이제는 돈만 벌기 위한 일이 아니라 즐거움과 보람도 느낄 수 있는 일을 하면서 살아보고 싶습니다."

일을 통해 돈을 많이 벌고 지위가 높아지는 건 좋은 일이다. 하지만 일하는 이유가 마음의 울림과 끌림이 아니라, 돈이나 명성을 위한 게 전부라면 곤란하다. 좋아하지도 않는 일을 하루 여덟 시간 이상, 매일매일 한다고 생각해보자. 그 와중에 경쟁에서 이기고 성과도 내야 한다. 가슴이 답답해지지 않는가? 직업은 한 번 선택하면 1~2년 하고 끝나지 않는다. 도저히 못하겠다 싶으면 직업을 바꿀 수는 있지만, 쉽지는 않다. '직장'을 바꾸는 것도 어려운 요즘에 '직업'을 바꾸는 건 더 어렵다. 나이가 들수록 어려움은 더하다. 시작이 중요하다.

좋아하는 일은 시간이 지날수록 잘하게 될 가능성이 크다. 관심 분야를 자꾸 들여다보고, 용기를 내어 기회를 만들고, 누가 시키지 않아도 부단히 노력하기 때문이다. 잘하기 위해서 배우는 과정이 재미가 있고, 재미와 관심을 가지고 노력하는 과정에서 실력이 늘어간다. 그래서 처음에 좋아하는 일을 선택하면 시간이 지나면서 좋아하는 일과 잘하는 일을 둘 다 가지게 될 가능성이 크다. 반면에 실력은 좋지만 마음이 끌리지 않는 일을 선택하면 결국 자신이 하는 일이 좋아하는 일도 아니고 잘하는 일도 아닌 쪽으로 변하게 될 가능성이 커진다. 마음이 가지 않는 일을 오래도록 잘하기는 어렵다. C전무가 그 예다.

중요한 출발을 앞두고 있는 당신은 부디 인생을 길게 보고 자신을 위하는 선택을 하기 바란다.

자신을 위한 시간과 기회를 마련하자

이제 마무리하자. 당신은 지금까지 해야 할 것, 부모님이나 선생님이 하라고 한 것은 많이 하고 살았다. 이제는 가슴이 이끄는 것에 귀를 기울여보기를 바란다. 어릴 때부터 모아두었던 자료를 살펴보고 마음속을 들여다보기도 하면서 자신이 어디에 끌리는지, 무엇을 좋아하는지 뒤져보자. 나를 제대로 알고, 도전하고, 경험하고, 판단하자.

마음속 울림을 따르며 자신을 위한 삶을 살아보겠다는 결심을 전한 청춘 세 명의 이야기를 전한다.

혜민 : 나는 공부를 잘했다. 무서운 엄마에게 혼나기 싫어서 공부를 하고 등수를 올렸다. 나가기 싫은 대회에 나가서 상도 탔다. 전공도 엄마가 선택했다. 내가 무엇을 좋아하는지, 어떤 곳에 관심이 있는지는 생각하지 않았다. 허수아비처럼, 엄마가 원하는 삶을 살아왔다. 요즘 꾸역꾸역 나를 들여다보았다. 내 인생인데 나는 없었다. 이제 달라지고 싶다. 어릴 때부터 하고 싶은 게 있었지만 말도 못 꺼내봤다. 이제 해봐야겠다. 내 인생 최초로 엄마에게 반기를 들어보려 한다. 나를 위해 살아보고 싶다. 앞으로는 나 자신의 행복과 만족감을 위해 살고 싶다.

승재 : 내 마음속 끌림을 따르고 싶다. 부모님의 기대와 권유, 학벌, 사

회적 위치, 친구 관계 등 내 삶을 가로막고 있는 단단한 벽을 뚫어보고 싶다. 성공하고 행복할 거라는 확신은 없다. 힘들 것 같아 걱정도 된다. 그래도 나만의 삶, 나를 위한 삶을 살고 싶다. 벽 너머에 있는 새로운 세상으로 나가보겠다. 책임도 내가 진다.

희중: '나에게 1년만 시간을 주자.' 나는 지금까지 어떤 분야에 관심이 가는지, 어떤 일을 해야 할 것인지에 대해 생각하지 않고 살았다. 청춘이 다 지나가기 전에, 사회에 발을 내딛기 전에 나에게 시간을 좀 주려고 한다. 인생을 크게 볼 때 청춘 시기에 마음속에서 끌리는 일을 찾고, 그 일을 경험해보는 데 1년을 투자하는 건 낭비가 아닐 것이다. 부모님과 상의해 1년간 휴학을 하기로 했다. 시야를 넓혀 다양한 분야를 탐구하는 시간으로 채워보겠나. 1년을 후회 없는 노선과 경험으로 채워보고 내 길을 결정하겠다.

나를 위한 선택은 내 안에서 나온다. 너무 조급해하지 말고 자신에게 시간과 기회를 좀 주자. 연구에 의하면 성과를 예측하는 힘은 능력보다 흥미가 더 강하다. 어릴 때부터 막대한 연습 시간을 쌓아야 한다든가, 특별한 재능이 필요한 일이 아니라면 스스로 관심을 가지고 좋아서 하는 일을 하는 사람이 더 좋은 성과를 낼 수 있다는 말이다. 지금부터 시작해서 피겨스케이트 선수나 피아니스트가 되겠다는 것이 아닌 이상, 좋아하는 일을 하는 편이 성공 가능성이 높다.

생각하고 경험하고 판단할 수 있는 시간과 기회는 청춘이 아니면 누리기 힘들다. 나이가 많아질수록 몇 주, 아니 단 며칠이라도 자신을 돌아보고 다양한 경험을 해보는 시간을 가지는 것이 점점 어려워진다.

자신에게 시간을 좀 주자. 마음속 끌림을 찾고 경험을 해보자. 인생에서 내 결심을 실행으로 옮기기에 가장 좋은 때가 있다. 당신이 살고 있는 청춘이 바로 그때다.

가만히 자신을 들여다봅시다. 당신은 어느 분야에 자꾸 관심이 가나요?
어떤 일에 눈과 귀가 향하고 마음이 끌리나요? 그 일을 경험해보려면
어떻게 움직여야 할까요?

3부

나를 도약하는 시간

든든한 친구이자 무기인 말과 글

도약을 위해 갖춰야 할 첫 번째 경쟁력은 '말과 글'이다. 말과 글은 한 사람의 내면에 무엇이 있는지를 보여준다. 생각의 깊이나 지식의 수준을 나타내는 거울이다.

이야기 1 : 추운 겨울날에 진행된 최종 면접

어느 회사에서 신입사원 최종 면접이 진행되던 날.

긴장을 풀어주기 위해 임원 한 명이 편한 질문을 던졌다.

"오늘 많이 춥죠?"

머리부터 발끝까지 단정하게 차려입은 청춘이 대답했다.

"네, 정말 춥네요."

그런데 막상 입 밖으로 튀어나온 말은 다음과 같았다.

"네, X나 춥네요."

순간 분위기는 얼어붙었다. 그 자리에 있는 어느 누구도 아무런 말을 못했다. 상황을 파악한 지원자는 바로 사과했다. "헉! 죄송합니다. 제가 너무 긴장해서 그만…… 죄송합니다!"

한 기업의 최종 면접 장소에서 실제로 벌어진 일이다. 지원자는 긴장감 속에서 무의식적으로 평소에 자주 쓰던 말을 해버린 것이다. "많이 춥네요." "정말 춥네요." 대신에 "X나 춥네요." 이렇게.

임원까지 참석한 중요한 자리에서 예상치 못한 단어가 나오자 모두가 놀랐다. 제일 많이 놀란 사람은 당사자 본인이었을 것이다. 최종 면접까지 올라가서 고지를 코앞에 두고 큰 실수를 저질렀다. 지원자는 사과를 했지만 없던 일이 되지는 않았다.

이야기 2 : 데이트 신청을 하던 청춘의 한마디

얼마 전 버스 정류장에서 경험한 일이다. 한 청년이 통화하는 소리가 들렸다.

"토요일에 시간 되면 우리 점심 같이 먹을까요?"

데이트 신청을 하는구나. 듣고 있던 나도 같이 설□다. 속으로 응원도 했다. '상대가 받아주면 좋겠는데······.'

청년은 부드럽게 말을 이었다.

"제가 X나게 맛있는 식당을 알고 있거든요."

세상에! 맛있다는 걸 강조하기 위해 꼭 그렇게 말해야 했을까? 혹시 장난으로 데이트를 신청하는 것인지 확인하려고 표정을 보았다. 청년은 진지했다. 통화하고 있는 여성과 함께 맛있는 음식을 먹고 싶어 하는 바람이 가득했다. 요즘 청춘은 떨리는 마음으로 데이트 신청을 할 때도 저런 말을 쓰는구나 싶었다. 궁금했다, 상대는 어떻게 대답했을까?

위 두 사례에서 공통으로 등장한 단어는 쓰임새가 다양하다. 긍정도 강조하고, 부정도 강조한다. '예쁘다, 잘생겼다, 피곤하다, 덥다, 춥다, 배고프다, 배부르다, 재미있다, 재미없다, 맛있다, 맛없다'와 같은 다양한 형용사와 부사 앞에 다 붙는다. 때로 그 앞에 욕이 하나 더 붙기도 한다.

청춘들이 욕을 욕이 아닌 듯 편하게 자주 사용하고 있다. 대화 중에 욕을 몇 가지는 섞어야 제대로 말하는 것 같다는 분위기다.

자신이 쓰는 말이 욕인지 비속어인지도 모르는 경우도 많다. 혹 알아도 신경 쓰지 않는다. '너도 쓰니 나도 쓴다, 여러 사람이 쓰는 말이니 문제될 것 없다'고 생각하는 듯하다.

이야기 3 : 기본 형식을 무시하는 청춘들의 메일

나는 이런저런 이유로 청춘들에게 메일을 많이 받는다. 청춘이 보낸 메일은 내용도 형식도 천차만별이다. 예의를 갖춰 잘 쓴 글도 많은 반면에, 이건 좀 곤란하다 싶은 경우도 있다.

보고서를 제출해야 하는 걸 잊고 날짜를 넘긴 한 청춘이 뒤늦게 나에게 메일을 보냈다.

저는 ***입니다 ㅜㅜ

제가 보고서를 써야하는걸 깜빡하고 오늘 내지 못했습니다 ㅜ.ㅜ

다음시간에 내도 되는건지요?

늦게제출하면 점수가 얼마나 깎이나요... ㅠㅠㅠ

제발 조금만 깎아주시면좋겠습니당~ ㅎㅎ

보고서 제출이 늦은 상황을 설명하고 점수가 조금만 깎이면 좋겠다는 바람을 전달한 메일이다. 위 내용을 다시 보자. 과연 이 글이 20대가 쓴 것이라고 볼 수 있을까 싶다. 띄어쓰기도 마음대로다. 물음표도 없고, 마침표도 없다. 'ㅜ.ㅜ, ㅠㅠ, ㅎㅎ' 같은 채팅어를 잔뜩 달아놓았다. 선생님께 보내는 메일인데 '선생님, 안녕하세요'라는 인사도 없다. 본인이 필요한 말만 하고 나서 또 그냥 끝이다. '감사합니다, 누구 드림'이라는 마무리 인사도 없다. 있어야 할 건 없고, 없어야 할 것만 잔뜩 있다. 메일을 하나 더 보자.

다음 주 수요일, 추석 연휴 전날에 정말 수업하나요?

이게 내용 전부다. 문장 앞뒤에 아무것도 없다. 인사도 없고, 본인이 누구인지 알 수 있는 이름도 없다. 다음 주에 수업하느냐고 묻는 딱 한 줄이 전부다. 메일에서 마지막 두 글자만 바꾸면 친구에게 보내는 문자다. "다음 주 수요일 추석 연휴 전날에 정말 수업하냐?"

놀라운 건 이 청춘들이 보고서를 늦게 제출한 것이 민망해서 장난스럽게 쓰려고 했다거나, 혹은 연휴 전날까지도 수업을 하는 것이 기분 나빠서 일부러 무례하게 쓴 게 아니라는 점이다. 해야 할 말이 있어서 했고, 궁금한 점이 있어서 물어보았을 뿐이다.

메일을 쓸 때 두 가지는 지키자. 첫째, 누구에게든 메일을 보낼 때는 글을 시작하고 마무리할 때 간단하게라도 인사를 하자. 하고 싶은 말 앞뒤에 '안녕하세요' '감사합니다'와 같은 인사를 갖추면 메일이 훨씬 단정해진다. 둘째, 수업이나 성적, 업무와 관련한 공적인 글이나 어른에게 보내는 글은 좀 더 주의해서 기본적인 형식을 갖추고 문장을 다듬어보자. 친구와 편하게 나누는 내용이라면 장난스럽게 써도 괜찮지만, 상대가 달라지면 표현도 달라져야 한다. 동갑내기 친구나 가까운 선후배 사이에서 사용하는 표현을 아무 때나 누구에게나 써서는 안 된다. 메일 쓸 때 기본적인 예의를 지키는 일은 보고서 제출이 늦으면 점수가 몇 점 깎이는지를 아는 것보다, 휴강 여부를 확인하는 것보다 훨씬 더 중요하다.

이야기 4 : 자신의 생각을 문장으로 만들지 못하는 청춘들

좋지 않은 말을 습관적으로 하거나 상황에 맞지 않는 어린아이 같은 글을 쓰는 것만 문제는 아니다. 단어를 순서에 맞게 연결하고 문장으로 완성하는 일을 어려워하는 청춘이 많다. 자신의 생각을 논리적으로 정리하기를 어려워하는 것이다.

　나는 수업이 끝날 무렵 배운 내용을 정리하기 위해 질문을 하곤 했다.

　"오늘 배운 내용에서 기억해야 할 부분은 뭘까요?"

　한 학생이 답한다. "다르다."

　"다르다. 음, 뭐가 다르다는 거죠?"

　"사람들이요."

　"사람들. 사람들이 다르다……?"

　"관점이……"

　"다르다, 사람들, 관점. (고개를 갸웃거리며) 그래서……요?"

　"잘 이해해라."

　"나보고 알아서 잘 이해하라는 말인가요?"

　"아니요, 그런 건 아닙니다."

　듣고 있던 학생들이 웃는다. 나도 웃고, 대답한 당사자도 웃는다. 자신이 말해놓고도 재미있나보다. 나는 마무리를 제안한다.

　"대답에 필요한 단어가 다 나온 것 같으니 이제 문장으로 만들어볼까요?"

　"그러니까……" 문장으로 만들려니 어렵다. '머릿속에서 뱅뱅 도는 이 단어들을 어떻게 연결해야 한담?' 학생은 답답한 마음에 얼굴이 발갛게 달아오른다. 머리까지 쥐어뜯으며 고민한다. 내 도움을 조금 받아 완성한 문장은 이랬다. "우리는 각자 생각하는 방식이 다르다. 인간관계에서는 사람마다 관점에 차이가 있다는 점을 이해하는 것이 중요하다."

그다지 어려운 문장은 아니다. 길지도 않다. 하지만 이 정도도 어려워하는 청춘이 많다. 자신의 생각을 논리적으로 정리하고 문장으로 만드는 것이 잘 안 된다. 앞의 학생이 말한 것처럼 하고 싶은 말이 있어도 주어, 목적어, 서술어를 순서에 맞춰서 표현하지 못한다. 문장을 만드는 대신에 단어를 나열한다. '다르다, 사람들, 관점, 잘 이해해라' 이렇게. 구슬을 골라서 늘어놓기까지는 하는데 실로 엮지는 못하는 것이다. 간단한 문장을 만드는 것도 어려운데 좀 더 긴 내용을 서론, 본론, 결론으로 정리해 전달하는 건 더 어렵다. 논리와 형식이 부실하다 보니 내용이 조금만 길어지면 뒤죽박죽이 된다.

국내 한 기업의 임원이 요즘 청춘들이 하는 발표를 보며 든 생각을 전해주었다.

발표 중에 제일 안 좋은 게 뭔지 아십니까? 긴장하면서 떨고 실수하는 거요? 아닙니다. 발표하면서 좀 떨어도 괜찮고, 실수해도 괜찮습니다. 사람들 앞에서 말하려니 얼마나 떨리겠어요. 이해합니다. 정작 아쉬운 건 이런 겁니다. 발표자가 앞에 서서 이런 말, 저런 말을 했어요, 저도 열심히 들었지요. 그런데 다 듣고 나니까 궁금해지는 겁니다. '그래서, 이 사람이 얘기하고 싶은 게 뭐지? 무얼 전달하려고 지금까지 이 많은 얘기를 한 거야?' 한마디로 'So What?' 이런 생각이 들어요.

요즘 젊은 친구들이 발표할 때 이런 경우가 많습니다. 준비한 PPT 자료는 색깔도 화려하고, 이런저런 효과를 넣어서 눈으로는 멋져 보여요. 그런데 정작 알맹이가 없습니다. 내용이 앞뒤도 안 맞아요. 그래서 핵심이 무엇이냐고 물어보면 본인이 발표를 해놓고도 무슨 말을 한 건지, 무엇을 전하려고 한 건지도 분명하게 대답하지 못합니다. 결국 자료만 많이 보여준 거지요. 요점도 없고 전개가 논리적이지도 않은 발표는 정말 최악입니다.

요점 없고, 논리도 없고, 자료만 화려한 발표. 안타깝게도 요즘 청춘들이 많이 하는 발표다. 떨면서 실수도 좀 하더라도 논리적이고 요점이 분명한 발표가 좋다는 의견을 명심하기 바란다.

이야기 5 : 버릇처럼 쓰는 '잘 부탁합니다!'

마지막으로 한 경우만 더 살펴보자. 학기 초에 받는 보고서나 메일을 보면 글 마무리에 자주 등장하는 표현이 있다. "한 학기 동안 잘 부탁드립니다!" 읽을 때마다 궁금했다. "나에게 무엇을 잘 부탁한다는 거지?"

사전에서 '부탁'의 뜻을 찾아보았다. '어떤 일을 해달라고 청하거나 맡김, 또는 그 일거리'라고 나와 있다. 동사형인 '부탁하다'는 '어떤 일을 해달라고 청하거나 맡기다'라는 뜻을 나타낸다. 의미가 비슷한 단어에는 '청탁하다, 간청하다, 맡기다, 바라다, 사정사정하다, 소청하다' 등이 있다. 알고 나니 더 궁금하다. 청춘들은 '부탁한다' 말을 어떤 의미로 쓰는 걸까? 이런 뜻이라는 것을 알고 있을까?

궁금하면 확인하고 분명히 아는 게 좋다. 수업을 시작하기 전에 물었다.

"보고서를 보니 한 학기 동안 잘 부탁한다고 쓴 사람이 많던데, 무슨 의미인지 잘 모르겠더군요. 구체적으로 나에게 무얼 부탁하는 건가요? 자신을 예쁘게, 멋지게 봐달라고 부탁하는 건가요? 아님, 한 학기 동안 수업 준비 잘하고 강의 열심히 하라고 부탁?

시험 문제 쉽게 내달라는 부탁인가요? 아직 잘 알지도 못하는 사이에서 대뜸 잘 부탁한다는 말을 하는 것도 좀 이상하지만, 부탁을 하려면 자신이 요구하는 게 뭔지, 필요한 게 뭔지 정확히 써야 하지 않을까요? 무얼 부탁하는지 알아야 제가 들어줄 수 있는지 없는지도 알 수 있을 것 같군요."

하나 더 말한다. "잘 생각해봅시다. 여러분이 선생인 나에게 하고 싶은 말이 정말 '잘 부탁한다'는 말인가요? 여러분이 가지고 있는 바람을 적절하게 전할 수 있는 다른 표현이 있지 않을까요?"

학생들은 뜻밖이라는 반응을 보인다. '어라? 듣고 보니 그러네?' 하는 표정이다. 몇몇 학생이 말한다. "제가 잘 부탁드린다고 한 건 열심히 공부하겠다는 의미였습니다. 별 생각 없이 썼는데 표현이 잘못됐네요. 정정합니다. '열심히 하겠습니다!'라고요."

내 생각도 그렇다. 학생들은 그랬을 것이다. 원래 하고 싶은 말은 '열심히 하겠다'였는데, 주변에서 '잘 부탁드립니다'라는 말을 많이 쓰니 별 생각 없이 쓴 것이다. 그런데 이 말은 특히 청춘에게 어울리지 않는다. 청춘이 쓰기에는 너무 소극적이고 수동적인 느낌이 든다. '알아서 잘 끌어주세요. 저는 따라가겠습니다. 그저 잘 봐주시면 좋겠습니다.' 이렇게 들리기도 한다.

'열심히 하겠다'는 의지와 바람을 전할 수 있는 적절한 표현을 찾아보자. 어떤 말을 쓸 수 있을까? 어떤 청춘은 '수업을 듣게 되어 좋습니다. 한 학기 동안 열심히 하겠습니다'라고 평범하게 썼고, 어떤 청춘은 '저는 심리학에 관심이 많습니다. 일상생활에 적용할 수 있는 내용을 배울 수 있으면 좋겠습니다'라고 좀 더 구체적으로 썼다. 둘 다 좋다. '저는 이성에게 호감을 얻는 방법이 궁금합니다! 혹 수업에서 다뤄주실 수 있으신지요?'도 좋고 '열심히 공부하겠습니다. 교수님도 열심히 강의해주세요!'라는 표현도 좋다. 모두 다 '잘 부탁합니다'라는 뜬금없는 인사보다 훨씬 좋다.

노력하겠다는 의지를 전하며 눈을 반짝이는 청춘을 보면 기특해서 뭐라도 하나 더 해주고 싶다. 잘해보려는 의지를 보이는 청춘에게는 기대가 생긴다. 도와주려는 마음도 든다. 반면에 이제 막 처음 만나자마자 '잘 부탁합니다'라고 말하는 청춘에게는 부담감이 생긴다. 혹 부담까지 갖지는 않더라도, 기대를 담은 시선으로 바라보거나 특별히 좋은 인상으로 기억하게 되지는 않는다.

청춘인 당신이 사회로 나가면 누군가를 처음 만나게 되고, 그 누군가가 어른인 경우가 많을 것이다. 고개를 숙이며 '잘 부탁합니다'라고 하지 말고, 상대방의 눈을 바라보며 아랫배에 힘주고 '열심히 하겠습니다'라고 말하자. '열심히 배우겠다'고 하고, '많이 가르쳐달라'고 요구하자.

의미를 신경 쓰지 않고 내놓은 말 한마디 때문에 시작부터 차이가 날 수 있다. 부탁은 정말 부탁할 때만 쓰자. 부탁한다는 말을 쓰지 말자는 게 아니라, 의미를 알고 필요할 때 제대로 쓰자는 말이다. 열심히 하고 싶은 마음을 전하고 싶다면 '열심히 하겠다'고, '노력하겠다'고 있는 그대로 말하는 게 좋다.

길을 잃은 말과 글

말과 글이 길을 잃고 있다. 청춘들 사이에서 욕과 비속어가 일상어처럼 쓰이고 있다. 남을 흉보고, 비꼬고, 조롱하는 표현이 넘친다. 어린아이가 쓰는 짧고 쉬운 문장에 익숙할 뿐, 적절한 단어를 사용해 문장을 만들어 논리적으로 설명하는 것은 어려워한다. 문장이 조금만 길어지면 주어, 동사, 목적어, 보어, 시제가 어긋난다. 틀린 문장을 앞에 놓고도 무엇이 잘못되었는지 모른다. 회사에 지원할 때 쓰는 자기소개서뿐 아니라 회사를 그만둘 때 제출하는 사직서까지 대필해주는 회사가 성업 중이라고 하니 청춘들이 글쓰기를 얼마나 싫어하고 어려워하는지를 짐작할 수 있다.

이런 상황은 핸드폰 문자와 카카오톡, 페이스북, 인스타그램

등 청춘들이 SNS를 많이 사용하고 있는 것과 큰 연관이 있을 것이다. SNS 세상에서는 말과 글의 형식이 중요하지 않다. 틀리게 써도 지적받지 않으니 맞춤법처럼 귀찮은 건 신경 쓰지 않아도 된다. 편하게 소리 나는 대로 써도 서로 알아들으면 그만이다. 욕이나 비속어를 써도 괜찮다. 하고 싶은 말을 문장으로 갖춰 쓸 필요도 없다. '응, 아니, OK, 싫어, 좋겠다, 멋지다~!' 정도면 충분하다. 더 짧게 자음과 모음만 쓰기도 한다. 'ㅎㅎ, ㅋㅋ, ㅇㅇ, ㅠㅠ, ㅜㅜ.' 감탄은 과하고 흔하다. "와~, 우와~!, 허걱!, 헐~!"

하루에도 몇 시간씩 컴퓨터와 스마트폰을 가까이하며 페이스북과 인스타그램에 묶여 있는 청춘이 많다. 자신의 계정을 관리하기도 해야 하고, 다른 사람들이 올린 글을 보며 댓글을 달아주기도 해야 한다. 단톡방에서 오가는 대화도 전부 확인하고 참여해야 한다. SNS를 가까이할수록 책에서 멀어진다.

학기가 시작할 때면 묻곤 했다.

"여러분은 지난 1년 동안 책을 몇 권이나 읽었나요?"

"혹시 100권 이상 읽은 사람?"

없다. 10권 단위로 내려온다. 90권, 80권, 70권……10권. 10권까지 내려오는 동안 손 든 학생은 많지 않다. 10권부터는 한 권

단위로 내린다. 9, 8, 7, 6, 5. 역시 별로 없다. 더 내려가도 손을 못 들면 부끄러워할까 싶어 다섯 권에서 멈춘다. 청춘들의 독서량이 걱정될 만큼 적다.

통계청 자료를 보면 2014년 현재 10세 이상 우리나라 사람들의 평일 일평균 독서 시간은 6분이다. 하루 총 1440분 중에 책을 읽는 데 쓰는 시간이 단 6분이라는 말이다. 비율로 보면 하루 중 단 0.41퍼센트다. 너무 적어서 민망하니 다르게 계산해보자.

24시간에서 잠자고 밥 먹는 시간을 빼자. 잠자고 밥 먹는 데 10시간을 쓴다고 넉넉하게 계산하고, 전체 24시간에서 10시간 빼면 14시간 남는다. 14시간은 840분이다. 평일에 자고 먹는 시간을 빼고 활동하는 시간이 840분이라는 의미다. 840분 중 책을 읽는 시간이 단 6분이다. 0.71퍼센트다. 여전히 너무 적다. '평일은 바빠서 그럴 거야, 주말은 좀 다르겠지' 하는 기대를 해봤다. 확인해보니 토요일은 8분, 일요일은 9분이다. 많은 이들이 독서를 전혀 하지 않는다고 봐도 되겠다.

대학생만 따로 떼어서 본 자료도 있다. 한국교육학술정보원이 펴낸 2015년 대학 도서관 통계분석 자료를 보면 전국 대학생 총 202만 3000명 가운데 1년 동안 학교 도서관에서 책을 한 권이라도 빌린 학생은 116만 6000명으로 전체의 57.7퍼센트다. 나머지

42.3퍼센트는 1년 동안 한 권도 빌리지 않은 셈이다. 책을 한 권이라도 '읽은' 비율이 아니라 한 권이라도 '빌린' 학생의 비율이 겨우 절반을 넘는다. 책을 빌리지 않고 직접 사서 보느라 이런 결과가 나온 건 아닐 터이다.

대학생들에게 책을 읽지 않는 이유를 물었다. 가장 많이 나온 답은 '공부하고 일하느라 시간이 없어서'였다. 평소에 너무 바빠서, 성공하기 위해 열심히 일하고 공부하느라 책을 읽지 못한다는 의미다. 과연 청춘들은 너무 바빠서 책을 가까이하지 못하는 걸까?

주말 동안 핸드폰을 꺼놓고 지내본 재윤이가 전해준 이야기는 공부와 일 때문에 책 읽을 시간이 부족하다는 말이 실은 핑계에 불과할 수도 있다는 것을 암시한다. "주말 동안 스마트폰을 끄고 있어봤다. 다른 사람들은 무얼 하는지 너무나 궁금했다. 꺼진 스마트폰에 자꾸 손이 갔고 자꾸만 켜보고 싶었다. 이런 내 모습을 보면서 평소에 얼마나 자주, 그저 습관적으로 들여다보고 있는지 깨달았다. 핸드폰을 끄고 지낸 지난 주말에는 해야 할 것을 다 하고도 시간이 남았다. 지금까지 인터넷 세상 속에서, 중요하지도 않은 이런저런 기사와 SNS를 기웃거리며 소비한 시간이 꽤 많았다는 뜻이다."

자신이 하루 24시간 동안 무엇을 하며 어떻게 보내고 있는지 확인해보자. 재윤이처럼 당신도 인터넷을 하며 의미 없이 써버리는 시간이 많다는 것을 깨달을 가능성이 크다. 정말로 공부하고 일하느라 바쁘다고 해도 질문은 남는다. '책은 일하고, 공부하고, 성공하고 나면 그때야 비로소 가까이할 수 있는 것일까? 성공하기 전까지는 독서를 뒤로 미루고 우선 지금은 달려야 하는 것일까?' 성공하기 위해서 독서를 미루고 있다고 하니 성공한 사람들의 이야기를 통해 답을 찾아보자.

우리 모두 알고 있는 사람들 중에는 자신의 성공 비결로 독서를 꼽는 사람들이 많다. 그들은 책을 읽으며 생각하는 힘을 길렀고, 그 힘을 바탕으로 자신이 하고 싶은 걸 해내고 있다고 강조한다. 독서와 성공 중 독서가 먼저라는 말이다.

스티브 잡스는 창의와 혁신으로 대표되는 인물이다. 자신을 성장시킨 기반으로 독서를 꼽는 그는 동양과 서양의 고전을 통해 생각하는 법을 배웠다고 말한다. 책을 읽으며 키운 통찰력으로 세상을 꿰뚫어보았고 사람들이 원하는 게 무엇인지 읽을 수 있었다고 전한다. 스티브 잡스는 놀랍도록 창의적인 제품을 만들어내는 비결을 기술과 인문학의 연결로 꼽는다. 스티브 잡스에 의하면 "세상에서 가장 좋은 것은 책"이다.

빌 게이츠는 책을 많이 읽는 사람으로 유명하다. 일주일에 한두 권씩 꾸준히, 1년에 50권 이상의 책을 읽고 개인 블로그 '게이츠 노트'에 서평을 올리기도 한다. "나를 키운 것은 동네 도서관이었다"고 말하는 빌 게이츠는 "하버드대학 졸업장보다 책 읽는 습관이 중요하다"고 강조한다.

페이스북을 만든 마크 저커버그도 독서에 열심이다. 어릴 때부터 《그리스·로마 신화》를 여러 번 읽었다고 말하며 독서의 중요성을 강조하는 그는, 사람들에게 독서를 권하기 위해 2015년을 '책의 해A Year of Books'로 선포한 바 있다. 온라인 독서 클럽을 만들어 자신이 감명 깊게 읽은 책을 추천하기도 하고, 책을 한 권씩 선정하여 토론을 벌이기도 한다.

김범수 카카오 의장도 매일 아침에 책을 읽는다고 알려져 있다. 독서와 사색을 강조하는 그는 말한다. "검색보다 사색이다."

청춘은 성공을 원한다. 스티브 잡스, 빌 게이츠, 마크 저커버그, 김범수처럼 창의적이고 획기적인 사업 아이템을 개발해 돈도 벌고 타인에게 인정도 받고 싶어 한다. 하지만 자신이 부러워하는 이들이 성공의 기반이자 아이디어의 원천으로 꼽는 책은 정작 멀리한다. 독서를 하는 대신에 그들이 만든 제품의 '유저user'가 된다. 책을 통해 생각의 힘을 키운 이들이 세상에 내놓은 스마트폰, 페이스북, 카카오톡을 사용하는 사람에 머무는 것이다. 꾸준히, 열심히, 그리고 열렬히 사용하며 돈을 '쓴다'.

물론 인터넷이나, 스마트폰, SNS는 삶을 즐겁고 편리하게 해주기도 한다. 우리에게 도움이 되는 면도 많다. 하지만 조심해야 한다. 이런 도구와 매체를 현명하게 사용하지 않으면 우리는 수많은 빅데이터 중 하나에 불과한 존재가 될 수도 있다. 기업으로 하여금 사람들이 무엇을 원하는지, 어떻게 하면 자신들이 만든 제품과 콘텐츠를 더 좋아하게 만들 수 있는지를 파악하는 데 필요한 역할에만 충실하게 되는 것이다. 자신도 모르게, 자신의 귀한 돈과 시간을 쓰면서 빠져든다.

인터넷 세상에서 간단한 글, 쉬운 글, 자극적인 글을 많이 접할수록 생각도 그만큼 짧고 단순해진다. 점점 더 강한 재미와 자극을 추구한다. 책을 읽으며 생각의 힘을 기른 이들은 대중의 필요와 욕구를 파악해 새로운 아이템을 제시한다. 새로운 것이 나올 때마다 유저는 바쁘다. 책은 더 멀어진다. 책 대신 핸드폰을 손에 쥐고 속으로 말한다. '아, 나도 성공하고 싶다. 이 사람들은 이런 아이디어를 어떻게 생각해낼까? 돈도 많이 번다는데, 진짜 부럽다!'

가까이 다가가 대화를 나눌 때 멋있는 사람

청춘은 좋은 글을 많이 읽어야 할 시기다. 책을 읽으며 생각하는 힘을 기르고 내면에 탄탄한 기반을 쌓아가야 할 시기다. 인터넷 공간에 머물러 있으면 재미는 있을지 모르지만, 생각하는 힘이 멈춰버린다. 세상과 사회의 흐름을 단순하게 바라보는 어린아이 정도의 관점에 머물 뿐, 어른으로 성장하지 못한다.

말과 글은 그것을 사용하는 사람의 내면을 보여준다. 마음과 생각이 어디에 있는지, 어디로 향하고 있는지를 나타낸다. 한 사람의 내면 상태 혹은 지적인 수준은 말과 글을 통해 밖으로 표현된다. 지식, 가치관, 사람과 삶을 바라보는 관점이 드러난다.

좋은 말과 좋은 글을 내보내려면 먼저 내 안에 좋은 말과 좋은 글이 들어와 쌓여야 한다. 누군가 머리가 아프도록 고민하면서 쓴 글, 최선을 다해 정성껏 다듬은 글은 마음과 머리에서 소화되며 사고력의 밑거름이 된다. 반면에 문장이 아니라 단어만 나열하는 글, 비속어를 남발하는 글, 형식을 파괴하고 논리적 흐름도 없는 글 속에 산다면 그것 또한 내 안에 스며들고 축적된다. 생각이 얕아지고, 말과 글은 품위를 잃는다. 어디를 보느냐, 무엇을 보느냐에 따라 내면에 쌓이는 내용물과 결과가 달라지는 것이다.

밖으로 보이는 모습은 물론 중요하다. 예쁘고, 잘생기고, 화려하고, 멋스러우면 좋다. 우리는 그런 겉모습에 끌려 호감을 가지기도 한다. 하지만 더 중요한 것이 있다. 대화를 나누면서 어떤 느낌을 만들어내는 사람인가 하는 점이다. 눈을 맞추고 얘기를 나누고 문자와 메일을 주고받을 때 나는 어떤 사람이 되는가 하는 점이다.

멀리서 볼 때는 멋있지만 대화를 나누면서 매력이 점점 줄어드는 사람이 있다. 그 사람이 하는 말은 진지하지도 않고, 그렇다고 유쾌하지도 않다. 가볍기만 할 뿐 재미는 없다. 말 속에 타인을 배려하는 따뜻함도 없고 품위도 없다. 함께하는 시간이 길어질수록 지루하고 불편해진다.

반면에 대화를 나눌수록 점점 더 끌리는 사람이 있다. 말과 글을 통해 내면에 깃들어 있는 내용물이 나올수록 더 호감이 가는 사람 말이다. 우리는 그런 사람이 하는 말에 귀를 기울이고 그 사람이 쓴 글을 읽으며 고개를 끄덕인다. 이 문제에 대해서는 어떻게 생각하는지, 자신의 생각을 말과 글로 어떻게 표현하는지 궁금해진다. 말과 글에 더해 그 사람 자체에 관심이 깊어진다. 눈과 귀와 마음이 다 가는 것이다.

내면에 있는 생각을 반듯하고 논리적으로 전개해나가는 사람이 발하는 매력은 강력하다. 기술적인 능력뿐 아니라 인간적인 매력 또한 성공의 중요 요인이라는 것을 우리 모두 알고 있다. 나는 당신이 말과 글로 마음과 생각을 나눌 때 더 매력적인 사람이 되기를 바란다. 입을 열어 말하고, 펜을 들어 글을 쓸 때 더 멋있는 사람이 되면 좋겠다. 말과 글을 접할 때 더 빛나는 그런 사람 말이다.

말과 글은 능력이다

단정하고 논리적인 말과 글은 일을 살하기 위해서노, 좋은 인맥을 쌓아나가기 위해서도 꼭 필요한 능력이다. 생각하는 힘을 기르며, 자신의 생각을 말과 글을 통해 적절하게 표현할 수 있어야 한다. 우리 사회는 말을 조리 있게 하고 글을 논리적으로 잘 쓰는 능력을 높이 평가한다. 앞으로는 더할 것이다.

외모만 신경 쓰지 말고 당신 안에서 나오는 말과 글을 살피고 다듬어주자. 좋은 글을 내면에 많이 넣어주자. 내면에 있는 생각을 나타내기 위해 어떤 단어를 선택해서 어떻게 표현하는가 하는 문제는 중요하다. 생각이 바르게 표현될 수 있도록 사전을 찾고 맞춤법을 점검하자. 단언컨대 일에서의 성공이 달라지고, 삶의 질이 달라질 것이다.

말과 글이 자극적이고 가벼운 사람은 쉽게 눈에 띈다. 남을 조롱하고 비꼬고 비판해도 금방 눈에 띈다. 눈에 띄기는 하지만 돋보이지는 않는다.

품격을 잃은 말들이 넘쳐나는 가운데 적절한 어휘를 사용해 잘 갖춰 말하고, 논리적인 글을 쓰는 청춘은 서서히 주목을 받는다. 사람들 눈에 빠르고 강하게 띄지 않을 수는 있지만, 시간이 지나면서 조금씩 드러나고 점점 더 돋보인다.

자신이 쓰는 말과 글을 점검해보자. 좋은 글을 읽고 논리적이고 단정하게 표현하는 훈련을 하자. 바르고 적절한 말과 글은 삶을 지지해주는 강력한 친구가 되어줄 것이다.

12교시
내 안에 있는 이타심을 발휘하라

요즘 우리 사회에서 두드러지는 현상이 있다. '나 자신'에 대한 강조다. 집단주의 성향이 강한 우리나라는 체면과 평판을 중요하게 여기는 경향이 강한 탓에 사람 때문에 힘들고 사람에게 상처를 받는 경우가 상당하다. 그래서인지 타인이 아닌 '나'를 중심에 두고 살아가라는 조언이 많다.

자기 자신을 소중히 여기라고, 당신은 귀한 존재이니 자부심을 가지라는 것이다. 눈치 보지 말고 주눅도 들지 말라고, 주변 사람 때문에 상처받지 말라고 조언한다. 무엇보다 자신이 행복하게 살 수 있도록 힘쓰라고 한다. 옳은 말이다. 나 또한 이 책 앞부분에서 자기 스스로를 위해주라고 강조했다.

그런데 한 가지는 주의하자. '내가' 중요하다는 말은 '나만' 중요하다는 말이 아니다. 내가 행복해지기 위해 다른 사람의 불편함을 신경 쓰지 않아도 된다는 의미가 결코 아니다. 스스로를 귀하게 여기라는 조언은 이기주의가 되라는 말과 같지 않다. 그런데 이 조언을 간혹 잘못 받아들이는 경우가 있다. '맞아, 내 이익, 내 편리함이 제일 중요하지. 우선 내 것을 잘 챙기며 살아야 해. 다른 사람을 배려하려고 신경 쓰는 건 의미 없는 짓이야'라고 생각해버리는 것이다.

자신을 소중하게 여기라는 조언이 '나는' 불편하면 안 되고, '나는' 괜찮아야 한다는 이기적인 마음을 정당화하는 수단으로 왜곡돼버린 상황을 종종 만난다. 누군가 자신을 불편하게 하면 짜증을 내고 화를 내지만, 자신의 말과 행동이 타인에게 불편을 줄 수 있으니 조심해야겠다는 생각은 하지 않는 경우다.

얼마 전 전철에서 있었던 일이다. 20대 중반으로 보이는 청춘이 통화를 하고 있었다.

"어떤 사람이 말이야, 문 닫을 시간이 다 되었는데 들어와서는 이거 해달라, 저거 해달라 하는 거야. 아무리 자기가 손님이어도 그렇지, 그래도 되는 거냐고. 완전 민폐야, 민폐!"

얘기를 들어보니 화가 날 만도 했다. 손님 한 사람 때문에 번거로운 일이 생겼고 퇴근도 늦어진 것 같았다. 그런데 여기서 '얘기를 들어보니'라는 말이 중요하다. 이 말은 멀리 떨어져 있는 나에게도 그 내용이 다 들렸다는 뜻이다. 그것도 크게.

그 청춘은 조용한 전철에서 자신이 만드는 신경질적인 소음이 어떻게 퍼져나가는지 생각하지 않고 있었다. 누군가로부터 불편을 겪은 일이 억울하고 분했을 뿐, 자신 또한 누군가에게 민폐를 주고 있다는 것까지는 생각하지 않았다. 늦은 시간까지 일하고 피곤에 눌려 집으로 돌아가고 있는 주변 사람들의 고단함은 고려하지 않은 채 불만에 가득 찬 목소리를 높이고 있었다. 물론 문 닫을 시간에 들어와서 이것저것 피곤하게 요구한 손님이 잘못했다. 화날 만하다. 하지만 내가 누군가 때문에 불편을 겪는 것이 싫다면 나 또한 다른 사람에게 불편함을 주지 않도록 행동해야 하지 않을까?

안타깝게도 그 청춘은 거기까지는 생각하지 못하는 듯싶었다. 조용한 전철 안에서 큰 목소리로 불평불만을 늘어놓은 것에 대해 주변 사람들에게 미안한 마음이 없었다. 자신이 내는 소음을 여러 사람이 묵묵히 참아주고 있다는 것을 모르니 고마워하지도 않았다. 자신의 불편한 감정을 친구에게 얘기하면서 푸는 것만이 중요했다.

나만 생각하는 사람은 하지 않는 말

자기 자신을 중심에 놓고 타인을 고려하지 않을 때 잘 쓰지 않는 말이 있다. '고맙습니다' '죄송합니다'가 대표적이다. '고맙다'는 말은 상대방이 나에게 준 시간과 정성을 귀하게 여기며 건네는 인사다. '미안하다'는 내가 누군가에게 잘못하고 불편을 주었다는 것을 인정하고 사과하는 말이다. 잘못한 말과 행동에 대해 책임을 지려는 마음의 표현이기도 하다. '고맙다'와 '미안하다'는 말은 사람 사이에서 주고받는 고운 말이자 기본 예의다.

하지만 내 이익과 편리함, 내 감정만 생각하면 누구에게든 고마운 마음이 들지 않는다. 도움을 준 상대방의 수고를 당연하게 여긴다. 내 목적을 달성했으니 그만이라고 생각하며 '고맙다'는 말을 생략한다. 굳이 챙겨가며 말하지 않아도 된다고 생각하고, 필요할 때 형식적으로 한마디 건네고 만다. 필자인 내가 경험한 일을 전해본다.

학생들은 시험 공부를 하다가 궁금한 점이 생기면 내게 메일을 보내 묻곤 했다. "이건 무슨 뜻인가요?" "이건 왜 이런가요?" "이 부분은 이렇게 이해하면 맞을까요?" 바쁜 일이 있어도 공부하려는 마음이 기특해 가능한 한 쉽게, 문장을 이리저리 고치며 답장을 써주곤 했다. 그런데 열심히 답을 해줘도 "고맙습니다"라는 인사 한마디 하지 않는 경우가 왕왕 있다. '공부하느라 바빠서 그런가보다'라고 이해하려고 해도 사실 좀 서운하다. '내 설명이 부족했나?' 마음이 쓰이기도 한다. 흥미로운 것은 며칠 후 그 학생이 다시 문의 메일을 보낼 때 쓰는 말이다. 메일은 이렇게 시작한다.

"지난번에는 감사했습니다. 궁금한 게 더 생겨 문의드립니다."

문장이 재미있다. "지난번에는 감사했습니다"라니. 시험은 코앞이고 모르는 건 물어야겠는데 지난번에 그냥 넘어간 게 마음에 걸렸나보다. 고맙다는 말이 한참 지나 과거형으로 돌아온 걸 볼 때면 매번 어색했다.

이런 경험을 나만 하지는 않는가보다. 이번 책을 준비하면서 직장 경력이 20년 이상인 분들을 만나면 물었다. 회사에 입사한 지 얼마 안 된 청춘에게 아쉬운 점이 무엇이냐고. 어떤 상황에서 아쉬움을 많이 느끼느냐고. 얼핏 생각하기에는 업무 능력에 대해 말할 것 같지만, 실제로 가장 많이 꼽은 건 '인사' 부분이었다. 특히 '고마움을 표현하는 말'에 관한 내용이 많았다.

"요즘 젊은 친구들은 고맙다는 말을 잘하지 않더군요. 이것저것 필요한 자료를 요구해서 도와줘도 아무런 말이 없어요. 혹 전달이 잘 안 되었나 싶어 보내준 자료에 대해 물으면 그제야 합니다. '아, 예, 잘 받았습니다. 감사합니다' 이렇게요. 인사를 해도 그저 형식적입니다. 요즘 청춘을 보면 스펙은 좋아졌을지 몰라도 기본 태도는 이전만 못하다는 생각이 들곤 합니다. 개성이 강하고 자기주장을 하는 것까지는 좋은데, 그게 지나쳐서 이기적인 사람이 되어가는 건 아닌가 싶어요."

사회생활을 준비하는 청춘들이 꼭 기억해주었으면 하는 내용이다. 누군가 자신을 위해 시간과 에너지를 들여 무엇을 해주는 걸 당연하게 여기거나, 자신이 필요한 걸 확보했으니 그만이라고 생각하는 것은 몹시 이기적인 태도다. 이 부분은 스스로 점검하며 바로잡아야 한다. 도움을 준 당사자가 "고맙다는 말은 그때그때 바로 하는 거야"라고 알려주기는 좀 곤란하다. 생색을 내는 것으로 오해할까 싶어 조심스럽다. 학생들에게 '고운 말 쓰자, 책을 많이 읽어라, 좀 쉬기도 하면서 살아라' 같은 이런저런 잔소리를 많이 한 나도 이 부분은 직접 말하지 못했다. 청춘이 알아주었으면 하는, 사람 사이에서 꼭 지켜야 할 기본 예의이니 이 자리를 빌려 강조해본다.

'미안하다'는 말에 대해서도 생각해보자. 도움을 받고 고맙다는 인사를 하지 않는 경우처럼, 자신의 잘못에 대해 '내 잘못이다'라고 인정하며 '불편하게 해서 미안하다'고 진심으로 사과하지 않는 경우가 많다. 미안하다는 말을 하는 것은 자존심이 상하는 일이라고 생각하기도 한다. '나는 귀한 존재다. 상처받으면 안 되고 상처받고 싶지 않다. 내 잘못이라고 인정하고 미안하다고 말하면 나를 지킬 수 없다'고 생각하며 그냥 넘어가려고 한다. 상황이 불리하면 오히려 원망하기도 한다. '사람이 그럴 수도 있는 거지, 뭐 그리 깐깐하게 구느냐'고 목소리를 높인다. '다 그럴 만한 사정이 있었다, 나도 힘들다, 나를 이해해줘야 하지 않느냐, 어떻게 이럴 수 있느냐'고 울먹이며 피해자로 변신하기도 한다.

자기만 생각하는 이기심은 책임감 회피로 이어진다. 책임감이 없는 사람은 결과가 어떻게 되든 자신만 그 상황에서 벗어나려고 한다. 반면에 잘못을 인정하고 책임을 지려는 사람은 진심을 담아 사과하고 잘못을 바로잡으려는 노력을 보인다. 내가 만난 지원이가 그랬다.

청강생 지원이의 사과

어느 해 학기를 시작하던 수업 첫날 지원이가 찾아왔다. 수강생 명단에 이름이 없는 지원이는 청강이 가능한지 물었다. 미국에서 유학 중인데 한국에 몇 달 동안 머물게 되었고, 친구로부터 심리학 수업 얘기를 듣고 꼭 배워보고 싶은 마음이 들었다고 했다. 표정을 보니 진지했다. '재미있을 것 같으니 심심한데 한번 들어볼까? 안 된다면 말고' 하는 태도는 아니었다.

나는 몇 가지 조건을 제시했다. 지각이나 결석을 하지 말 것, 다른 학생들과 똑같이 과제를 제출하고 시험도 모두 볼 것 등 청강생이라고 편하게 강의만 듣고 나가면 안 된다는 점을 분명히 했다. 열심히 하겠다고 약속한 지원이는 다음 시간부터 수업에 성실히 임했다. 강의를 집중해 들을 뿐 아니라, 수업 중에 내가 던지는 질문에 대한 대답도, 다른 학생들과의 토론에도 적극적이었다. 기특할 만큼 열심히 해주었다.

그런데 몇 주가 지나 중간시험을 마친 날, 이상한 일이 생겼다. 채점을 하다 보니 지원이의 답안지가 백지였다. 이름만 있고 답은 하나도 쓰지 않은 백지 답안지. 정말 이상했다. 공부를 열심히 해도 시험을 못 볼 수는 있다. 어려우면 많이 틀리기도 한다. 하지만 백지 답안지는 다른 문제다. 지원이의 답안지에는 답이 단 하나도 적혀 있지 않았다. 몰라서 답을 못 쓴 게 아니었다. '어떻게 이럴 수 있지?' 싶어서 어이가 없고 화가 나기도 했다. '이런 행동을 했으니 앞으로는 수업에 오지 않겠구나' 하고 생각했다.

시험 기간이 끝나고 다음 수업. 내 예상을 깨고 지원이는 강의실에 일찍 와 있었다. 수업 내내 나와 눈을 맞추지 않았다. 수업이 끝나고 지원이를 불렀다. 지원이는 자신을 부르리라는 것을 알고 있었다는 표정으로 나에게 왔다.

"답안지를 보니 백지더군요."

"네······."

"답을 하나도 안 쓰고 백지로 낸 거 맞나요?"

"네, 맞습니다."

"시험이 어려웠나요?"

"아닙니다."

"그런데 백지 답안지를 만든 거군요. 지원 학생의 행동에 대해 설명을 들을 수 있을까요?"

"······."

지원이는 아무 말도 안 했다. 나는 말을 이었다.

"우리가 학기 초에 한 약속을 기억하고 있을 거라 생각합니다."

"네······."

"시험을 성실하게 보겠다는 건 우리가 함께한 약속이었습니다. 일방적으로 약속을 깬 것도 이상하지만, 그에 대해 아무 설명도 하지 않는 건 더 이해되지 않는군요. 이제 수업을 더 들어야 할 이유는 없는 것 같으니, 청강은 오늘까지로 합시다."

내 말이 끝나자 아무 말도 없이 꾸벅 인사를 하고 간 지원이는 다음 수업에 들어오지 않았다. 대신에 복도에서 나를 기다리고 있었던 것 같다. 수업이 끝나자마자 다가와 편지 봉투 하나를 건네준 지원이는 아무 말도 하지 않고 돌아갔다. 봉투 속에는 손으로 꾹꾹 눌러쓴 편지지가 여러 장 들어 있었다. 내용 일부를 전해 본다.

저 지원이에요. 교수님께서 좋은 기회를 주셨는데 이런 행동을 보여드려 정말 죄송합니다. 제가 편지를 쓴 이유는 교수님께 정중하게 죄송하다는 말씀을 드리기 위함입니다. 백지 답안지를 제출한 이유에 대해서도 말씀드리고 싶습니다. 백지 답안지는 '그냥' 혹은 '재미로 한 번' 내본 것이 절대 아닙니다.

저는 지금 유학 중입니다. 장학금을 받고 다닙니다. 처음에 합격통지서를 받았을 때는 정말 기뻤습니다. 그런데 학기가 시작되자마자 힘들어지더군요. 장학금을 계속 받기 위해서는 성적을 잘 받아야 했습니다. 1점, 아니 0.5점 차이로 장학금을 놓칠 수도 있기에 점수에 대한 압박감은 엄청났습니다. '시험 점수=돈'이었지요. 학문을 닦기 위한 공부가 아니라 점수를 올리기 위한 공부, 돈을 받기 위한 공부를 했습니다. 제 생활의 중심은 오로지 시험이었습니다. 서클 활동도, 친구들과의 만남도 포기했습니다. 늘 혼자였습니다. 시험 기간이 다가오면 심장이 터질 듯한 고통이 커졌고, 손이 떨려서 펜을 잡지 못하기도 했습니다. 너무 괴로워서 이불을 뒤집어쓰고 부르짖기도 했습니다. 제발 며칠 만이라도 점수에서 벗어나고 싶다고 말이지요. 점수와 관계없는 공부를 해보고 싶었습니다. 어느 날부터인가 차라리 시험에서 0점을 받으면 속이 뻥 뚫릴 것 같다는 생각이 들었습니다. 바닥 끝까지 내려가보고 싶었습니다. 이번에 제출한 백지 답안지는 압박과 불안에서 자유로워지기 위한 시도였습니다. 점수 1점에 매달리며 매일 괴로워하는 저 자신과 이별하고 싶었습니다. 우습지만, 그랬습니다. 이유가 어떻든 학점을 받지 않는 청강 수업에서 백지 답안지를 낸 건 비겁한 행동입니다. 제 생각이 짧았습니다. 제 답안지를 보시고 화가 나신 건 당연합니다. 잘못을 알기에 마음이 더 무겁습니다.

모든 행동에는 책임이 따라야 한다는 걸 잘 알고 있습니다. 더 이상 수업에 들어가지 못하는 건 당연한 결과이지만, 교수님께 제 진심을 전하고 싶어서 펜을 들었습니다.

편지를 읽으며 지원이의 마음을 생각해봤다. 혼자 얼마나 외로

웠을지, 얼마나 힘들었을지 생각했다. 외국에서 혼자 잘 지내는 사람도 많지만 사람은 저마다 다르다. 자유롭게 잘 지내는 사람이 있는가 하면, 유독 힘들어하는 사람도 있다. 좋은 성적을 받아야 한다는 부담을 잘 이겨내는 사람도 있고, 같은 부담도 훨씬 무겁게 느끼며 고통스러워하는 사람도 있다. 게다가 위 내용은 편지의 일부다. 지원이가 처한 상황은 더 복잡하고 절박했다.

지원이가 잘못된 방법을 선택한 건 유감이었지만, 차라리 0점을 받아버리고 싶다는 바람과 백지 답안지를 제출한 마음은 이해가 되었다. 지원이는 자신의 잘못을 반성하고 있었고, 나에게 상황을 설명하며 진심으로 사과하려 했다. 책임을 지려 했다. "내가 지금 얼마나 힘든데. 그것도 이해를 못해주나?" 하거나 "내가 해보고 싶은 거 해봤으니 됐어. 난 청강생인걸 뭐, 이제 수업에 안 들어가면 그만이야." 하지 않았다.

지원이가 무책임한 사람이라면 시험이 끝난 다음 주 수업에 오지 않았을 것이다. 등록하지 않은 청강생이니 안 와도 그만이다. 하지만 지원이는 내가 자신의 행동에 대해 물어보리라는 걸 알고도 수업에 왔다. 막상 내가 던진 질문에는 말문이 막혀 아무 말도 못했지만 집으로 돌아가 편지를 썼다. 힘든 상황에 처해 있으니 이해해달라는 억지를 부리지도 않았다. 자신의 행동 때문에 청강을 신청하는 다른 학생들이 거절을 당할 수 있다는 생각까지 하여 진심을 담아 사과하고 상황을 잘 마무리 지으려 애썼다.

지원이는 두 가지 점에서 훌륭했다. 자신의 잘못에 대한 인정과 사과, 그리고 자신으로 인해 누군가 피해를 볼까봐 염려하고 끝까지 책임을 지려는 노력. 만일 지원이가 그냥 떠나버렸다면 나는 청강을 바라는 학생들의 부탁을 더 이상 들어주지 않았을지도 모른다. 지원이의 노력 덕분에 문제는 잘 해결되었다. 지원이는 나머지 수업에 함께했고, 다음 학기에 또 다른 청춘은 내가 진행하는 수업을 청강할 수 있었다.

청춘은 아직 미숙한 나이다. 경험이 부족하니 다른 사람에게 받아야 할 도움도 많다. 이런저런 잘못도 많이 저지를 수 있다. 당연하다. 필요한 부분이 있으면 적극적으로 요청하고 도움을 받자. 시행착오도 많이 겪어보자. 청춘은 어디든 자꾸 부딪치며 배워야 하는 시기다. 자신을 위해 그렇게 해주자.

단, '자신만' 위하지는 말자. 도움을 준 타인의 배려를 헤아리며 고맙다고 인사하자. 잘못한 부분이 있으면 정중하게 사과하자. 사과는 부끄럽다거나 자존심이 상하는 일이 아니다. 고맙고 미안한 마음은 자신과 관련한 타인을 생각하면 자연스럽게 생긴다. 마음이 있어야 말도 나온다.

지금 내 삶이 힘들지라도

우리는 오랫동안 겉모습을 키우고 치장하는 데에 많은 노력을 쏟았다. 그 결과 이전보다 크고 화려해졌을지 몰라도 안쪽은 많이 상했다. 외적인 성장만 신경 쓰면서 내적 가치를 가볍게 여긴 결과가 여기저기에서 터져 나오고 있다. 우리나라 사람들의 행복, 도덕성, 삶의 질, 안녕감 수치는 점점 떨어지고 있다.

청춘들은 방황한다. "열심히 사는데 왜 이렇게 힘들지?" "앞으로 어떻게 살아야 하지? 내 미래는 어떻게 될까?" "어른들에게 무엇을 배워야 하지? 배울 점이 있기는 한가?" 생각할수록 화가 나고 낙담이 된다. 청춘들이 토로하는 배신감, 억울함, 막막함은 깊고 강하다.

청춘의 심정을 어떻게 하면 제대로 표현할 수 있을까. 배신감, 억울함, 막막함 앞에 '너무' '정말'과 같은 부사를 붙여도 부족할 듯싶다. '정말 너무 막막함', 부족하다. '정말 많이 몹시 막막함'으로 말해봐도 충분하지 않다. 청춘 앞에 놓인 장벽들, 그 상황 속에서 겪는 괴로운 심정을 대하며 적절한 위로의 말이 떠오르지 않는 경우가 많다. 그 마음 이해한다고, 나도 그 마음 안다고 말하기도 조심스러워 입을 다물곤 한다.

그럼에도 불구하고 청춘들에게 꼭 당부하고 싶은 것이 있다.

지금 힘들고, 지치고, 화가 난다고 해서 마음을 너무 딱딱하게 만들지는 않았으면 좋겠다. 어려움을 극복하고 성공하겠다는 꿈을 가지는 것은 좋다. 돈도 많이 벌고 사회적으로도 높은 위치에 올라가는 것은 좋은 일이다. 나도 이 글을 읽고 있는 당신이 잘되기를 진심으로 바란다. 하지만 성공을 좇으며 타인을 외면하는 냉정하고, 쌀쌀맞고, 이기적인 사람이 되지는 말자. 앞으로 우리 사회를 끌고 나갈 청춘들마저 그런다면 우리 사회는 더 춥고 삭막해진다. '나'만 있을 뿐, '너'와 '우리'는 없는 곳이 되고 만다. 부디 당신의 손과 마음만큼은 따뜻하고 푸근하면 좋겠다.

살면서 느끼는 불안과 막막함, 상처와 아픔은 나만 아는 이기심의 시작이 될 수도 있고, 타인을 살피는 이타심의 밑거름이 될수도 있다. 당신은 부디 후자의 경우가 되기를 바란다. 지금 내가 아픈 만큼 다른 곳에서 아파하는 사람들이 있다는 걸 알아주면 좋겠다. 내가 힘든 만큼 삶이 괴로운 사람이 또 있다는 걸 기억하자. 당신만큼은 꿋꿋하게 이겨내고 타인을 살피는 사람이 되어주면 좋겠다. 누군가의 희망이 되어주면 좋겠다.

　나도 어려운 시기를 오래 겪었다. 경제적으로 감당할 수 없을 만큼 힘든 일이 연달아 터지면서 지갑이 텅 비어 있는 날이 많았다. 해결해야 할 것은 많은데 어느 것 하나 쉽지 않았다. 막막하고 무서웠다. 자신감이 떨어지며 포기하고 싶은 순간이 계속됐다. 어떻게 살아야 할지 고민을 하던 어느 날, 자판을 두드렸다.

　나를 심하게 짓누르는 부담감과 떨림, 두려움을 잊지 말자. 잘하고 싶다고, 잘하겠다고 결심하면서도 얼마나 많이 겁내고 주저하는지, 다 포기하고 싶은 마음이 얼마나 자주 올라오는지 잊지 말자. 책상에 앉아 멍하게 있는 시간 속의 막막함을 기억하자. 뜬눈으로 뒤척이다 날이 밝아오면 억지로 몸을 일으키던 날들의 고단함을 잊지 말자. 타인의 고통을 쉽고 가볍게 여기지 않도록 하자. 이 괴로움을 이겨내고 지금 나처럼 힘들어하는 사람들을 돕자. 이겨내자. 잘 이겨내고 돕자. 마음이 괴로운 사람들을, 꿈을 이루려 노력하는 사람들을 돕자. 기운 내고, 시작하자.

　내가 처한 어려움을 극복하고 주변에 도움을 줄 수 있는 사람이 되고픈 마음을 다지며 쓴 글이었다. 요즘도 종종 파일을 열어서 읽곤 한다. 타인의 고통을 가볍게 여기지 않는 사람, 힘든 이를 도울 수 있는 사람이 되고 싶다는 내 마음은 변함이 없다. 이런 결심을 했던 십여 년 전의 나에게 약속을 지키며 살자는 마음을 다진다.

창욱이와 수현이도 필자인 나와 비슷한 생각을 가지고 있다. 창욱이는 떨어지면 죽을 것만 같던 회계사 시험에서 떨어졌다. 죽을 만큼 괴로웠지만 주저앉지는 않았다. 자신의 실패를 이용해 도움이 될 수 있는 방법을 떠올려봤다.

얼마 전 회계사 시험 발표가 났다. 떨어졌다. 불합격이다. 발표 전에는 두려웠다. '시험에 떨어지면 죽고 싶을 것 같다'는 생각까지 들었다. 시험에 떨어진 지금, 나를 돌아보는 시간을 통해 불안을 다스린다. 내 실패가 타인에게 도움이 될 수 있는 부분도 생각해본다. 처참하고 암담한 심정은 떨어진 사람만 안다. 내 경험을 살려 공무원이나 변리사 시험처럼 합격까지 오랜 시간이 걸리는 과정을 가야 하는 사람에게 도움을 줄 수 있을 것 같다. 계획을 세워 공부하는 방법, 체력을 관리하는 방법, 마음가짐 등 여러 면에서 조언을 해줄 수 있을 것이다. 다른 사람에게 도움을 주기 위해서는 정신을 차리고 나 자신부터 잘해야 한다. 이번 실패를 전화위복의 기회로 삼겠다.

수현이는 자신이 겪은 경제적 어려움과 공부하기 힘들었던 시간을 잊지 않으려 한다. 얼마 전부터는 멘토 역할을 하고 있다. 어려운 상황에 놓인 후배들이 자신의 도움으로 덜 힘들어질 수 있기를 바라는 마음을 실천하고 있다.

요즘 멘토링 활동을 열심히 한다. 나는 풍족하지 못한 가정에서 자랐다. 부모님은 학원비를 내주실 수 없었다. 나는 혼자 공부했다. 교과서가 너덜너덜해질 때까지 읽고 또 읽었다. 모르는 문제는 학교 선생님께 물었다. 학원에서 만들어준 족집게 예상 문제를 들고 공부하는 친구들이 부러웠다. 일대일 과외를 받으며 성적이 쭉쭉 올라가는 친구를 보면 한숨이 나왔다. 그럴수록 오기를 품었다. 해내고야 말겠다는 의지를 다졌다. 형편이 어려운 친구 중에는 공부를 포기한 경우도 많았다. 절망하는 마음에 어긋난 행동을 하기도 했다. 내가 저소득층 아이들의 멘토링에 힘쓰는 이유다. 나와 내 친구들이 경험한 힘든 상황에 놓인 아이들을 돕고 싶다. 교육은 성적을 올리는 것만이 아니라 정서적·인성적인 측면을 살피는 것도 중요하다고 생각한다. 나도 어릴 때 늘 사람이 그리웠다. 멘토로서 아이들의 학습적인 면과 함께 심리적인 안정감을 돕기 위해 노력하고 있다. 공부도 잘 가르쳐주고 마음도 활짝 열려 있는 멘토이고 싶다. 아이들은 나에게 고민 상담을

해오기도 한다. 성적이 올라가는 것도 기쁘지만 밝아진 모습을 보면
더 기쁘다.

이타심은 본능이다

아이들의 이타심을 살핀 연구가 있다. 연구자들은 부모의 동의
를 얻어 특정 상황에서 보이는 영아들의 행동을 관찰했다. 누군
가 펜을 떨어뜨리고 손이 닿지 않아 애를 먹고 있는 상황을 보았
을 때, 두 살 영아들은 아장아장 걸어가 펜을 집어주었다. 사물함
을 열어야 하는데 두 손 모두 짐을 들고 있어서 어려움을 겪고 있
는 사람을 보고는 다가가 문을 열어주었다. 누가 도와주라고 시키
지도 않았고, 도와준다고 해서 보상이 있는 상황도 아니었다. 어
려운 상황에 있는 사람들을 도우려는 마음, 도와주고 싶다는 아이
들의 순수한 마음이 행동의 모든 동기였다. 상황을 다르게 만들어
다양하게 진행해도 결과는 같았다.

아기들은 생후 6개월, 빠르면 3개월만 되어도 타인의 행동이
이타적인 것인지 아닌지를 구분해낸다. 18개월이 되면 어려움에
처한 사람을 돕는 행동을 직접 한다. 타인을 배려하며 도와주는

것이다. 아이들의 자발적인 도움 행동을 여러 번 확인한 연구자들은 이타성이 인간의 선천적인 특성일 수 있다고 설명한다. 우리 인간은 어려움에 처한 사람을 보면 본능적으로 도움을 주려고 하는 성향을 가지고 태어난다는 뜻이다.

청춘들과 버킷리스트를 작성해본 적이 있다. 학생들이 스트레스가 심하고 기운이 없어 보이던 어느 날, 기분도 풀어줄 겸 해서 '죽기 전에 꼭 해보고 싶은 100가지 소원'을 적는 시간을 가졌다. 청춘의 버킷리스트에는 어떤 내용이 있었을까?

시골에 있는 멋진 집, 세계 여행, 〈타임〉지 표지 모델, 바다에서 돌고래와 함께 수영해보기, 방바닥에 돈 깔아놓고 앉아보기, 이성에게 첫눈에 반해보기, 첫눈에 반했다는 말 들어보기, 사랑 고백 해보기, 사랑 고백 받아보기, 사막에 누워 별 보기, 한우로 배 채워보기, 첫눈 오는 날 키스, 음치 탈출, 뉴욕에서 선글라스 쓰고 브런치 먹어보기, 지금처럼 풍성한 머리숱 유지하기, 무한도전 출연, 맘 편히 자보기, 돈 걱정 없이 공부해보기, 한국사 정복, 친구에게 한턱내기, 놀이동산 가서 걱정 없이 놀아보기, 노벨상 수상, 사진기 하나 들고 무전여행, 먹어도 살 안 찌는 약 개발, 원빈 얼굴로 하루만 살아보기, 쓸데없이 자꾸만 나는 겁 없애기, "넌 ○○에 미쳤어"라는 소리 들어보기, 여러 회사로부터 합격 소식 받아보기.

청춘의 소망은 다양했다. 방송 프로그램 〈무한도전〉 출연은 꽤 여러 청춘이 희망했고, 방바닥에 돈 깔아놓고 앉아보고 싶다는 청춘도 많았다. 이성과의 멋진 만남은 빠지지 않는다. 그런데 주목할 만한 부분이 있었다. 타인을 돕고 싶다는 바람을 버킷리스트에 적은 청춘이 많았다는 점이다. 목록을 적으며 이타적인 부분을 포함해보자고 하지 않았는데도 주변에 도움이 되기를 희망하는 청춘이 많았다. 많은 청춘들이 자신의 소원을 생각하면서 우리 사회와 타인에 대한 기여를 자연스레 떠올렸다는 뜻이다. 이렇게 말이다.

장학재단 운영, 가난한 사람들 병원비 지원, 돈이 없어서 헤어져 사는 가족 같이 살게 해주기, 소년소녀 가장 지원, 시골에 작은 도서관 지어주기, 학생들 식비 지원, 헌혈, 영등포역 옥수수 할머니 옥수수 모조리 사드리기, 내가 만든 음식으로 배고픈 사람 대접하기, 지인에게 '네가 있어주어 고맙다'는 말 들으며 살기, 돈 많이 벌어서 죽기 전에 전 재산 사회에 환원하기, 노숙자에게 일자리 제공할 수 있는 회사 운영, 100명의 버킷리스트 하나씩 이뤄주기.

이타성이 인간의 선천적인 특성일 수 있다는 주장을 직접 확인하는 듯했다. 우리 마음속에는 타인을 배려하고 도우려는 선함이 정말 내장되어 있구나 싶었다. 청춘들에게 이런 마음이 있구나 싶었다.

당신이 이미 가지고 있는 선함을 덮고 살지 않았으면 좋겠다. 선한 영향력을 발휘하며 살기를 바란다. 기회가 있을 때마다 주변에 손을 내밀어주면 좋겠다. '세상이 그래도 살 만한 곳이구나'라고 생각하며 일어설 수 있도록 손을 잡아주는 사람이 되기 바란다.

지금 당장 꼭 무엇을 해야 한다는 부담을 가질 필요는 없다. 우선 마음에 두고 있자. 살아가다 보면 당신이 가진 좋은 뜻을 실천할 기회가 올 것이다. 할 수 있을 때 조금씩 해보면 된다.

이타적인 행동은 누군가를 직접 돕는 것만을 의미하지는 않는다. 나 아닌 다른 사람을 생각하며 신중하게 하는 말과 행동 모두 포함된다. 친절한 말 한마디, 지하철이나 버스처럼 여러 사람이 함께 있는 공간에서 조용히 하기, 공공질서 지키기, 머물렀던 자리 깨끗하게 치우고 떠나기 등 우리가 기본적으로 지켜야 할 것들은 모두 타인을 배려하는 마음이 있을 때 실천 가능하다. '나만'이 아니라 '타인도' 생각하면 사람들 간에 지켜야 할 기본이 지켜진다. 책임을 지게 된다. 우리가 하는 말과 행동은 모두 직접적이든 간접적이든 타인에게 영향을 미친다는 점을 생각하자.

"지식이 없는 선함은 약하고, 선하지 않은 지식은 위험하다"

"지식이 없는 선함은 약하고, 선하지 않은 지식은 위험하다."

미국 명문 고등학교인 필립스 엑시터 아카데미의 교훈이다. 학교 곳곳에는 'Non Sibi'라는 문구가 새겨져 있다고 한다. '자신만을 위하지 않는다not for self'는 뜻의 라틴어. 학생들은 하루에도 몇 번씩 'Non Sibi'를 접하며 자기 자신만을 위하는 삶을 살지 않으리라고 되새긴다.

세계 최고의 대학인 하버드대학교에도 같은 맥락의 문구가 적혀 있다. 출입구 중 하나인 덱스터 게이트로 들어오는 쪽에는 'ENTER TO GROW IN WISDOM', 밖으로 나가는 쪽에는 'DEPART TO SERVE BETTER THY COUNTRY AND THY KIND'라는 문구가 써 있다. '학교에 들어와서는 지혜를 배우며 성장하고, 학업을 마친 후에는 국가와 인류가 더 나아질 수 있도록 봉사하라'는 의미로 해석할 수 있겠다.

두 학교의 가르침에는 공통점이 있다. 학생들에게 '지식'과 '이타심'이라는 두 가지 축을 함께 강조한다는 점이다. 지식의 확장만큼 이타심과 봉사 정신에도 무게를 두어 가르친다. 머리에 지식을 쌓는 동시에 타인에게 도움을 주고자 하는 의지를 가슴에 품고 행동으로 실천하는 것이 중요하다고 가르친다. 우수한 인재를 기르는 교육기관과 교육자들이 가지고 있는 사명감이기도 하다.

반면에 우리의 교육은 지식과 성적, 학벌만을 강조한다. 이타심이나 선함의 중요성은 외면한다. 고등학교 때까지 이루어지는 교육은 오로지 입시를 위한 공부다. 대학에 들어오면 취업 준비를 하라며 또 다른 지식을 집어넣는다. 우리는 이전보다 불행하다. 지식이 넘쳐나지만 행복한 사회도, 안전한 사회도 아니다.

지식과 선함은 서로 도우면서 강해지고 완전해진다. 둘 중 하나만 있으면 약하거나 위험하다. 지식이 없는 선한 마음은 약하다. 이기적인 욕심을 채우기 위한 지식은 위험하다. 영향력도 크다. 우리 사회에서 일어난 안타깝고 황당한 사건사고 중 상당수는 관련된 사람들의 지식이 부족해서 생긴 것이 아니다. 반대인 경우가 많다. 자신의 편리함과 이익을 가장 중요하게 여기는 사람들이 휘두른 막강한 지식과 이기심이 문제와 갈등을 일으키곤 한다.

기억하자. 우리는 타인과 함께 살아간다. 내 말과 행동이 타인에게 불편과 피해를 끼치고 있는 건 아닌지 돌아보자. 내 감정과 내 편의만 생각하고 있지는 않은지 점검하자. 성공해보겠다고 열심히 공부하고 일하면서 자신만 위하려 하는 건 어리석고 위험한 삶을 사는 것이다. 장기적으로 볼 때 결국 성공하고, 성공을 지속하는 사람은 타인을 살피고 돕는 사람이다.

당신은 지금까지 꾸준히 지식을 쌓아왔다. 이제는 머리에서 가슴으로 영역을 넓혀보자. 단단하게 성공하고 싶은 사람이 가져야 할 마음은 이기심이 아니라 이타심이다. '내가' 중요하다는 말은 '나만' 중요하다는 의미가 아니다.

인공지능을 이기는 인간의 공감 능력

아이와 엄마가 장난감을 가지고 놀고 있다. 세 살 남짓의 어린 아이와 엄마가 뚝딱뚝딱 무언가를 만들고 있다. 잠시 후 엄마가 장난감 망치에 손을 다친다. 엄마는 다친 손을 감싸 쥐고 아파한다. "아야, 아야, 엄마 다쳤어, 아야~!"

엄마가 정말로 다친 것은 아니니 놀라지 말기를. 엄마가 다쳐서 아파할 때 아이들이 어떻게 반응하는지 알아보기 위해 설정한 상황이다.

먼저 여자아이의 반응을 살펴보자. 엄마가 다치면 여자아이는 많이 놀란다. 눈이 동그랗게 되어서 엄마 얼굴을 올려 보았다가, 다친 손을 내려 보았다가 하며 어쩔 줄 몰라한다. 엄마가 다친 것이 마치 자기 잘못인 양 미안해하는 표정도 짓는다. 놀람과 걱정은 슬픔이 된다. 시간이 지나면서 입을 삐죽이며 울먹울먹하다가 마침내 울음을 터뜨린다.

남자아이가 보이는 반응은 다르다. 바로 앞에서 엄마가 손을 다쳐서 아프다고 하는데도 놀라지 않는다. '뭐지? 왜 이러지?' 하는 표정으로 엄마를 멍하게 바라보거나 혹은 별 관심을 보이지 않거나, 둘 중 하나다. 아이의 관심을 끌어보기 위해 많이 다쳤다는 걸 바로 눈앞에서 보여주고 "이거 봐, 손에서 피가 나네, 엄마 아파"라고 말해봐도 소용없다. 엄마의 손을 슬쩍 밀어버리기도 하고, 엄마를 보며 씩 웃기까지 하는 아이도 있다. 잠시 후, 대부분의 남자아이들은 아파하는 엄마를 앞에 두고 장난감 놀이를 계속한다.

엄마의 아픔에 공감을 하는 아이와 그렇지 않은 아이가 보인 반응의 차이다.*

기계가 따라잡을 수 없는 인간의 능력

공감에 대해 공부하던 날, 학생들에게 물었다.

* EBS 다큐프라임, 〈아이의 사생활〉 1부, '남과 여' 참조.

"질문을 잘 듣고 남학생들만 대답해봅시다. 어느 날, 여자 친구가 물었습니다. '나 요새 좀 살찐 것 같지? 어때 보여?' 자, 어떻게 대답해야 할까요?"

남학생들은 대부분 이렇게 답했다.

"궁금하면 체중계 올라가서 확인해보면 되겠네. 바로 답 나오겠구먼."

"어디 보자. 한 3킬로 정도 늘었나? 어때, 내가 딱 맞췄지? 내 눈썰미가 정말 대단하지 않냐?"

"너도 아는구나! 안 그래도 말해주려고 했는데, 알고 있다니 다행이다."

"너만 찐 거 아니야, 나도 쪘어……."

네 가지 답 중에 여자 친구가 듣고 싶은 답이 있을까?

없다. 정답은커녕 기분을 상하게 할 수도 있는 답이다. 네 가지 모두 자신이 살찐 것 같지 않느냐고 물어보는 여자 친구의 '말만' 듣고 무심히 대답해서 그렇다. 질문하는 '마음'에도 관심을 줘보자. 체중이 늘었다는 사실은 질문한 본인이 이미 잘 알고 있다. 몰라서 묻는 게 아니다. 핵심은 그래서 혹 이전보다 덜 예뻐 보이는지, 남자 친구에게 어떻게 보일지가 걱정되는 마음이다. 조심스레 물었는데 여자 친구의 걱정과 바람을 모르는 남자는 불끈 정의감을 발휘한다. "물어봤으니, 솔직히 답해주마!"

여자는 자기 마음을 몰라주는 남자 친구가 야속하다. 남자는 여자 친구의 반응이 당황스럽다. 물어봐서 도움을 주려고 보이는 대로, 있는 그대로 답해주었을 뿐인데 왜 토라지는 것일까? 여자의 마음은 도무지 알 수 없다.

나는 억울해하는 남학생들에게 조언을 한마디 해준다.

"여성과 대화할 때는 숨어 있는 깊은(?) 뜻을 이해해줘야 합니다. 질문을 받으면 바로 답하지 말고 내 앞에 있는 사람이 지금 어떤 마음일까, 나에게 왜 이런 질문을 했을까를 생각하세요. 상대방의 마음을 알아주고 배려해서 답하면 좋은 일이 많이 생길 겁니다."

살찐 것 같으냐고 묻는 여자 친구의 질문에는 도대체 어떻게 답해줘야 하느냐고 묻는 남학생들에게는 이렇게 알려주었다. 정답은 아닐지 몰라도 관계를 해치는 위험한 답은 아니니 참고해도 좋을 듯하다.

"네가 살이 쪘다고? 모르겠는데? 걱정하지 마, 너 요즘 정말 예뻐!"

한 학기 수업이 끝나고 얼마 후, 메일을 하나 받았다.

교수님 안녕하세요, 지난 학기 수업을 들은 이동욱입니다. 한 학기 동안 여러 내용을 배웠지만, 여성의 마음을 잘 이해하라고 알려주신 부분이 특히 기억에 남습니다. 그 내용을 배운 날이 아직도 생생합니다. 제가 여자의 마음을 좀 안다고 생각하고 있었는데 전혀 아니더군요. 공감, 재미있게 배웠습니다. 얼마 전에 수업 시간에 배운 내용을 잘 활용한 일이 있었는데요, 교수님께 자랑하고 싶어 메일 드립니다.

저는 보드 타는 걸 좋아합니다. 아르바이트해서 돈을 모아 좋은 보드를 하나 샀습니다. 그런데 여자 친구가 그 보드를 빌려달라고 하더군요. 친구들과 주말에 타러 가기로 했다고 하면서 저에게 물었습니다. "내가 보드를 타다가 혹시 고장이 나거나 부서지면 어쩌지? 화 많이 낼 거야? 그냥 가지 말까?" 이 질문을 듣고 수업 시간에 배운 내용이 퍼뜩 떠올랐습니다. '저 말에는 깊은 뜻이 있다, 생각하자, 조심해야 된다, 이 질문에는 어떤 마음이 담겨 있을까, 나에게 듣고 싶은 답이 뭘까'를 생각했습니다. 만일 이전의 저였다면 다음 두 가지 대답을 놓고 고민했을 것 같습니다. 1번 '네가 내 보드를 부서뜨리는 일은 없을 거야, 안 빌려줄 거거든'. 2번 '망가지면 사와야지, 똑같은 걸로'. 이번에는 교수님 말씀을 기억하며 잘 생각하고 답했습니다. "뭐 그런 바보 같은 질문이 다 있냐. 난 보드가 망가지는 것보다 네가 다치지 않는 게 더 중요해. 타다가 다치지만 마라. 가서 재밌게 놀다 와!"

그녀가 정말 기뻐하더군요. 그날 저는 여자 친구가 사준 맛있는 밥을 배가 터지도록 먹었습니다. 집에 바래다주는 길에 그녀가 말하더군요. "빌려줘서 고마워. 다들 가져간다고 해서 나도 가져가기는 하는데, 안 타고 그냥 올지도 몰라. 아끼는 보드인 거 알아. 조심히 다룰게."

이런 게 공감이라는 거지요? 그날 저희가 서로 마음을 알아준 거 맞지요? 심리학 수업을 들은 보람이 있습니다. 감사합니다!

동욱이는 보드를 빌려달라고 하며, 혹 망가뜨리면 어떻게 하느냐고 걱정하는 여자 친구의 '말만' 듣지 않았다. 입 밖으로 나온 말과 함께 말 속에 담긴 마음을 살펴주었다. 만일에 보드를 빌려주기 어려웠다 해도 이전처럼 빌려주는 건 절대 안 된다든가, 망가뜨리면 똑같은 걸 사오라는 식의 대답은 하지 않았을 것이다. 동욱이는 여자 친구의 마음을 살폈고, 여자 친구도 동욱이의 마음을 알아주었다. 둘은 서로 마음이 통했고 서로에게 한 발자국 더 다가갔다. 동욱이는 심리학 수업을 들은 보람이 있었고, 나는 열심히 가르친 보람이 있었다.

남성은 여성에 비해 공감 능력이 부족하니 교육과 훈련을 통해 강화해야 한다는 말을 하려는 것은 아니다. 우리 뇌에서 감정을 담당하는 부분의 뇌량이 여성에게 조금 더 많아서 태어날 때부터 공감 능력에 다소 차이가 있다는 주장도 있다(이는 엄마가 다쳤을 때 남녀 아이들이 보여준 행동의 차이를 설명한다). 반면에 남성의 공감 능력이 여성에 비해 떨어지는 것이라기보다는 밖으로 자주, 잘 드러내지 않는 것으로 보는 게 옳다고 주장하는 연구자들도 있다. 공감 능력은 주변 상황과 교육, 내적 동기에 따라 달라질 수 있다는 것이다. 우리나라의 경우 남성은 강해야 한다는 고정관념과 사회적 분위기로 인해 남성들의 공감 능력이 편하게 발휘되지 못할 가능성은 더 크다.

　　공감은 마음을 알아주는 것이다. 누군가 기뻐하면 나도 기쁘고, 슬퍼하는 걸 보며 같이 슬퍼하는 것이 공감이다. 상대방이 느끼는 감정에 대한 이해와 인정과 동의다. 우리는 타인에게 위로와 격려를 받으면서 마음을 추스른다. 좋은 일은 함께 기뻐하며 즐거움을 더 크게 누리기도 한다. 사람은 누구나 '네가 기쁘니 나도 기쁘다' '네가 슬프니 나도 슬퍼' '응, 그랬구나' 하며 나를 알아주는 이가 있기를 바란다.

진정한 전문가가 갖춰야 할 것

미래의 직업 세계를 살피는 연구자들은 현존하는 직업의 약 50 퍼센트를 기계나 컴퓨터가 대신하게 될 것이라고 말한다. 기술적으로는 지금도 대체 가능할 만큼 자동화 기술이 발전된 상황이라고 한다. 전체 직업 중 약 60퍼센트의 직업에서는 30퍼센트의 직무 행동이 자동화 시스템으로 대체할 수 있다고도 본다. 업무가 자동화되는 만큼 사람은 일자리를 잃는다.

이런 변화는 비전문 기술직이나 단순 노동직에만 해당되는 건 아니다. 요리사, 목수, 미용사, 보험판매원, 아나운서, 회계사, 의사, 교수, 변호사 등 거의 모든 직업이 해당된다. 기계와 인공지능이 발달할수록 인간이 안전하게 확보할 수 있는 직업은 점점 줄어든다.

이미 변화는 시작됐다. 은행 업무도 송금이나 입금은 대부분 ATM 기계를 사용한다. 스마트폰으로도 가능하니 굳이 은행을 방문하지도 않는다. 은행들은 벌써 지점 수를 줄이고 있다. 지점이 없어지면 일자리도 없어진다. 식당에서도 주문과 결제를 기계가 한다. 마트에서 계산대도 없어질 예정이다. 물건 앞에 놓인 기계에 바코드를 찍으면 바구니에 담는 그때그때 결제가 된다.

2016년에 있었던 이세돌과 인공지능 알파고의 바둑 대국은 우리에게 긴장감을 주기에 충분했다. 컴퓨터는 인간에게 경고했다. '나는 이렇게 어려운 바둑도 잘 둔다. 뭐든 못할 것 같아?'

얼마 전 지인이 수술을 받게 되었다. 그런데 뜻밖의 얘기를 들었다며 놀라워했다. 그가 받아야 할 수술은 의사도 할 수 있고 로봇도 할 수 있으니 둘 중 하나를 선택하면 일정을 잡아주겠다고 했다는 것이다. 수술마저도 사람과 기계 중 하나를 선택해 맡길 수 있는 시대다. 로봇은 최고 전문직 중 하나인 의사의 영역에까지 들어와 있다. 어려운 수술이 가능하니 진단과 처방도 문제없다. 방대한 자료가 입력된 컴퓨터는 환자에게 진단과 처방도 내리고 있다. 인공지능 의사 왓슨이 내리는 진단 정확도가 이미 90퍼센트가 넘는다고 한다. 머지않아 병원 진료실에는 사람 대신 컴퓨터나 로봇만 덩그러니 놓여 있을 수도 있겠다.

법과 관련한 직업도 상황은 비슷하다. 모든 법 조항과 판례가 입력된 컴퓨터는 피고와 원고 양측에서 제시한 자료를 분석해서 판결을 내릴 수 있다. 작은 부분도 잊어버리거나 실수로 누락하지 않는다. 빠르고 정확하다. 논리도 구체적이다. 이것은 이래서 이렇고, 저것은 저래서 저렇다. 미래에는 판사도 일자리 확보에서 안전하지 못하다고 한다.

컴퓨터와 로봇이 인간의 영역을 무섭게 침범해 들어오는 상황에서 우리 인간은 어떻게 대처해야 할까. 가만히 앉아 자리를 내줄 수는 없으니 더욱 가열차게 능력을 키워야 할까. 의사는 수술 능력을 키우고, 판사는 더 많은 법과 판례를 외워야 하는 걸까. 잠을 줄여가며 열심히 일하면 성공할 수 있을까.

우리 다른 측면에서 한번 생각해보자. 컴퓨터와 업무 능력으로 경쟁하려 들지 말고 인간으로서 인간만이 더 큰 가치를 발휘할 수 있는 부분에 시선을 돌려보자. 인공지능이 아무리 똑똑해도 사람만큼 해낼 수 없는 분야가 있다. 첨단기술이 발달할수록 사람들 사이에서 더 절실해지는 것에 주목해보자. 기계에는 없고 사람에게만 있는 '마음'과 '감정'이라는 걸 살피는 일이다. 인간적 감성을 발휘해 상대방의 마음을 이해하고 공감해주는 일이다.

당신이 내일 큰 수술을 받아야 한다고 해보자. 마음이 어떨 것 같은가? 불안하고 무서울 것이다. 환자는 건강에 문제가 있어 수술실에 들어간다는 것만으로도 두렵다. 혹 수술 중에 안 좋은 일이 생기면 어쩌나 걱정도 된다. 잘 회복되면 좋겠다는 바람도 있다. 훌륭한 의사는 의학적 지식과 기술을 갖추는 것에 더해 환자의 불안한 마음과 기대도 살필 줄 아는 사람이다.

불안해하는 환자에게 위로가 될까 싶어 자신의 손으로 청진기를 따뜻하게 만들어 환자의 가슴에 대는 마음, 진단 후 안 좋은 결과가 나왔을 때 환자의 심리 상태를 배려하며 조심스레 전달하는 태도, 떨리는 손을 잡아주고 치료에 최선을 다하겠다고 약속하는 의사의 눈빛과 말투는 기계가 절대 대신할 수 없다. 수술을 시작하기 전에는 "수술에 최선을 다하겠습니다. 한숨 푹 주무시고 나면 잘 끝나 있을 겁니다"라고 말하며 안심을 시켜주고, 수술이 끝난 후에는 "잘 이겨내셨습니다. 지금은 많이 아프시겠지만 하루이틀만 지나면 훨씬 덜할 겁니다"라고 응원하며 용기를 주는 인간적인 모습을 로봇이 만들어낼 수 있을까? 자료에 입력되어 저장된 위로의 말은 할 수 있겠지만, 말 그대로 기계적인 말과 말투뿐일 것이다. 기계의 한계다.

판사가 내리는 판결도 마찬가지다. 컴퓨터는 누군가의 잘못에 담긴 상황이나 심정에 대한 고려를 하지 못한다. 절박한 마음으로 아기에게 먹일 분유를 훔친 부모, 손자에게 먹일 빵을 훔친 할머니의 곤란한 상황과 아픈 심정을 헤아릴 수 없다. 잘못했으니 벌을 받아야 한다는 원칙뿐이다. 판결을 내린다. 로봇 판사는 입력된 자료를 분석하고 잘못된 행동에 맞는 처벌을 내리면 임무 끝이다. 하지만 사람은 다르다. 피고인의 마음을 헤아릴 줄 아는 '사람 판사'는 다를 수 있다. 물건을 훔친 것은 잘못이니 '분유를 훔친 잘못에 벌금 10만 원을 부과한다'는 판결을 내린 후, 자신의 지갑에서 10만 원을 꺼내 벌금을 대신 내주는 판사의 행동은 공감 능력을 가진 사람만이 할 수 있다. 기계가 아닌 우리 인간만의 것이다.

우리는 기계와 무엇이 다를 수 있는지, 어느 부분에 더 가치를 두어야 하는지 고민해보자. 세상의 변화를 관찰하고 예측하는 연구자들은 기계나 로봇으로 대체될 가능성이 낮은 직업 중 하나로 의사소통이 필요한 직업을 꼽는다. 의사소통은 상대방과 그저 '말'을 주고받는 것만을 의미하지는 않는다. 단순히 말을 주고받는 건 컴퓨터도 할 수 있다. 상대방의 말 속에 담긴 마음을 이해할 수 있어야 하고, 내가 건네는 말 속에 따뜻한 마음이 담겨 있어야 한다.

타인의 감정에 공감하기 위해 필요한 것

타인에게 공감하는 사람이 되기 위해서는 어떤 면을 갖춰야 할까? 주변인이 느끼는 기쁨과 슬픔, 즐거움과 고통을 이해하고 느낄 수 있으려면 무엇이 필요할까?

타인에게 공감할 수 있으려면 먼저 나 자신의 감정을 잘 이해해줘야 한다. 내 마음을 알아야 다른 마음도 알아줄 수 있다. 우리는 2부 6교시에서 자신의 감정을 잘 살펴주자는 이야기를 나누었다. 내가 지금 슬픈지, 화가 났는지, 불안한지, 우울한지, 실망스러운지, 행복한지, 뿌듯한지 알아주기로 했다. 내 감정을 알아주는 일은 나 하나로만 끝나지 않는다. 자신이 느끼는 감정이 무엇인지 알고 이해해주면 다른 사람의 마음도 받아줄 수 있다. 내 마음이 팍팍하고 혼란스러운 상태에서 다른 사람을 살피기는 어렵다.

은주도 한동안 그랬다.

심리학을 배우며 내 마음을 들여다보았다. 겉으로는 괜찮다, 아무렇지 않다고 하면서 속마음은 뭉개져 있는 내가 보였다. 나는 우울하고, 불안하고, 쓸쓸하고, 화가 나 있었다. 왜 그런지 이유도 알아가고 있다. '내가 그래서 그랬구나, 지금 내 마음은 이렇구나'를 알아간다. 마음이 이전보다 편안하다. 며칠 전 엄마와 이야기를 나눴다. 엄마는 어린 시절 이야기를 하셨다. 부모님으로부터 받은 상처, 우울함, 낮은 자존감, 인간관계에서 느끼는 어려움, 현재까지도 계속되는 아픔. 이야기는 새벽까지 이어졌다. 생각해보면 엄마는 전에도 이런 얘기를 꺼낸 적이 있었는데 나는 관심을 기울이지 않았다. 나도 힘들어서, 나도 허우적대고 있어서 귀에 들어오지 않았던 것 같다. 그날은 엄마의 이야기에 귀를 기울였다. 엄마의 마음이 어떤지 느낄 수 있었다. 다 듣고 난 후에는 엄마를 꼭 안아드렸다. 다른 사람의 마음을 이해하고 함께하는 느낌은 매우 특별했다.

은주는 자신의 감정을 살피고 인정해주면서 엄마의 이야기에 귀를 기울이고 마음을 이해하는 값진 경험을 했다. 은주는 이 경험이 매우 '특별했다'고 말한다. 인간만이 할 수 있는 것을 하는 순간, 가장 인간다운 경험을 하는 순간은 특별할 수밖에 없다. 살아가면서 특별한 순간은 많을수록 좋다.

타인에게 공감하는 데 필요한 두 번째 요소는 상대방의 입장을 생각해보는 것이다. 타인이 무언가를 바라보는 방향이나 방식을 이해하는 '관점 수용Perspective Taking'이다.

방송 프로그램에서 아이들의 인지 능력을 알아보기 위해 상황을 연출했다.* 사각형 테이블 위에 뿡뿡이 인형을 두고, 네 살 어

---

* EBS 다큐프라임, 〈아이의 사생활〉 2부, '도덕성' 참조.

린이를 한 명씩 데려와 뿡뿡이와 마주하는 곳에 앉게 했다. 아이가 앉은 테이블 반대쪽에 의자가 하나 더 있다. 의자에는 다른 인형이 앉아 있다. 아이에게 물었다.

"앞에 뿡뿡이가 있지? 너는 뿡뿡이 인형에서 뭐가 보이니?"

네 살 아이들은 답한다.

"눈." "입." "코." "발가락." "배꼽."

하나 더 묻는다.

"그럼 반대편에 앉아 있는 저 인형 친구는 뭐가 보일까?"

아이들은 답한다.

"눈." "입." "코." "발가락." "배꼽."

조금 전 자신에게 보이는 걸 답한 것과 같다. 나와 맞은편에 앉아 있으면 내가 뿡뿡이 정면을 볼 때 상대방은 뿡뿡이 뒷면을 보게 된다는 걸 알지 못해서 그렇다. 네 살 아이들은 자신과 다른 위치에 있는 사람은 자신과 '다른' 것을 본다는 걸 인지하지 못한 채 내가 보는 것이 전부이고, 내가 보는 것을 다른 사람도 똑같이 본다고 믿는다. 네 살 아이의 인지 발달 수준이다.

조금 자라 일곱 살이 되면 달라진다. 떡국을 세 번 더 먹은 만큼 생각이 자란다.

테이블에 일곱 살 아이를 앉게 하고 물었다.

"앞에 뿡뿡이가 있지? 너는 뿡뿡이 인형에서 뭐가 보이니?"

"눈." "입." "코." "발가락." "배꼽."

하나 더 묻는다.

"그럼 반대편에 앉아 있는 저 인형 친구는 뿡뿡이에게서 뭐가 보일까?"

아이들은 답한다.

"등." "엉덩이." "꼬리."

일곱 살이 되면 나와 다른 쪽에 있는 사람은 다른 부분을 본다는 걸 안다. 위치에 따라 시각의 차이가 있다는 걸 인지하는 것이다. 인형 앞에 앉은 자신에게는 눈, 코, 입이 보이고 반대편에 앉은 사람에게는 등이나 엉덩이 같은 뒷모습이, 옆에 앉은 사람에게는 옆모습이 보인다는 걸 안다. 내가 보는 걸 너는 왜 보지 못하느냐고, 내가 보는 그대로 너도 봐야 한다고 강요하지 않는다. 내가 보는 것이 맞다고, 너는 잘못 보고 있다고 공격하지도 않는다. 일곱 살만 되어도 이만큼 성장한다.

지금 이 책을 읽고 있는 당신이 일곱 살보다 많다면 상대방의 생각이나 관점이 나와 다를 수 있다는 것을 이해하는 능력을 가지고 있다는 말이다. 다만 이 능력을 활용하는 사람이 있고, 그렇지 않은 사람이 있을 뿐이다.

두 그룹이 만드는 차이는 크다. 상대방이 무엇을 보는지, 어떤 생각을 하는지를 생각하고 존중하면 이해와 공감, 설명과 설득이 가능하다. 나도 상처받지 않고 상대방에게 상처를 주지 않으면서 기분 좋게 원하는 것을 이룰 가능성이 커진다. 반대로 내 입장만 중요하다고 생각하면 나와 생각이 다른 상대방을 미워하며 공격한다. 적대감을 가지고 대립한다. 이해도, 공감도, 소통도, 협력도 없다. 얻는 것보다 잃는 것이 더 많다.

생각해보자. 살아갈수록 연결되며 따뜻해지는 삶, 열심히 사는 것 같은데 점점 뾰족하고 혼자가 되는 삶. 당신은 어떤 인생을 가지고 싶은가?

어떤 사람이 성공하는가

머리에 지식만 가득 차고 기술적으로만 능숙한 사람은 기계와 다를 바 없다. 로봇과 컴퓨터는 이미 우리보다 더 많은 지식을 가지고 있다. 웬만한 건 사람만큼 잘, 아니 사람보다 더 잘한다. 많은 지식과 뛰어난 기능을 갖추면 성공이 보장되는 시대는 이미 저물고 있다.

앞으로 차별성과 전문성을 결정하는 핵심은 인간적 감성이 될 것이다. 인간만이 가지고 있는 고유한 능력을 얼마나 잘 발휘하느냐에 따라 성공의 정도가 달라진다. 인공지능이 인간만큼 잘하지 못하는 일 중 하나가 '번역'이라고 한다. 작가가 문장 속에 녹여낸 그리움, 슬픔, 분노, 기쁨과 같은 감정을 충분히 공감할 수 없기 때문이다. 공감하지 못하니 다른 언어의 감정으로 옮겨 표현하는 건 더 어렵다.

우리 인간에게는 마음과 가슴에서 느끼는 감정이 있다. 내 감정을 누군가 알아주었으면 싶고 누군가와 마음을 나누고 싶은 건 인간의 기본 욕구다. 이 강력한 욕구를 채워줄 수 있는 존재는 사람밖에 없다.

차가운 기계가 발달하고 인공지능의 활약이 커질수록 그리워지는 것은 따뜻한 손과 마음을 내미는 사람이다. 따뜻함, 푸근함, 훈훈함, 포근함, 쓸쓸함, 외로움, 울컥, 뭉클, 환희. 이런 감정이 무엇인지 아는 사람이 되자. 다른 사람의 입장에서 바라보고 한 번 더 생각해주자. 타인의 아픔에 같이 아파하고, 기쁨에 같이 기뻐할 줄 아는 사람이 되자. 인간적인 감성과 인간 고유의 능력을 갖춘 사람이 귀한 가치를 발하는 시대는 이미 시작됐다.

'왜'에 대한 나만의 답

우리는 일과 관련해 2부 10교시에서 자신이 좋아하는 것, 하고 싶은 것을 찾아보고 시도해보았다. 관심이 가고 좋아하는 활동이라 해도 취미 생활로 할 부분과 직업으로 삼아 완성해나갈 부분은 다르니 경험을 다양하게 해보는 것이 필요하다는 내용도 나누었다.

이번 장은 그 다음 단계를 다룬다. 직업으로 선택하고 싶은 일에 대해 나만의 '왜'를 생각해보자. 일하는 이유와 목적을 생각하고 정리해보는 시간이다. 구체적인 내용으로 넘어가기 전에 의미와 목적이 가지고 있는 성격을 알아보자.

• 현재와 미래를 연결하며 자신의 인생을 주도적으로 만들어가겠다

는 의지와 결단. 내적 성찰을 통해 찾을 수 있다.

- 장점과 흥미 영역, 중요하게 여기는 가치에 대한 이해를 바탕으로 한다.
- 성인 정체성의 핵심 요인.
- 가치 있게 여기는 것을 실천하고 완성해가겠다는 자신과의 약속.
- 나 자신을 넘어 타인과 사회의 이익을 고려하고 도움이 될 수 있도록 갖춰가는 노력의 원동력.
- 의미 있는 삶의 기반.

어떤 일을 할 것인지에 대해 답을 찾는 일은 나에게 의미 있는 가치가 무엇인지를 정리하는 일과 같다. 내 이름을 걸고 평생 해내고 싶은 일을 찾고 그 이유를 탐구해보는 것이다. 내가 속한 사회와 주변 사람들에게 기여할 수 있는 부분을 고려하며 나답게 살아갈 수 있도록 방향을 잡아가는 것이다. 내가 내 인생의 주인으로 살겠다는 결심을 하는 과정이다.

퇴사를 앞둔 현민 씨의 질문

30대 초반인 현민 씨가 물었다.

"지금까지 난 무엇을 위해 살아온 걸까요?"

어떤 상황에서, 왜 이런 질문을 한 것일까? 현민 씨가 살아온 시간을 살펴보자.

초등학교, 중학교, 고등학교 내내 우수한 성적 유지. 서울 소재 대학교 전자공학과 입학, 4년 후 졸업. 같은 대학, 같은 전공 석사 학위 취득. 국내 대기업 전자회사 입사.

여기까지는 무난해 보인다. 고비도 실패도 없이 잘 왔다. 그런데 문제가 하나 있었다. 현민 씨의 이력을 계속 이어서 살펴보자. 국내 전자회사 입사 3년 후 현민 씨에게 닥쳐온 현실은 권고 퇴직이었다. 현민 씨는 얼마 전 회사로부터 더 이상 함께하는 것은 무리라는 의견을 받은 상황이었다. 현민 씨는 눈물을 쏟았다. 앞이 캄캄하고 무엇을 어떻게 해야 할지 모르겠다고 했다. 재직 기간은 단 3년이었다. 유치원, 초등학교, 중학교, 고등학교, 대학교, 대학원을 모두 합치면 20년이다. 20년을 죽어라 공부하고 취직하는 데 성공했는데, 3년 만에 회사를 떠나게 되었다. 그것도 자의가 아닌 타의로.

현민 씨는 퇴직을 권유한 회사를 원망하지 않았다. 얼마나 어렵사리 들어간 회사인데 나가라고 하느냐고 화를 내지도 않았다. 현민 씨는 자신이 열심히 일하지 않았음을 인정했다. 재미도 없고, 늘 지겹고, 모든 일이 그저 그랬다고 했다. 열심히 일하지 않았으니 맡은 일을 잘하지도 못했다. 자기 때문에 동료들이 힘들었을 거라고, 사실은 팀장님이 오래 참아준 거라고 말했다. 나는 물었다.

"전공은 어떻게 선택하신 건가요?"

"부모님이 권유하셨어요. 취직 잘되는 과라고."

"대학원 진학은요?"

"대학원도요. 좋은 데 취직하려면 석사까지 하는 게 좋을 것 같다고 하셨어요."

"퇴직하게 된 걸 부모님도 알고 계신가요?"

"네……."

"뭐라고 하시던가요?"

"도대체 일을 어떻게 한 거냐고. 너 공부시키느라 쓴 돈이 얼만데 그렇게밖에 못하느냐고 화를 내셨어요."

"현민 씨는 어떻게 답하셨나요?"

"아무 말도 못하고 듣기만 했죠 뭐……. 부모님이 저에게 돈을 많이 쓰신 것도 사실이고, 제가 일을 잘하지 못한 것도 사실이니까요. 전 이제 어떻게 하면 좋을까요……?"

회사에서 퇴직하게 된데다 부모님께 꾸지람까지 듣고 마음이 급해진 현민 씨는 이제 필자인 나에게 답을 요구하고 있었다. 지금껏 그래왔듯이 스스로 답을 찾으려고 하지 않았다. 자신의 눈으로 세상을 바라보려 하지 않았다. 사회가 어떻게 돌아가는지, 어떻게 변하고 있는지에도 관심이 없었다. 자기 성찰도 없었다. 자신의 삶과 일에서 지켜나가야 할 '왜', '무엇을', '어떻게'에 대해 스스로 정리한 답이 없었다. 답이 없으니 누군가 시키는 대로 살아왔다. 현민 씨는 인생을 받아쓰기처럼 살아가려고 했다.

중심 없이 흔들리는 청춘

현민 씨와 비슷한 청춘이 많다. 취업을 고민하고, 어떻게 하면 좋은 회사에 들어갈 수 있을지를 고민한다. 취업하려는 이유를 물어보면 대답이 비슷하다.

"졸업하면 회사 다녀야 하니까." "돈 벌어야 하니까." "안 하면 안 되니까."

자신만의 생각이 깃든 답은 없다. 답이 없는 청춘은 방황한다.

상진 : 마음 한구석이 늘 허전하다. 요즘은 어디에서 무얼 하든 겉도는 느낌이 든다. 싫다.

세원 : '애매하다'는 말은 '희미하여 분명하지 아니하다'는 의미다. 차마 나에게 붙이고 싶지 않은 말이지만 나 자신을 이보다 더 잘 표현할 수 있는 단어가 떠오르지 않는다. 슬프게도 나는, 애매한 사람이다.

근호 : 답답한 마음에 여행을 떠났다. 고속버스가 터널로 들어섰다. 똑같은 모양의 타일 수천 개가 휙휙 지나가며 나에게 묻는다. "너는 요즘 앞으로 가고 있니? 어디로 가는지는 알고 사는 거야?" 비웃는 것 같기도 하다. 비웃음이 가득한 질문에 나는 답을 하지 못했다.

청춘들은 미래에 어느 회사에 들어가고 싶다거나 돈을 많이 벌고 싶다는 바람을 가지고 있다. 의사, 판사, 기업 임원 등 무엇이 '되고 싶다'는 목표를 말한다. 주변 사람들의 기대와 시선, 비교와 평가에 몹시 예민하다. 인정과 칭찬을 기대하며 생각과 판단의 기준을 이들, 저들, 그들이 하는 말과 행동으로 삼는다. 삶의 중요한 문제를 선택하는 데에 자신의 생각은 그다지 중요하지 않다고 여긴다. 아직 어린 내가, 잘난 것도 없는 내가, 이렇게 마음도 약한 내가 뭘 알겠느냐고, 내 생각이 뭐 그리 대단하겠느냐고 스스로를 무시한다. 나 말고 다른 사람 생각이 맞을 거라고, 주변에서 좋다고 하는 게 좋을 거라고 인정하며 자신의 답을 구겨버린다. 괜히 혼자 튀지 말자고, 사람들 속에 묻혀서 가는 게 안전한 방법이라고 여기며 몸을 사린다.

결과는 어떨까? 마음이 허전하다. 지친다. 인생이 겉도는 느낌이 든다. 빠르게 변하는 세상과 사람들 눈치를 보며 이리저리 흔들린다. 열심히 달리지만 앞으로 가고 있는지, 뒤로 가고 있는지 헷갈린다. 지금까지 기울인 노력이 어떤 의미가 있는지도 모르겠다. '여기가 내가 있을 곳이다'라는 확신이 드는 곳은 아직 없다. 방황의 연속이다.

중심을 잡지 못하고 흔들리는 자신을 바라본 청춘의 이야기를 좀 더 살펴보자.

남영 : 나는 어릴 때부터 개성이 뚜렷한 아이가 아니었다. 지금까지 특별한 취미도 없고 잘하는 것도 없다. 활발하지도 않고 조용하지도 않다. 남들 눈에 띄지도 않는다. 늘 보통, 뭐든 중간이다. 나는 1989년

에 태어났다. 1990년도 아니고, 1988년도 아니고, 1989년. 많고 많은 나라 중에 대한민국, 여러 도시 중 서울, 강북. 그 많은 사람 중에 우리 부모님 자식과 우리 언니 동생으로 태어난 건 우연이 아닐 거라는 생각이 든다. 분명 이유가 있어서 태어났고 무언가를 하기 위해 존재할 것이다. 그런데 모르겠다. 누군가 "너는 왜 사니?"라고 물으면 나는 이렇게밖에 답하지 못한다. "태어났으니까." 나는 왜 살고 있을까. 어떤 일을 해야 할까. 모르겠다. 부끄럽고 답답하다.

혁태 : 스물다섯 살, 나이만 먹고 덩치만 커졌다. 삶은 너무 어렵다. 어디가 옳은 방향인지 모르겠다. 내가 살아갈 길이 너무 고된 길일 것만 같다. 시작도 안 했는데 겁이 난다. 포기하고 싶다. 나를 바라보는 주변의 시선, 그 기대에 따라 무엇이든 해내야 한다는 부담감이 버겁다. 다 내려놓고 펑펑 울고 싶을 때가 많다.

은영 : 늘 나 자신을 부족하고 어리석다고 느낀다. 남들은 다 쉽게 이해하는 내용을 이해하지 못하고 겉도는 바보 같다. 언제부터 이렇게 되었을까. 어린 시절 겪었던 좌절에서 비롯된 듯싶다. 늘 이기며 자만해 있던 내가 점점 아래로 내려가고 있다는 걸 알면서부터였다. 남들보다 뒤처지는 건 가치가 없는 것이라고 믿고 있었기에 충격이 컸다.

남들에게 인정받을 때, 존재를 인정받고 사랑받을 수 있다는 생각은 어떻게 해서도 고쳐지지가 않는다. 자신감을 잃었고 모든 일에 남들의 생각을 따르려고 하고 있다. 성인이 되면 해결되리라 믿었다. 변한 것은 나이와 장소일 뿐 여전히 나는 누군가의 허락을 받으려 한다. 떠밀리듯 산다. 늘 불안하다.

방황하는 청춘은 고백한다.

모르겠다. 나인데. 내 인생인데.
부끄럽고 답답하다. 다 내려놓고 펑펑 울고 싶을 때가 많다.
떠밀리듯 산다. 늘 불안하다.

여기까지 읽은 당신은 이렇게 생각할 수 있겠다.
'나도 답답하고 불안한데…….' '나도 어젯밤 혼자 울었는데…….' '맞아, 나도 지금 두렵고 힘들어.'
미래를 걱정하며 마음을 졸이는 청춘에게 괜찮다고, 너무 조급해하지 말라고 말해주고 싶다. 내가 직접 만난 청춘들도 비슷한 고민을 하고 있었고, 그들에게도 똑같이 얘기해주었다. 남보다 뒤처진 것 같아 조급해하거나, 자신만 생각이 얕은 것 같아 기죽

을 필요 없다고, 이제부터 시작해도 충분하다고 어깨를 두드려주
었다.

불안이라는 감정에 잘하고 싶은 마음이 숨어 있듯이, 당신이
답답하고 부끄러워하는 것도 자신만의 길을 분명하게 찾고 싶어
서다. 흔들리고 싶지 않기 때문이다. 자신감을 가지고 활짝 웃고
싶기 때문이다.

아직 답을 찾지 못한 것은 큰 문제가 아니다. 정말 곤란한 건,
앞으로 하려는 일에 대한 '왜'라는 질문에 내놓을 아무런 답이 없
는 상황에서도 가만히 있는 태도다. 생각도 고민도 하지 않고 '어
떻게든 되겠지, 순리대로 살면 되는 거야'라며 청춘의 시기를 느
슨하게 보내는 태도가 정말 문제다. 세상이 요구하는 것을 수용
하며 남에게 선택권을 넘겨주고 살아갈 때 인생은 주인을 잃는다.
주인을 잃은 인생이 잘되기는 어렵다.

자신만의 답을 찾고 싶다는 생각을 가지게 된 찬혁이는 지난
시간을 돌아보며 이렇게 말했다.

인간은 주변 사람들의 시선과 평가를 신경 쓰면서 사회에서 정의한
성공을 따르려는 경향이 있다. 그것을 자신이 원하는 것이라고 착각
하기도 한다. 나도 그랬다. 내가 해온 것이 어떤 의미가 있는지 모르

겠다. 어쩌면 지금까지 잘못 살았나보다.

답 없이 그냥 살 수도 있지만

고민하며 답을 찾고 실행할 것인가, 아니면 흘러가는 대로, 주어진 대로 살아갈 것인가.

"나는 무엇을 해야 할까?"

"정체성을 분명히 하며 성장할 수 있는 일은 무엇일까?"

"수많은 일 중에 왜 그 일을 선택하려고 하는가?"

이런 질문에 정답이 있는 것은 아니다. 골치 아파서 생각하기 싫다고 하면 억지로 강요할 수도 없다. 분명한 건 자신의 일에 대한 의미와 목적을 끊임없이 질문하고 답을 찾는 사람과 그렇지 않은 사람의 인생은 시간이 지날수록 달라진다는 점이다. 자신의 정체성과 기호를 확인하며 단단하게 만들어가는 삶과 시간이 지날수록 텅 비어가는 삶, 이 둘의 차이는 점점 커진다.

청춘에게 권한다. 자신만의 '왜'를 찾고 하나씩 완성하는 삶을 살아가라고 말이다. 자신의 개성과 능력을 세상에 내보이며 단 한 번 사는 인생을 진하게, 후회 없이 살아보라고 권한다. 방황을 멈추고 답을 찾아보자. 답을 찾기 위한 첫걸음은 자신에게 답이 '없음'을 깨닫는 것이다. 어디가 어떻게 비어 있다는 것을 알면 채워나갈 수 있다.

혜린 : 신중하게 생각하지 않고 살았다. 대학에 지원할 때도 대충 성적이 맞는 과에 원서를 넣었다. 전공이 싫어 미칠 지경이지만 투정만 부릴 뿐 전과는 엄두도 내지 않고 있다. 가끔 하고 싶은 게 있어도 머뭇거리다 그만둔다. 내 인생 20대가 엉망이다. 이제는 달라져야 할 것 같다. 지금부터 내리는 결정은 남은 인생을 좌우할 것이다. 평생 이리저리 끌려 다니는 바보짓을 했다며 후회 속에 늙고 싶지는 않다.

선정 : 제발 묻지 말아주길 바랐던 질문을 앞에 두고 있다. "앞으로 뭐할 거야? 왜? 이유가 뭐야?"라는 질문. 답하기 어렵다. 친구들이 물으면 되묻는다. "넌 어떤데?" 답을 기다리며 마음을 졸인다. '난 모르는데 넌 알고 있니?' 어른들이 물으면 공무원이나 행정고시를 준비하려 한다고 답한다. 대부분 잘 생각했다고 하신다. 나보다 인생을 많이 살아본 어른들이 좋다고 하니 공무원이 되는 게 맞는 길일 수도 있겠다. 그런데 잘 모르겠다. 막연하다. 세상이 뿌옇다. 나와 내 인생에 대한 흐릿한 초점이 싫다. '왜'에 대한 나만의 답을 찾고 싶다.

경환 : 사람들은 말한다. 학교는 울타리 안이고, 직장은 전쟁터이며, 직장 밖 사회는 지옥이라고. 학교를 다니며 지금도 매일 전쟁을 치르고 있는 것 같은 나는 학교가 울타리라는 말에 동의하기 어렵다. 직장과 사회는 도대체 어떤 곳이기에 학교가 울타리라는 걸까. 궁금하기도 하고 두렵기도 하다. 하지만 직장이 상관의 명령에 따라 움직여야 하는 전쟁터일지, 나만의 무기를 가지고 싸우는 전쟁터일지는 나에게 달렸다고 생각한다. 내가 무얼 어떻게 하느냐에 따라 달라질 것이다. 학교를 떠나기까지 2년 남았다. 치열하게 생각해봐야겠다. 졸업 후의 세계를 결정할 딱 한 사람, 바로 나라는 사람에 대해서 말이다. 내 안에 무엇이 있는지, 무엇을 이루고자 하는지를 찾아보겠다.

혜린과 선정, 경환이가 말한 것처럼 자신의 답을 찾으려는 청춘의 첫 걸음은 소박하다.

후회 속에 늙고 싶지는 않다.
'왜'에 대한 나만의 답을 찾고 싶다.
내 안에 무엇이 있는지, 무엇을 이루고자 하는지를 찾아보겠다.

시작은 이 정도면 충분하다. 자신을 위해 '이렇게 살고 싶다'든

가 '이렇게 살고 싶지는 않다'는 바람을 가지면 한 걸음 진전이 가능하다. 성현이의 출발도 그랬다.

> 졸업 후 생각하고 있는 진로가 있었다. 의미와 목적을 생각하며 나에게 질문해봤다. 직업을 결정하는 데 나만의 이유나 가치관, 선택의 근거가 있었는가? 그 일을 하면서 보람이나 성취감, 만족감을 누릴 수 있을 것인가? 결론은 '아니다'였다.

성현이는 자신이 하려는 일이 사실은 남들이 보기에 좋고 남들에게 보여주기에만 좋은 것이라는 사실을 깨달았다. 다른 사람이 부러워하는 일을 선택의 기준으로 여기는 자신의 모습을 깨끗하게 인정했다. 자신만의 답을 찾겠다는 결심은 그곳에서 시작했다.

'왜'라는 질문, 나만의 답

청춘은 묻는다.

"'왜'에 대한 답을 왜 꼭 찾아야 하는 건가요?"

'왜'에 대한 답을 다른 말로 표현하면 의미와 목적이다. 긴 인생을 살아가는 데에 필요한 중심이다. 우리를 꾸준히 나아가게 하는 건 돈이나 사회적 지위, 권력 등 외적인 가치가 아니다. 주변 사람의 강요나 지시, 타인과의 경쟁에서 이기겠다는 승부욕만으로는 오래도록, 잘 나아갈 수 없다. 우리를 끝까지 잡아주고 밀어주는 건 마음속에서 나오는 울림이다. 울림을 실행하며 느끼는 자긍심이다.

나는 졸저《내가 이끄는 삶의 힘》(토네이도, 2016)에서 의미와 목적을 인생의 바닥짐에 비유했다. 바다를 항해하는 배의 맨 아래 칸에 놓인 바닥짐이 파도에 흔들리는 배의 중심을 잡아주듯, 의미와 목적은 인생의 바닥짐이 되어 폭풍우를 만나도 쓰러지지 않도록 우리 중심을 잡아주는 역할을 한다. 의미와 목적은 성장의 기반이 되는 뿌리이기도 하다. 뿌리는 나무가 땅 속에 든든하게 자리를 잡고 위로 곧게 성장할 수 있게 해준다. 자신만의 중심이 뿌리가 없으면 이 말 저 말 들을 때마다 갈팡질팡한다.

어느 날 취업 준비를 하던 준우가 물었다. "회사들이 제시한 인재상을 보면 잘 이해되지 않습니다. 두루뭉술하고 추상적인 말로 적어놓았을 뿐 구체적으로 무얼 원하는지 모르겠더군요. 어느 회사가 원하는 기획자의 인재상은 이랬습니다. '트렌드와 사람을 읽고 필요를 발견하는 능력', '사용자의 가치를 만들어내는 끈기',

'서비스를 키우는 부모의 마음으로'. 도대체 회사는 이런 걸 어떻게 알아보겠다는 말일까요? 저는 또 어떻게 보여주어야 하는 걸까요?" 전문 기획자가 되고 싶은 준우는 회사의 요구 사항을 읽고는 뭘 어떻게 준비해야 할지, 무엇을 보여주어야 좋을지 몰라 걱정하고 있었다.

회사에서 대단한 능력을 요구하는 것 같아 주눅이 들 수도 있겠다. 하지만 잘 보면 그다지 특별한 능력을 언급한 것도 아니다. 쉽게 써보면 이렇다. '우리 회사는 유행의 흐름을 읽고 고객들의 니즈를 파악해서 새롭고 멋진 것을 만들어낼 사람이 필요합니다.' 몇 가지 단어로 압축할 수도 있다. '통찰력, 창의력, 끈기, 서비스 마인드, 애사심.' 표현을 달리했을 뿐, 기획 업무를 하는 사람이라면 기본적으로 갖춰야 하는 부분이다. 서비스를 제공하는 기업들이 구성원에게 공통으로 기대하는 사항이기도 하다.

준우가 이 내용을 몹시 어렵게 느낀 이유는 기획자가 되고자 하면서도 기획 업무에 대한 자신만의 답이 없었기 때문이다. 왜 기획 전문가가 되려고 하는지, 세상에 있는 많고 많은 일 중에 왜 굳이 기획 업무를 하고 싶은지에 대한 이유도 목적도 없이 접근하고 있었다. 이렇게 준비하면 어려울 수밖에 없다. 회사에서 제시하는 요구 사항을 볼 때마다 혼란스럽다. 이것도 해야 할 것 같고, 저것도 해야 할 것 같다. 이것도 할 수 있을 것 같고, 저것도 할 수 있을 것 같다. 무엇을 준비해야 할지 막막해하고 조급해하다가 면접에 가면 이렇게 말한다. "귀사에서 일하고 싶습니다. 시켜만 주시면 잘할 수 있습니다!" 과거 한때는 이 대답이 성실함으로 읽힌 적도 있었다. 이제는 아니다. 자신의 의견이 담겨 있지 않은 구체적이지 못한 대답은 준비 부족에 지나지 않는다. 좋은 인상을 줄 수 없다.

취업을 준비하고 있는 또 한 명의 청춘인 상혁이가 물었다. 면접에서 자꾸 떨어지는데 이유를 모르겠다며 답답해했다. 나는 면접에서 나올 만한 몇 가지 질문을 던지고 상혁이의 대답을 귀 기울여 들었다. 판단은 어렵지 않았다.

"나 같아도 안 뽑을 것 같군요."

"정말요? 왜죠?" 상혁이는 당황스러워했다.

"대답에 본인 스스로도 믿음이 없다는 게 분명하게 보입니다. 일에 대한 소신이 보이지 않아요."

일의 방향에 대한 믿음, 그 일을 하고자 하는 내면의 의지는 말하는 사람의 눈동자와 표정과 목소리를 통해 다 드러난다. 스스로도 믿지 못하는 말을 하면 눈동자가 흔들리고, 표정은 일그러진다. 대답에 자신도 없고 확신도 없으니 목소리는 자꾸 작아진다. 이 상태에서는 말을 아무리 많이 해도 결국 이렇게 들린다.

"제 생각이 분명하지 않고 결심도 약하지만……그래도 저를 좀……뽑아주시면 안 될까요?"

돌아오는 답은 이렇다. "우리가 당신과 함께해야 할 이유는 없는 것 같습니다."

세상에 내놓을 자신만의 답을 생각해보자. 왜 영업도, 마케팅도, 홍보도 아닌 기획 업무를 하고자 하는지, 그 일이 왜 중요한지, 어떤 의미가 있는지, 그 일에서 완성해보고 싶은 것은 무엇인지 정리하고 나가자.

우리는 어느 길이든 갈 수 있다. 무엇이든 어느 정도는 할 수 있다. 여기에 만족하지 말자. '어느 정도' 할 수 있는 일 말고, '웬만큼' 할 수 있는 일도 말고, 정성을 쏟아가며 잘할 수 있는 일을 찾아보자. '이거나 해볼까' 하는 일 말고, '이것을 해야겠다'는 결심이 서는 일을 찾아보자. 처음부터 구체적일 필요는 없다. 먼저 큰 범위를 그려보고 나서 조금씩 좁혀나가면 된다. 자신에게 의미 있는 영역을 크게 정리해본 윤지의 출발을 소개한다.

내가 좋아하는 동시에 의미를 두는 것을 찾기 위해 생각하고 또 생각했다. 나 자신에게 몇 번이나 묻고 또 물었다. 큰 범위에서 지금까지 정리해본 답은 "나는 내가 접한 감동과 정보를 잘 전달하는 일에 가치를 둔다"는 것이다. 어릴 때부터 감동받은 이야기를 주변에 전하는 것을 좋아했다. 지금도 좋은 메시지를 접하면 생각한다. '이 말은 이 사람을 위한 말이야.' '누구누구가 이 이야기를 들을 수 있으면 좋겠다. 기억했다가 잘 전해줘야지.'

내가 정한 직업의 큰 방향은 사람들이 긍정적인 생각을 하며 좋은 이야기를 나누도록 하는 일이다. 좋은 이야기를 매개로 우리 사회가 더 나은 곳이 될 수 있으면 좋겠다. 방법은 여러 가지가 있을 것 같다. 내가 직접 글을 쓸 수도 있고, 감동과 교훈이 담긴 내용을 나누는 강연회를 기획할 수도 있다. 상담가가 되어 내담자와 일대일로 마주 앉아 이야기를 나눠볼 수도 있겠다. 이제 큰 방향을 정했다. 구체적인 직업은 어떤 것이 되면 좋을지도 신중하게 생각해봐야겠다.

청춘, 답을 찾아가다

윤지는 하고자 하는 일의 성격과 그 이유를 폭넓게 정리하면서 방향을 잡았다. 이제 배우고 경험하며 범위를 좁혀가면 된다. 자신만의 답안지를 잘 채워나가기를 응원한다.

다음은 자신이 하려는 일에 대한 의미와 목적을 좀 더 구체적으로 정리한 청춘들의 바람과 결심이다.

> 찬성 : 우리 교육의 가장 큰 문제점은 학문 수양이라는 본래 기능을 상실했다는 것이다. 수업을 통해 길러져야 하는 지식과 지혜는 시험을 보기 위한 기술 습득으로 대체되었고, 교실에는 성적을 기준으로 만들어진 서열이 존재한다. 교육을 위한 시험이 아니라 시험을 위한 교육이 이루어지고 있다. 인생에서 찬란한 10대를 시험 잘 보는 방법을 배우고 등수를 올리기 위한 공부를 하며 보내는 건 불행하다. 나는 학생들이 잠재능력을 찾는 데 도움을 주는 교육을 하고 싶다. 인간답게 성장할 수 있도록 도와주는 교육을 하면서 보람도 느끼고 싶다.

> 아름 : 교수님께서 물으셨다. "가치 있는 삶을 추구하고 있는가?" 진로 고민이 많았던 시기에 받은 질문이어서인지 머리가 더 아팠다. 나에게 의미 있는 일을 생각해보았다. 나는 여성과 아동의 인권에 마음이 간다. 신문을 볼 때면 유독 성폭행과 아동학대 관련 내용에 눈길이 머문다. 어떻게 이런 일이 일어나는가 싶어 가슴에서 화가 올라온다. 나

는 법을 공부하고 있다. 여성과 아동의 권리를 보호하는 데 기여하고 싶다. 이 분야라면 내가 추구하는 가치를 완성해가며 열정적으로 일할 수 있을 것 같다.

민승 : 내가 믿는 가치는 공평과 자유다. 인간이 행사할 수 있는 권리와 자유의 정도가 돈 때문에 달라져서는 안 된다고 생각한다. 돈이 없다고 권리와 자유를 뺏기면 악순환이 반복되고 빈부 격차는 더 커진다. 이런 부조리를 예방하고 해결하는 건 의미 있는 일이라고 믿는다. 나는 부의 공정한 재분배를 연구하고 적용하는 일을 하겠다.

재필 : 내가 끌리는 영역은 언론계, 그중에서도 방송기자다. 방송사에서 인턴으로 일해본 적이 있다. 노인 복지시설, 판자촌, 서울역 주변 노숙자를 취재하며 많은 사람들을 만났다. 부당한 일을 겪으면서도 목소리를 내지 못하고 있는 이들이 많았다. 언론은 사람과 세상을 이어주는 연결고리다. 언론의 역할 중 하나는 어려움에 처한 이들을 세상에 알려 잘못된 부분을 바로잡고 도울 수 있는 기반을 만드는 것이라고 생각한다. 두 발로 현장을 다니며 사회 문제들을 찾아내고 올바른 방식으로 해결될 수 있도록 하고 싶다. 정보를 다루는 데 중요한 건 사람에 대한 이해와 존중이다. 내가 믿는 가치관을 실현하고 사회

에 선한 영향을 미칠 수 있는 방송기자라는 일에 도전해보려 한다.

범위를 크게 그리는 것에서 시작해 세밀한 영역까지 고려해서 내린 청춘들의 답이다. 각자 추구하는 바는 다르지만 어느 것이 더 훌륭한 답이라고 할 수는 없다. 이들이 가진 답에 타인의 인정과 허락도 필요없다. 스스로 고민하고 정리한 답이 가장 좋은 답이다.

이제 한 걸음씩 나가면 된다. 살다 보면 이런저런 어려움이 나타날 수 있다. 스스로 내린 '의미'와 '목적'이라는 답은 삶의 긴 여정에서 중심을 잡고 걸어갈 수 있도록 도와줄 것이다. 내가 정리한 답은 언제나 내 편이고, 누구보다 내 편이다.

내가 가장 잘 걸을 수 있는 길

객관적으로 아무리 훌륭한 의미와 목적이 있는 일이라 할지라도 나에게 울림이 없다면 소용없다. 우리는 내면의 울림을 따라 스스로 선택한 길을 가장 잘 걸어갈 수 있다.

환경과 관련된 일을 하고 싶어 하는 영진이는 지하철에서 극동 연구원 모집 광고를 보고 마음에서 '번쩍' 하는 게 느껴졌다고 한다. 환경오염으로 인한 기상 변화에 특히 관심이 많았기에 어떤 자격이 필요한지, 그곳에 가면 어떤 일을 하는지를 바로 알아보았다. 영진이는 "우리가 살고 있는 지구를 지켜 후대에 좋은 환경을 넘겨줄 수 있는 일을 하고 싶다"는 포부를 밝혔다.

당신도 혹 남극이나 북극에서 일해보고 싶다는 마음이 드는지 모르겠다. 나는 아니다. 추위를 많이 타는 나는 남극이나 북극을 생각하면 영하 40도의 추운 날씨가 떠오르며 겁부터 난다. 환경오염을 막는 방법을 찾는 연구가 정말 가치 있는 일이라는 건 알지만, 나도 그 일을 직접 해보고 싶다거나 평생 직업으로 삼고 싶다는 생각은 들지 않는다. 환경오염을 걱정하며 내가 할 수 있는 일은 일회용품 사용을 줄이고, 분리수거를 철저히 하고, 음식물 쓰레기를 줄이는 것이라 생각한다.

이런 내가 남극이나 북극으로 가서 일해야 한다면 어떨까? 아마 맡은 일이니 하기는 할 것이다. 하기 싫은 일도 할 수는 있고, 해야 하기도 하니까 말이다. 하지만 나 스스로를 격려하며 열심히 일하지는 못할 것 같다. 맡은 일을 꾸역꾸역 해내면서 모든 날이 지루하고 답답해질 것이다. 내 의지가 없는 엉뚱한 곳에 시간과 에너지를 낭비하면서 재미도, 의미도 느끼지 못할 것 같다. 보람과 자긍심도 없고 미래에 대한 기대도 없을 것이다. 나이가 들수록 내 정체성은 흐려질 것이다. '하유진'이라는 사람은 점점 없어진다. 고유한 능력도 발휘하지 못한다.

영진이는 반대다. 영진이는 남극에 가서 일할 때 보람도 자긍심도 제대로 느낄 수 있다. 기후 변화와 환경오염에 대한 연구를 할 때 영진이는 영진이답게, 영진이 자신으로 살 수 있게 된다. 희망을 품고 삶을 더 나아지게 만들겠다는 의지도 다질 수 있다. 극동 연구원 광고를 보고 '번쩍' 하는 느낌을 받았다는 영진이는 마음의 울림을 제대로 경험했다. 필자인 나는 극동 연구원이 되면 안 되고, 영진이는 극동 연구원이 되어야 한다.

우리는 모두 다르다. 열이면 열 사람 모두 보람과 만족을 느끼는 영역이 따로 있다. 자신이 언제, 어떤 상황에서 기쁨과 뿌듯함을 느끼는지 알고 나가자. 어떤 가치를 중요하게 여기는지 들여다보자. 우리는 의미와 목적을 가지고 일할 때 열정을 쏟을 수 있다. 좋은 결과에 대한 보람과 자긍심을 기쁘게 흠뻑 누릴 수 있다. 나 자신으로, 나답게 살아갈 수 있다.

하루하루를 그저 무사히 넘기는 것에 만족하지 말자. 스스로 찾은 답 없이 비워둔 삶, 타인의 기대와 기준을 맞추려고 애쓰는 삶은 고통이다. 본성도, 장점도 발휘하지 못하는 삶은 공허하고 슬프다.

나는 당신이 그저 여러 사람 중 하나, 많고 많은 직장인 중 하나가 되지 않기를 바란다. 고유한 가치와 능력을 세상에 내보이며 힘차게 살아가면 좋겠다. 이 책을 읽으며 여기까지 나와 함께한 당신은 의미 있는 일을 하면서 기쁨과 만족을 느끼며 살면 좋겠다. 보람을 느끼며 자주 크게 웃고, 자주 미소 지으며 살아가기를 소망한다.

가치 있는 성공은 가치 있는 뜻을 품는 데서 시작한다. 세상이 던지는 '왜?'라는 질문에 당당할 수 있는 답을 정리해보자. 의미 있는 답을 가지고 뛰는 사람이 명예롭게 이긴다.

시작하는 힘, 계속하는 힘

인국 : 교수님께서 물으셨다. 지금 청춘을 살고 있느냐고. 생각해보니 나는 패기 있게 실패를 무릅쓰고 무엇엔가 뛰어든 적도, 열정을 가지고 꾸준히 실행한 적도 없다. "지금 청춘인가?"라는 질문에 떠오른 내 대답은 '청춘은 나에게 오지도 않고 멀리에서 돌아가버린 듯하다'는 것이다. 하지만 나는 아직 젊다. 남아 있는 날 중 오늘이 가장 젊은 날이다. 아직 늦지 않았다. 열심히 움직이겠다. 도전과 실패를 모두 경험하며 앞으로 나아가겠다.

마지막으로 함께 나눌 주제는 '실행'이다.

노력. 대부분의 청춘이 싫어하는 말이다. '노오력'이라고 비꼬아 부르기도 한다. 요즘 상황에서는 노력하라는 말에 거부감이 들만도 하다.

기회는 적고 그 한정된 기회를 잡으려는 사람은 많다. 경제적으로 우리 사회가 겪고 있는 상황도 매우 어렵다. 청춘들이 받는 영향은 막대하다. 잘못한 것도 없는데 왜 내가 이런 어려움을 겪어야 하는가 싶어 억울하고 화도 날 것이다. 어려운 상황이 계속되다 보니 원기 왕성한 20대 청춘이 벌써 삶에 주눅이 든다. 반복되는 실패 속에서 느끼는 좌절감과 무력감이 크다. 희망은 덧없고, 도전은 위험하고, 노력은 소용없다는 생각에 눌려 점점 움츠린다.

훈회 : 몇 번의 실패를 겪으면서 이제 안 될 것 같다는 생각이 점점 커졌다. 안 되는 것, 불가능한 것에 도전하는 것만큼 고통스러운 것도 없다. 희망은 고문이 된다. 계속 상처를 받을까 겁이 난다. 지금도 아픈데 더 큰 상처를 받을까봐 두렵다. 나는 요즘 하루하루 적당히 살면서 시간이 빨리 지나가기만을 바란다.

진회 : 나는 고속도로 갓길에서 빌빌대며 굴러가는 자동차다. 씽씽 속력을 내며 달리는 자동차를 보면 부럽다. 나도 속력을 내볼까 싶기도 하지만 길을 잘못 들거나 사고가 나면 어떡하나 싶어서 용기를 내지

못한다. 이건 신중함이 아니다. 우유부단과 실행력 부족의 극치다. 내가 따지는 건 성공 가능성이다. 정확히 말하면 실패할 확률이 얼마나 낮은지가 중요하다. 혹 실패하면 어쩌나 하는 마음에 아무런 모험도 도전도 하지 않는다. 내 인생은 제자리걸음이다.

원석 : 하고 싶은 건 있다. 힘들어도 끝까지 노력해서 성공해보겠다는 말은 하지 못하겠다. 위험을 무릅쓸 용기가 없다. 실패가 무섭다. 자존감이 바닥이다. 잘 해낼 수 있을지 나 스스로를 의심한다. 이렇게 가다가는 정말 아무것도 못하겠구나 싶다.

청춘들이 겁내고 주저하는 마음은 이해한다. 그 마음 뭔지 안다. 그래서 더욱더 자신의 마음을 달래며 부지런히 움직이라고 말해주고 싶다. 겁이 난다고, 해도 소용없을 것 같다고 생각하며 가만히 있으면 불청객이 찾아오기 때문이다. 우울과 불안, 무력감 같은 녀석들이다.

"그치? 열심히 해도 소용없지? 잘 안 되니까 창피하지? 그냥 조용히 있는 게 낫겠지?"라고 소곤대며 친구 하자고 다가온다. 게다가 이 녀석들은 한 번 오면 잘 안 떠난다. "난 마음 약하고, 겁내고, 아무것도 하지 않으려고 하는 네가 참 좋아. 우리 오래오래

같이 살자!" 하며 점점 강하게, 점점 더 세게 몸과 마음을 휘감는 다. 힘을 빼앗아버린다. 어깨를 눌러 바닥에 주저앉힌다. 무언가 해보려고 하면 막는다. '넌 오늘 기분이 나쁘잖아, 이런 날은 그냥 방에 있는 거야.' 명령을 내리기도 한다. '하지 마, 가만히 있어.'

이런 녀석들과는 멀리할수록 좋다. 처음부터 아예 가까이 오지 못하게 관리하는 것이 제일 좋다. 혹시 요즘 같이 살고 있다면 내 보내라. 제일 먼저 할 일은 떠나보내야겠다고 마음먹는 일이다. '준비가 되면, 이번 주만 지나면, 다음 달이 되면, 날이 좀 시원해 지면, 따뜻해지면' 이런 조건을 달지 말고 바로 지금 관계 단절을 결심하자. '나는 우울과 무기력에서 벗어나야겠다.' '이제는 그만 불안해야겠다. 좀 더 적극적으로 행동해봐야겠다.' 그리고 일어나 서 움직이자. 자신을 위해 움직이는 사람에게 우울과 무기력이 같 이 있기는 어렵다.

성호는 대학에 들어오고 얼마 안 있어 우울해지기 시작했다. 나에게 찾아온 성호는 우울과 무기력이 심해서 너무 힘들다며 울 먹였다. 하루를 어떻게 지내는지 물어보니 방에서 혼자 가만히 있 는 시간이 많았다. 휴학도 했다. 나는 성호에게 하루에 세 번씩 동 네를 걸으라고 했다. 아침 7시, 오후 1시, 저녁 7시에 한 시간씩. 오늘은 우울하네, 무기력하네 하면서 안 좋은 기분 속으로 빠져들지 말고, 비가 오네 눈이 오네 핑계도 찾지 말고, 하루 세 번, 시간 되면 무조건 옷 입고 나가서 걷다 들어오기. 마음 내키면 뛰어도 좋음. 늦잠 자지 말고 아침에 일찍 일어나서 햇빛도 쪼이고 바깥바람도 매일 느껴볼 것, 하루 밥 세끼 잘 챙겨서 꼭꼭 씹어 먹을 것. 이 정도도 움직이지 않으면서 우울하다, 무기력하다고 말하면 무기력한 상태를 즐기고 있는지도 모른다고, 심장이 펄떡이는 청춘을 그렇게 보낼 거냐고 으름장도 놓았다.

병원에 가야 할 정도로 심한 우울이나 불안, 무기력이 아니라면 이 정도 움직임으로도 많이 좋아질 수 있다. 성호도 그랬다. 성호는 다음 학기에 복학도 했고 표정도 많이 밝아졌다. 기분이 좋아질 때까지 가만히 앉아 기다리면 기분이 좋아지는 대신에 삶에 대한 의욕이 점점 사라진다. 움직이며 회복하자.

불안하지 않은 사람은 없다

전문 사진가 윤광준은 마흔이 될 무렵 큰 결심을 했다. 자신의 사진과 생각을 글로 풀어내고 싶다는 바람을 가지고 있던 그는 어느 날 직장에 사표를 내버렸다. 나이 마흔에 선택한 대책 없는 결심이었다. 호기 있게 시작했지만 쉽지 않았다. 글과 사진은 서로 다른 분야다. 사진을 잘 찍는다고 해서 글까지 잘 쓰는 것은 아니다. 슬금슬금 불안이 커졌다. 나이 마흔에 직장은 없고 갈 길은 멀었다.

윤광준은 현재 전문 작가로 인정받고 있다. 책도 여러 권 썼다. 불안과 막막함이 짓누르던 시기를 잘 넘겼다는 의미다. 어떻게 가능했을까? 문화심리학자 김정운과의 인터뷰에서 그는 설명한다. 우선 자리에 앉아 조금씩 쓰기 시작했고 어려움을 이기기 위해 무한대의 시간을 퍼부었다고. 작가는 되고 싶은데 글을 쓰지 못하면 어떡하나 하는 불안감을 노력으로 극복해간 것이다. 컴퓨터 자판을 무려 다섯 개나 갈아치울 만큼 혹독하게 글을 썼다고 설명하는 그는 마흔 살 이후 여러 해를 "의자에 궁둥이를 붙이고 살았다"고 전한다.

그의 설명을 들으면 불안함과 싸우는 40대 남성의 무거운 뒷모습이 보이는 듯하다. 컴퓨터 한 대를 앞에 놓고 자신과 싸우고 있는 한 사람이 보인다. 실력이 안 되니 무한대의 시간을 퍼부을 수밖에 없다고 믿으며, 자판을 다섯 개나 갈아치울 만큼 두드린 사람의 간절함과 치열함이 느껴진다. 고비를 넘기고 작가로 자리매김한 그는 강조한다. "아무것도 하지 않고 불확실한 미래를 미리 걱정하는 게 더 큰 공포다."

윤광준은 자신의 책《잘 찍은 사진 한 장》(웅진지식하우스, 2012)에서는 원하는 사진 한 장을 찍기 위해 쏟은 노력을 직접 글로 써서 전해주기도 했다. 그가 찍으려던 대상은 무당벌레였다. 이미 전문 사진가로 인정받던 그였지만, 무당벌레가 날아가는 모습을 생생하게 담아내기 위해 몇 해의 시간을 투자했다. 무당벌레가 활동하는 시기에 무수히 많이 찍었고, 사진이 마음에 들지 않으면 또 1년을 기다렸다. 어느 해에는 무려 3000마리의 무당벌레를 채집해 하나하나 날리며 셔터를 눌렀다. 그래도 성공한 사진은 채 열 장도 안 됐다. 책에 실린 사진 두 장은 수년간 수천, 수만 번의 시도 끝에 얻은 성공이었다.

그래서일까. 그가 보여준 무당벌레 사진에는 무당벌레만 있지 않다. 인간 윤광준도 보인다. '이 사진이 셔터를 그저 한두 번 눌러서 만들어진 게 아닙니다' 하고 당당하게 말하는 것 같다. '우리 이 정도 노력은 해보고 된다, 안 된다 이야기합시다. 뜻을 세웠다면 될 때까지 해보세요. 해보니 됩디다" 하고 격려해주는 것 같다.

만일 무언가를 잘하는 사람을 보면 부러워하기 전에 그가 불안과 싸우며 보이지 않는 곳에서 혼자 보냈을 시간을 생각하자. 좋은 결과 뒤에는 엄청난 땀이 숨어 있다는 걸 생각하자. 저 사람은 겁이 없어서, 용기가 충만해서, 나만큼 불안하지 않아서 그럴 수 있다고, 머리가 좋아서 그럴 거라고, 재능을 타고나서 쉽게 할 수 있을 거라고 생각해버리면 뛰어난 실력은 영영 남의 얘기로만 끝난다. 불만과 불안에 눌려 자신의 재능을 키우지 못한다.

대기업에서 재직 중인 임원 한 분이 삶의 교훈을 얻게 된 경험담을 들려주었다.

제가 대리 때였습니다. 이사님 한 분이 PT를 정말 잘하셨어요. 난 그분이 부러웠습니다. 저렇게 발표를 잘하니 얼마나 좋겠냐고, 말하는 재주는 타고나는 거라고, 역시 재능이 중요하다고 생각했지요. 발표를 워낙 쉽고 편하게 잘하셨거든요.

어느 날인가, 일이 많아서 늦게 퇴근하던 날이었습니다. 회의실 안에 이사님이 계셨습니다. 며칠 후에 있을 발표 준비를 하는 것 같았습니다. 그런데 평소에 제가 알던 모습이 아니었습니다. 셔츠 소매를 풀어 팔뚝까지 걷어 올린 채, 땀까지 뻘뻘 흘리며 연습을 하고 있었습니다. 말하다가 막히면 땅이 꺼져라 한숨을 쉬기도 하고, 메모를 하기도 하고, 답답해하며 혼자 욕을 하기도 하고, 막히는 부분만 중얼중얼 여러 번 반복하기도 했습니다.

한참 전부터 연습하고 있었던 것 같은데 도무지 마칠 기미가 보이지 않았습니다. 연습을 하고, 또 하고, 하고 또 하더군요. 충격이었습니다. PT 발표 때 여유가 넘치고, 심지어 발표를 즐기는 것처럼 보이는 모습은 결국 연습 때문이었던 겁니다. 한숨 쉬고, 욕하고, 책상도 내려치고, 답답함을 이겨내기 위해 물 한 번 더 마시고, 두 눈 질끈 감았다 떴다 하면서 될 때까지 연습했기에 나올 수 있었던 결과였던 거지요. 그분이 혼자 PT 연습하시던 모습은, 와! 정말 대단했답니다.

저는 그 모습을 잊지 못합니다. 그날 배운 교훈도 기억하고 있지요. 그 이후로 저는 무언가 잘하는 사람을 보면 뒤에 숨어 있는 노력을 생각하며 존경하는 마음을 가집니다. 내가 무언가 잘하고 싶으면 될 때까지 하는 수밖에 다른 방법이 없다고도 믿습니다. 이런 생각이 저를 지금까지 오게 한 것 같습니다.

기억하자. 불안하지 않은 사람은 없다. 누구나 다 불안하다. 다만 어떤 이는 떨기만 하는 반면에, 어떤 이는 잘하고 싶다는 마음을 붙잡고 자판 다섯 개가 너덜너덜해질 때까지 두드리고, 사진 한 장을 건지기 위해 셔터를 수만 번 누르고, 한 시간 발표를 위해 수십 시간 동안 연습하면서 불안을 이겨나갈 뿐이다.

시작하고 계속하게 해주는 친구 하나 : 내가 나에게 던지는 질문

필자인 나도 겁이 많다. 모험, 도전, 시작, 변화, 이런 것들 정말 싫어한다. 익숙함 속에서 안정감을 느낀다. 새로운 것은 자꾸 안 하려 고 한다. 안 해도 되는 이유를 찾아서 죽 늘어놓고는 이런 점 때문에 안 해도 된다며 합리화한다. 나는 이런 내 성격을 안다. 그래서 장치를 하나 만들었다. 핑계를 만들어가며 움직이지 않으려는 내가 최종적으로 안 하겠다는 결정을 내리기 전에 잠깐 멈춤을 하는 것이다. 질문을 하나 던진다.

"그래 실패가 무서운 건 알겠어. 잘할 수 있을지 겁나는 마음도 알겠고, 거절당할까봐 싫은 것도 알겠어. 그런데, 그래서, 할 거야, 말 거야? 너를 위해 도전해보는 게 좋겠니, 이 상태에서 가만히 있는 게 좋겠니?"

충고도 한마디 한다.

"생각은 그만하고, 이제 결정을 해야지. 하려면 지금 시작해야 된다. 해보겠다면 오늘부터 한 발 내딛고, 안 할 거면 확실히 덮자. 덮고 나면 미련도, 불만도, 원망도 가지지 않는 거야. 뒤돌아보지 않는 거지. 단, 가만히 있는 건 안 돼. 지금 이걸 하지 않는 대신에 다른 무엇을 하겠다는 대안을 내놓아야 한다. 자, 다시 질문한다. 할 거야, 말 거야?"

질문을 받은 나는 행동하거나, 다른 대안을 내놓거나, 이 둘 중에 하나를 선택해야 한다.

몇 년 전에 나는 책을 쓰고 싶었다. 심리학을 공부하고 경험하면서 알게 된 좋은 내용을 책을 통해 나누고 싶었다. 어느 날 큰 서점에 가보았다. 내 글도 여기에 진열된 반짝반짝한 책들처럼 만들어질 수 있을까, 내 글에 관심을 가질 출판사가 있을까 막막했다. 독자들에게 선택받을 수 있을까, 아무도 몰라주면 어쩌나 두려웠다. 나는 아는 출판사도 없고 편집자도 없었다. 출판계는 나 같은 신인이 진입하기 어려운 곳 중 하나다. 이쯤 되니 평소의 나는 슬그머니 책을 쓰지 않을 핑계, 굳이 새로운 도전을 하지 않아도 될 이유를 나열하기 시작했다. 이때, 질문하는 내가 나타났다.

"할 거야, 말 거야? 출판사가 책을 내줄지, 독자들이 네 글을 읽어줄지 아닐지 하는 이런 미래의 결과 때문에 지레 겁먹고 포기하려 하지 말고, 문장 실력이 있네, 없네 하는 핑계도 찾지 말고 우선 네 마음이 어떤지 생각해봐."

"하고 싶어. 나에게는 의미가 있는 일이거든."

"하고 싶으면 어떻게 해야겠니?"

"우선……써볼까……?"

"다른 방법 있어?"

"없어."

"그럼 하는 거야."

결정이 내려졌다. 이제 내가 해야 하는 일은 하나였다. 자료를 찾고 글을 쓰는 것. 책을 만들기 위한 원고를 한 번도 써본 적이 없는 나는 남들보다 오랜 시간, 많이 파고드는 것 외에 방법이 없었다. 평일에는 일을 마치고 남은 시간의 대부분을, 외부 약속이 없는 날이나 주말에는 하루 열두 시간 이상 자판을 두드렸다. 목표는 A4 용지 120장. 온종일 써도 반 페이지를 채우지 못하는 날이 허다했다. 읽는 것은 즐거운데 쓰는 것은 어렵고 괴로웠다. 아무리 써도 빈 종이는 채워지지 않았다. 혼자서 중얼거렸다. A4 용지가 이전과 다르다며, 내가 아는 A4의 크기는 이렇게 크지 않다며, 최근에 나 몰래 커진 게 분명하다며 투덜거렸다. 120장을 채우는 일은 불가능할 것만 같았다. 그런데, 그래도 썼다. 한 시간에 한 줄이라도, 하루에 한 단락이라도 계속 썼다. 쓰기로 했으니 끝까지 써보자고, 완성이라는 걸 해보자고 나를 달랬다.

8개월 후 120장이 채워졌다. 기적 같았다. 한 문단을 쓰는 것도 버거워하던 내가 120장을 채우다니! 쓰니까 되는구나! 감동이었다. 완성된 원고를 제본해 몇몇 출판사에 보냈다. 그들도 내 원고를 좋아할까. 두근두근. 좋아해주면 좋겠다. 두근두근. 여러 군데서 한꺼번에 연락이 오면 어쩌지. 두근두근.

　그런데 이게 웬걸. 출판인들은 나 같은 신인 저자에게는 관심이 없었다. 내 기적은 나만의 감동이었다. 출판사들이 보인 반응은 거절, 거절, 거절. 무응답, 무응답. 결국 둘 다 거절이다. 둘 다 거절이라면 거절 의사를 직접 받는 게 나은가, 차라리 무응답이 나은가를 놓고 혼자 실없는 고민을 하기도 했다. "사람들이 말이야, 아니면 아니라고 말이라도 해주지. 얼마나 공들여 쓴 글인데 이렇게 무시를 하냐" 하며 원망하기도 했다. 실망스럽기도 하고 부끄럽기도 했다. 슬슬 포기하고 싶은 마음이 들었다. '역시 안 되는 일인가보다……괜한 일을 했나보다……' 싶었다. 그만두기 전에 다시 질문을 했다. "우리나라에 있는 출판사가 몇이지? 아직 투고하지 않은 출판사가 훨씬 더 많지 않아? 할 수 있는 게 있다면 더 해보고 결정해도 되지 않겠어?"

　질문. 생각하고 움직이게 해주는 질문. 새로운 출판사를 찾아 다시 투고. 드디어 책을 함께 만들어보자는 출판사가 나타났다. 원고를 검토한 편집장이 긍정적으로 평가해준 덕분이었다. 이제 내가 할 일은 편집장과 의논하며 원고를 발전시켜나가는 것. 읽고 또 읽으며, 고치고 또 고쳤다. 같은 내용을 하도 여러 번 읽다 보니 나중엔 멀미하듯 속이 울렁거렸지만 볼 때마다 고칠 부분이 보였고, 고치면 조금이라도 더 좋아졌기에 마음을 다잡았다.

인쇄기가 돌아가기 전날 밤까지 더 좋은 표현이 없을지 고민하며 원고를 수정했다. 드디어 탈고! 과정은 힘들었지만 끝까지 헤쳐나가며 완성해보니 좋았다. 기쁘고 후련했다. 원고가 인쇄기 속에서 돌아가는 모습은 상상만으로도 벅찼다. 온종일 심장이 쿵쿵 뛰었다. "고생 많았습니다. 같이 작업할 수 있어서 좋았습니다"라는 편집장의 칭찬은 뭉클했다. 노력한 나 자신을 스스로도 칭찬해주었다. 원고를 쓰느라 사발면으로 급하게 식사를 해결하던 나에게 따뜻한 밥 한 끼를 선물해주었다. 모처럼 여유롭게 밥을 먹는데 주르륵 눈물이 났다. 자꾸 혼잣말이 나왔다. 겁을 내며 주저하는 나에게 어떻게 하고 싶은지, 어떻게 하는 게 옳다고 생각하는지 물어보기 잘했구나, 도전하기 잘했구나 싶었다. 나의 생애 첫 번째 책은 그렇게 만들어졌다.

이렇게 긴 사연을 전하는 이유는 하나다. 도전을 주저하고 있다면, 중간에 자꾸 그만두고 싶은 마음이 든다면 자신에게 질문을 해보라는 것이다. "지레 겁먹고 포기하지 말고, 핑계 대지 말고 우선 네 마음이 어떤지 생각해봐. 하고 싶다면 어떻게 해야 하겠니? 정말 너를 위한 행동이 무엇일 것 같니?"

질문은 생각하게 해준다. 시작하고 움직이게 해준다. 좋은 질문이 가진 힘이다.

시작하고 계속하게 해주는 친구 둘 : 마음속 주문 한마디

미국 MIT대학교 뇌신경과학과에는 한국인 정광훈 교수가 있다. MIT는 2013년에 역사상 신임 조교수에게 제공한 최대 금액인 27억의 연구비를 조건 없이 제공하는 것과 함께 정광훈에게 교수직을 제안했다. 그가 서른세 살이던 때다. 그런데 MIT와 정광훈의 인연은 훨씬 이전부터 시작됐다.

정광훈은 대학 시절 미국을 여행하던 중 MIT에 들렀다. 이전부터 유학을 꿈꾸고 있었던 그는 MIT를 보고 한눈에 매료되었다. 꼭 이곳에서 공부해보고 싶다는 마음이 든 그는 아무도 없는 강의실에 들어가 분필을 들어 칠판에 썼다.

"I Will Be Back."

졸업 후 반드시 이곳, 이 강의실로 돌아와 공부를 하겠다는 의지였다. 실제로 정광훈은 꿈을 안고 지원했지만 MIT는 그를 받아주지 않았다. 결과는 불합격이었다. 칠판에 쓴 꿈인 "I Will Be Back"이 멀어진 듯싶었다. 하지만 그는 멈추지 않았다. 실력을 쌓은 후 더 큰 존재가 되어 MIT로 돌아갔다. 27억이라는 거액의 연구비를 제안받은 교수의 신분으로 말이다. 십여 년 전 청춘의 시기에 배낭 하나 메고 들어가 칠판에 눌러쓴 "I Will Be Back"을 멋지게 이룬 것이다.

정광훈은 말한다.

"생각보다 돌아오기는 했지만 어떤 길을 가든 그 환경에서 믿음을 가지고 열심히 하다 보니 되더군요."

부모님은 의대를 가는 것이 좋겠다고 강하게 권유했지만 그는 뜻을 이루기 위해 부모님을 설득했다고 한다. 자신의 바람대로 과학자이자 교수가 된 그는 뇌 투명화 기술과 뇌 질환 치료법을 개발함으로써 사람들에게 도움을 주겠다는 의지를 실현해나가고 있다.*

우리도 이런 메시지를 하나 가져보자. 우울할 때, 지쳐서 포기

---

* 다음의 동영상 참조. http://tv.jtbc.joins.com/replay/pr10010103/pm10013867/ep10020080/view?ref=3&bt=700.

하고 싶을 때, 막막한 마음이 들 때 한 번 더 시도할 수 있게 해주는 자신만의 주문이라고 해도 되겠다.

정광훈 박사처럼 자신이 원하는 곳을 직접 방문해서 "I Will Be Back"을 다짐하고 와도 좋고, 미래에 몸담고 싶은 곳을 상상하며 "I Will Be There"을 마음속에 새겨도 좋다. "내가 일하는 분야에서 최고가 될 것이다." "후배들에게 내 인생 스토리를 자랑스럽게 얘기할 날을 만들겠다." "(마음속에 한곳을 정해놓고) 내가 간다. 지금 가고 있다. 거기서 딱 기다려라!" 나를 계속 나아갈 수 있게 해주는 주문을 하나 만들어보자.

그런데 한 가지 주의할 점이 있다. 당신이 만든 주문의 '성격' 혹은 '방향'이다. 청춘들은 종종 이렇게 말한다. "실패하고 싶지 않다." "지지 않겠다." "학점 4.0을 받지 못하면 장학금을 놓친다." 이런 표현은 좋지 않다.

우리에게 무언가를 하도록 자극을 주는 요인을 '동기Motivation'라고 한다. 심리학자 토리 히긴스Tori Higgins 박사는 동기를 '접근 동기Approach Motivation'와 '회피 동기Avoidance Motivation'로 나누어 설명한다. 접근 동기는 좋은 쪽으로 '접근'하여 문제를 해결하고 목표를 달성하려는 동기다. 예를 들어 '공부를 열심히 해서 장학금을 받아야지' 하는 마음이다. 이런 생각을 가지면 장학금 획

득이라는 '긍정적인' 결과를 '만들기 위해' 노력한다. 반면에 회피 동기는 '부정적인' 상황이 생기지 '않도록' 하는 데 급급한 동기다. 예를 들어 '성적이 나쁘면 사람들이 날 바보로 볼 거야' '부모님께서 화를 내시겠지' 하는 마음이다. 이런 생각을 가지면 실패를 피하려는 마음, 좋지 않은 것에서 벗어나기 위한 마음으로 애를 쓴다. 열심히 노력하는 이유가 사람들에게 우습게 보이지 '않도록', 부모님께 꾸중을 듣지 '않도록' 하기 위해서라는 말이다. 이런 상황에서 갖게 되는 주된 감정은 불안과 두려움이다.

접근 동기는 성공에 대한 기대감을 주지만, 회피 동기는 실패에 대한 불안감을 불러일으킨다. 짧은 시간 안에 결과가 나타나는 상황에서는 회피 동기를 가지는 것이 효과적이기도 하다. 만일 내일까지 보고서를 제출하지 않아서 점수가 깎이는 상황이라면 '점수가 깎이지 않기 위한' 노력을 몇 시간 동안 집중 발휘해서 목표를 달성할 수도 있다. 하지만 목표가 장기적인 것이라면 회피 동기보다 접근 동기를 가지는 것이 바람직하다. 장학금을 '받고 싶어서' 행하는 노력에는 기대감이 있지만, 장학금을 '놓치면 안 되서' 행하는 노력에는 불안감이 있다. '잘하고 싶어서'와 '못하기 싫어서', '합격하고 싶어서'와 '떨어지기 싫어서'도 마찬가지다.

불안감에 떨며 부정적인 결과로부터 도망가기 위해 하는 일이 즐거울 리 없다. 의욕을 유지하기도 어렵다. '잘하고 싶어서' 하는 노력도 '잘못하고 싶지 않아서' 하는 노력도 모두 많은 에너지가 필요하다. 어차피 노력하는 거라면 긍정적인 방향으로 다가가자. 이왕이면 긍정적인 표현을 쓰자. 말이 만들어내는 심리 상태의 차이는 매우 크다. 안 그래도 불안한데 스스로 불안을 더 키울 필요가 있겠는가. 당신이 노력하는 이유는 '실패하기 싫어서……'가 아니라 '잘하고 싶어서!'여야 한다.

말 한마디라도 자신에게 이로운 방향을 선택하자. 방향을 긍정적으로 잡고 열심히 다가가자. 목표를 정하고 말해주자.

"내가 간다. 가고 있다. 우리 조만간 만나자!"

내게 등 돌린 세상에 대처하는 법

술 마시고 노래하고 춤을 춰봐도 가슴에는 하나 가득 슬픔뿐이네.
무엇을 할 것인가 둘러보아도 보이는 건 모두가 돌아앉았네.

가수 송창식이 노래한 〈고래사냥〉의 시작 부분이다.
우리는 정말 이런 세상에서 살고 있는 것 같다. 아직 서툰 것도 불안하고 슬픈데, 내가 원하는 건 모두 나에게 등 돌리고 있는 것 같은 세상. 다가가고 싶은 대상들은 모두 등 돌리고 나를 외면하는 세상. 야박하게 휙 돌아앉아서는 높은 벽을 쌓고 나를 따돌리는 것 같다. 부르면 뒤도 안 돌아보고 이렇게 말하는 듯하다. "쟤 뭐라니?"

청춘들은 이런 상황을 더욱 아프게 자주 느낄 수 있겠다. 초보들은 어디에서든 환영받지 못한다. 초보자를 '어서 오세요!' 하고 반겨주는 곳은 드물다. 세상의 시선은 늘 나보다 잘하는 사람, 이미 성공한 사람들을 향한다. 어쩔 수 없다. 솔직히 우리 자신도 그렇지 않은가. 상황을 원망하는 대신에 돌아앉은 세상, 등 돌린 대상이 나를 볼 때까지 파고들어보자. 정직하게 열심히 파고, 내가 이만큼 팠다고, 이만큼 했으니 더 잘할 수 있다고, 나에게 기회를 달라고 열심히 손을 들어보자.

학생들과 수업을 할 때 지키려고 한 것 중 하나가 있다. 모든 학생이 학기가 끝나기 전에 적어도 한 번은 수업 중에 자기 목소리를 크게 낼 수 있도록 하는 것이다. 발표나 질문을 자발적으로 하면 좋고, 내가 학생의 이름을 기억했다가 질문을 하거나 의견을 말할 수 있는 기회를 주기도 했다. 그런데 학생 수가 많다 보니 가끔 챙기지 못한 학생이 생긴다. 종강 후에 학생이 직접 말해서 알게 된다.

"교수님, 저는 한 번도 안 시켜주셨어요. 기다리고 있었는데
......"

들을 때마다 매번 두 가지 마음이 들었다. 자신의 이름이 불리
지 않아 서운했을 학생에게 미안한 마음과 '왜 한 번도 스스로 손
을 들지 않았을까, 왜 자신에게도 질문을 해달라고 말하지 않았을
까' 하는 더 많이 안타까운 마음. 조금만 용기를 내어 수업 시간에
손을 들었다면, 나에게 다가와 자신에게도 기회를 달라고 말했다
면 그 학생은 발표 기회를 가졌을 뿐 아니라, 나는 그의 적극성을
칭찬하고 응원해주었을 것이다. 열심히 손을 드는 다른 학생들 속
에서 가만히 기다리다 한 학기가 끝났다니 안타까운 마음이 컸다.

살아오면서 나도 수많은 거절을 겪었다. 대학원에 진학할 때도
절대로 끝까지 해내지 못할 것이라는 이유로 거절을 당했고, 직장
에서 관심이 가는 프로젝트에 참여해보고 싶어도 임원들은 경력
이 짧다는 이유로 허락하지 않았다. 프로젝트의 안전한 성공을 위
해 나보다 경험 많고 실력이 뛰어난 사람들이 우선이었다. 몇 개
월 동안 손끝이 아리도록 힘들게 써내려 간 원고를 보냈을 때도
출판사들은 꿈쩍도 하지 않았다. 거절과 무시의 연속이었다. 세상
이 나에게 등을 돌리고 있다는 느낌을 수없이 받았다.

거절을 받을 때마다 다른 방법을 찾아서 다시 움직였다. 나를 받아줄 다른 연구실과 교수님을 찾아 공부할 수 있는 기회를 만들었고, 직장에서는 기회가 있을 때마다 내가 하겠다고, 할 수 있다고 자꾸 손을 들었다. 이번 프로젝트는 안 되겠다고 하면 알았다고 받아들이고, 혼자 공부하고, 다음번에 또 손을 들었다. 출판사에서 원고를 거절하면 책상에 앉아 다듬고 고쳐서 다른 출판사에 또 보냈다.

이런 과정에서 나는 늘 꿋꿋했을까? 언제나 자신 있고 당당했을까? 그렇지 않다. 매번 불안하고, 떨리고, 걱정되고, 암울하고, 기죽고, 속상했다. 하지만 하겠다고 마음먹었다면 다른 방법은 없다. 거절과 실패를 이겨내는 맷집을 기르고 또 해보는 것. 다시 해보는 것. 더 해보는 것. 많은 시간을 쏟아부으며 공을 들이는 것. 기회가 왔을 때 할 수 있다고, 내가 해보겠다고 손을 들어 올릴 수 있도록, 그 기회를 잡을 수 있도록 정성을 다해 노력하는 것. 이것이 최선이다.

청춘의 구루라고 불리는 후지와라 신야는 한국 기자와의 문답 내용을 묶은 책 《겪어야 진짜》에서 이렇게 조언한다.

어딘가에서 반드시 전환점이 생깁니다. 불쑥 광명이 비칠 때 그 빛을,

기회를 잡을 준비를 항상 하고 있어야 하는 거죠. 그렇지 않으면 광명의 빛이 비치고 있다는 사실조차 깨닫지 못하고 다시 역순환의 소용돌이에 빠지고 맙니다. (…) 만일 당신이 지금 불행에 빠져 있다면 소소한 일상을 더더욱 열심히 챙기며 살라고 말해주고 싶습니다. 그러면 마음이 덜 흔들리고, 남들에게도 용기 있고 아름다워 보입니다. 이는 곧 타인과의 소통이 가능해진다는 뜻이에요. 기회가 찾아올 확률이 매우 높아집니다. 그렇기에 혼란스러우면 혼란스러울수록 자기 자신이 엉망이 되어가는 사태를 경계해야 합니다.*

미리 겁먹고 아무것도 하지 않으면 아무 일도 일어나지 않는다. 아무것도 안 하면 어떤 것도 할 수 없는 사람이 되어버린다. 점점 후퇴하고 찌그러진다. "자기 자신이 엉망이 되어가는 사태"가 벌어지는 것이다. 불안하고 힘들어도 조금씩이라도 자꾸 하면서 좋아지고 나아지게 만들어야 한다.

꿈보다 중요한 것은 하루하루를 어떻게 사느냐이다. 목표가 있느냐 없느냐가 아니라 그제와 어제, 오늘과 내일 무엇을 하며 어떻게 시간을 보내는지가 훨씬 더 중요하다.

* 후지와라 신야 · 김윤덕, 《겪어야 진짜》(푸른숲, 2014), 63~64쪽.

조급해하지 말고 길게 보자. 청춘은 기반을 쌓아가는 시기다. 책 한 권 더 읽고, 깊게 생각하고, 열심히 공부하고, 많은 사람을 만나는 경험을 통해 성장하는 시기다. 때가 되면 기회를 잡아 힘 차게 뛰어나갈 준비를 하는 시기다.

앞으로 수많은 거절과 무시를 당할 거라고 마음먹자. 무엇이든 되어가는 과정에는 여러 가지 어려움이 있다. 인생은 거절과 무시를 극복하고 나에게 돌아앉아 있는 세상을 돌려놓으며 조금씩 나아가는 과정이다. 뜻을 이루려면 세상의 거절과 무시쯤은 그러려니 해버리는 대범함도 필요하다. 준비하고 다시 도전하면 된다.

좋은 결과는 굼벵이보다 더 천천히 오기도 한다. 느리게 오더라도 준비하고 애쓴 사람에게는 반드시 온다. 혹 실패해도 노력이 헛되이 사라지는 것은 아니다. 최선을 다한 시간과 경험은 내 안의 근성이 되고 저력이 된다. 근성과 저력을 갖추면 한 번 더 할 수 있고, 다시 할 수 있다. 노력도 해본 사람이 더 잘한다.

자신의 답을 적용할 수 있는 일을 찾았다면 남은 것은 하나다. 그곳에 완전히 엎어져서 밀고 나가는 것이다. 남들의 허락과 인정을 기다릴 필요가 없다. 세상의 흐름에 관심을 가지되, 눈치는 보지 마라. 신중하되, 머뭇거리지는 마라. 돌아앉은 세상이 당신을 돌아봐주기를 가만히 기다리지 말고, 세상이 먼저 당신을 바라보고 다가오도록 만들어라. 도전하고 뜻을 펼쳐라.

인생은 단 한 번이다. 좋은 결과도, 사람도, 기회도 힘써서 앞으로 밀고 나가는 과정에서 만날 수 있는 반가운 선물이다. 궁금하다. 당신은 인생에서 얼마나 많은 선물을 만들어내고 싶은 사람인지, 자신에게 얼마나 많은 선물을 주고 싶은 사람인지 알고 싶다.

나는 당신이 욕심이 좀 있는 청춘이면 좋겠다. 세상에 맞서는 강한 맷집과 근성이 있는 청춘이기를 바란다. 할 수 있다고, 내가 해보겠다고 부지런히 손을 드는 청춘이기를 소망한다.

주저하는 자신에게 질문을 던져라. 세상을 향해 열심히 손을 들어라. 뜻을 이루고 싶다면 치열하게 실행하라. 좋은 것은 쉽게 이뤄지지 않는다.

수업을 마치며

우리는 지금까지 자기 자신을 돌아보는 시간을 가졌다. 세상에 뛰어들기 전에 갖춰야 할 부분도 살폈다. 핵심은 생각하며 뛰자는 것이다.

사람은 생각과 행동이라는 두 축을 기준으로 유형이 나뉜다.

첫째, 생각도 행동도 하지 않는 사람.

둘째, 생각만 하고 행동은 하지 않는 사람.

셋째, 생각은 하지 않고 행동만 열심히 하는 사람.

넷째, 생각도 하고 행동도 하는 사람.

청춘은 질문하고 답을 찾아야 하는 시기다. 행동과 생각이 함께 해야 하는 시기다. 둘 중 하나를 꼽으라면 생각이 먼저다.

자신에게 물어보자. 너는 어떤 사람이냐고, 무엇에 끌리느냐고, 너에게 중요한 내적 가치는 무엇이냐고 물어보자. 다른 사람이 아니라 너 자신으로 살고 있느냐고 질문하면서 자신의 내면을 깊숙이 들여다보자. 원하는 방향으로 가고 있느냐고, 세상을 향해 손을 들고 있느냐고, 지금처럼 살면 목표를 이룰 수 있겠느냐고 물어보자.

답을 찾고 정리하기는 쉽지 않다. 그렇다고 회피하면 안 된다. 회피하면 당신은 그저 많은 사람 중 하나에 불과한 존재가 되고 만다. 특별하지 않은 사람, 그저 그런 사람, 의미 있는 일은 전혀 할 수 없는 사람이 되어버린다. 멋지게 빛날 수 있는 앞날을 스스로 막는 것이다.

한 청춘이 말했다.

"새벽이 되도록 나 자신에 대해 생각해보았습니다. 혼이 쏙 빠지는 것 같습니다."

바로 이것이다. 이렇게 해야 한다. 머리가 아프도록 성찰하며 진정한 자아True Self를 이해해주어야 한다. '나는 이런 사람이구나, 나는 이런 삶을 살고 싶어 하는구나, 내가 편한 모습은 이런 거구나' 하는 진짜 모습을 알아주어야 한다.

당신은 빛나게 살고 싶은가? 오롯이 당신의 삶을 살아가고 싶은가?

그렇다면 질문하라. 질문하고 답을 찾아라.

무슨 질문을 해야 할지 모르겠다면 바로 그것부터 물어보면 된다.

"지금 나에게 던져야 할 질문은 무엇인가?"

"나를 모르는 나에게 필요한 질문은 무엇인가?"

다른 사람이 되려고 하지 말고 다른 사람과 비교하며 기죽지도 말라. 무엇보다 먼저 자기 자신이 되기 위해 노력하라. 당신 안에 있는 엄청난 가능성은 "저 여기 있어요!" 하며 제 발로 나타나지 않는다. 알아주고 관심을 가져줄 때에야 조금씩 고개를 든다. 세상에서 당신의 가능성을 빛나게 하려면 열심히 닦아주어야 한다. 손과 발이 후들거릴 만큼 정성을 쏟아주어야 한다. 그 역할은 온전히 내 몫이다.

나를 모르는 나에게 나에 대한 자료를 주자.

고민하는 청춘인 나를 열심히 도와주자.

강한 힘은 가슴에서 나온다.

수업을 마친다.

나를 모르는 나에게

고민하는 청춘을 위한 심리학 수업

펴낸날 초판 1쇄   2017년 7월 25일
        초판 8쇄   2024년 1월 29일

지은이 하유진

펴낸이 김준성
펴낸곳 책세상
등록 1975년 5월 21일 제2017-000226호
주소 서울시 마포구 동교로23길 27, 3층(03992)
전화 02-704-1251
팩스 02-719-1258
이메일 editor@chaeksesang.com
광고·제휴 문의 creator@chaeksesang.com
홈페이지 chaeksesang.com
페이스북 /chaeksesang **트위터** @chaeksesang
인스타그램 @chaeksesang **네이버포스트** bkworldpub

ISBN 979-11-5931-128-4 03180